やわらかアカデミズム・〈わかる〉シリーズ

よくわかる
学校心理学

水野治久・石隈利紀
田村節子・田村修一・飯田順子 編著

ミネルヴァ書房

はじめに

■よくわかる学校心理学

「学校心理学」とは，子どもの学校生活の質を向上することをめざした，援助活動の実践と理論の体系です。学校心理学には，「学校」「学習」「援助」の3つの中核となるキーワードがあります。どれも，みなさんが，個人的に体験していることです。これらについて，自分の体験を振り返ってみてください。

第1に，あなたにとって「学校」とは何でしょうか。幼稚園，小学校，中学校，高校，予備校，大学でしょうか。これまでの学校生活を思い出しながら，学校について浮かんでくる言葉を書いてみてください。

第2に，あなたにとって「学習」とは何でしょうか。この本を読んでいるあなたは，今，ここで，学習しています。あなたが，これまで学習したことを振り返りながら，学習について浮かんでくる言葉を書いてみてください。

第3に，あなたにとって「援助」とは何でしょうか。私たちは，援助されたり，援助したりしながら，生活しています。あなたの「援助された経験」と「援助した経験」について書いてみてください。

「学校」「学習」「援助」について，浮かんだ言葉を書いたでしょうか。それでは，これらのキーワードについて，少し考察してみましょう。

まず私たちは，実に人生の多くの時間を学校で過ごします。「学校」についての考え・感情・行動（態度）は，「学校観」と言えます。学校観は，これまでの学校の先生との関わり，友人との関わり，学校生活でのできごと，そしてそれらを自分がどう意味づけているかによって形成されます。子ども一人ひとりに学校観があります。また保護者にも，それぞれの学校観があります。学校心理学を学びながら，自分の学校観について反省し考察してください。また子どもや教師や保護者と関わる時，それぞれの人がもつ学校観について想像してみてください。学校で，私たちが人と関わる時，「白紙」での出会いではありません。お互いの学校観をもちながら，教師と子ども，教師と保護者は関わるのです。

次に学習とは，心理学では「経験による行動の変容」と定義されます。学習は，学業だけでなく，幅広く捉えることができます。経験により，気づきやスキルの獲得があり，行動が変容していくのです。私たちは日々変容していきます。学習に対する態度は「学習観」と言えます。学習観には，これまでの，いわゆる学校での学習（学業）についての成功体験，達成感が大きな影響をあたえます。学校心理学を学びながら，自分の学習観について反省し考察してください。学習する自分，変化していく自分へのイメージが肯定的であると，学習観はポジティブとなります。教師，保護者，スクールカウンセラーら，子ども

i

と関わる者は,子どもの学習観について理解することが,援助活動の計画に役立ちます。子どもの学習観にはネガティブなものもあります。「どうせ勉強してもわからない」「自分は勉強にはむかない」という子どもの言葉は,ネガティブな学習観を示しています。ネガティブな学習観は,ほおっておけません。

最後に,援助には,「援助する」と「援助される」があります。援助には,「自助(自分で自分を助ける)」,「互助・共助(お互いに助け合う)」,「公助(公的機関が援助する)」の3つの種類があります。学校教育は公助ですが,教職員(教員・事務職,スクールカウンセラーなど)による教育は児童生徒の協力や参加なしではなりたちません。また学校というコミュニティで,教師と児童生徒,児童生徒同士は生活をともにします。したがって,教師と児童生徒,児童生徒同士は互助の関係にあるとも言えます。さらに学校教育の目的の1つは,子どもの自助資源を開発し,伸ばすことです。子どもの自助資源には,学習に対するポジティブな態度や基礎学力,自分と他者と向き合い,つき合う力,健康を維持する力,キャリアについて考える力などが含まれます。学校心理学を学びながら,援助したりされたりに注目して,自分の人間関係について反省し考察してください。

教師やカウンセラーは,「援助する人」というアイデンティティが強い場合があります。その結果,「援助されている自分」に気づかず,「助けられ下手」になります。同時に「いつも援助していない」と気が済まなくなり,バーンアウトにもつながります。お互いさまの関わりを点検しながら,学校と関わりたいと思います。

本書『よくわかる学校心理学』は,みなさんが,「学校」「学習」「援助」について考えながら,一人ひとりの子どもの学校生活を援助するための,枠組みやモデルを提供します。関心のあるトピックから読みはじめるのもいいでしょうし,学校心理学の「事典」としても使えます。本書がみなさんの座右の書となり,子どもの成長への希望を共有できればと思います。

最後にお誘いです。学校心理学について興味をもたれた読者には,日本学校心理学会への入会をお勧めします。日本学校心理学会は,教師,スクールカウンセラー,教育センター等の相談員,行政担当者,保護者会のリーダー,そして研究者など,心理教育的援助サービスに関心のある人が集い,共に学び研究するところです。大学生や大学院生も歓迎です。日本学校心理学会については,学会ホームページ(http://schoolpsychology.jp)を参照してください。どこかでお会いして,学校心理学について共に学ぶのを楽しみにしています。

2013年3月

石隈利紀

もくじ

■よくわかる学校心理学

はじめに

第1部　理論編：援助実践のエビデンス

Ⅰ　学校心理学とは何か

1　学校心理学とは …………………… 2
2　なぜ学校心理学なのか …………… 6
3　アメリカの学校心理学 …………… 8
4　イギリスの学校心理学 ………… 10

　コラム1　子どもの欲求（wants）とニーズ（needs）……… 12

　コラム2　子どもの行動様式・学習様式と要請行動のマッチング ……………………… 13

Ⅱ　日本の学校心理学

1　学校心理学と教育心理学 ……… 14
2　学校心理学とカウンセリング心理学 …………………………… 16
3　学校心理学とコミュニティ心理学 …………………………… 18
4　学校心理学と発達心理学 ……… 20
5　学校心理学と臨床心理学 ……… 22
6　学校心理学と社会心理学 ……… 24

7　学校心理学と認知心理学 ……… 26
8　学校心理学の研究法Ⅰ
　　——実験研究，調査研究 ……… 28
9　学校心理学の研究法Ⅱ
　　——学校心理学の実践をどのように記述するか ……………… 30

　コラム3　「サイエンティスト・プラクティショナー」モデル ……………………… 32

　コラム4　研究の賢い消費者になる ……………………………… 33

Ⅲ　誰が援助するか

1　4種類のヘルパー論
　　——さまざまなヘルパーの持ち味を活かす ………………………… 34
2　ボランティア的ヘルパー
　　——友達の力はありがたい …… 36
3　役割的ヘルパー
　　——保護者は「自分の子ども」の専門家 …………………………… 38
4　複合的ヘルパー
　　——教師の力は大きい ………… 40
5　専門的ヘルパー
　　——学校教育を支える援助者とは … 42
6　被援助志向性 …………………… 44

　コラム5　助けられ上手のすすめ … 46

もくじ

IV 誰を援助するか：資源の活用と援助ニーズの把握

1 援助の対象
　　――特定の子どもではなく，すべての子ども …………… 48

2 学級づくり
　　――学級の援助ニーズを把握する ‥ 50

3 学校づくり
　　――学校の援助ニーズを把握する ‥ 52

4 教師の成長
　　――教師の援助ニーズを把握する ‥ 54

5 子どもの家族
　　――子どもの家族の援助ニーズを把握する ………… 56

6 コミュニティのネットワーク …… 58

7 学校の危機管理・緊急支援 ……… 60

　　コラム6　危機における援助 …… 62

第2部　実践編：子どもと学校の援助

V 援助者の活動

1 子どもの発達を促進する「学校生活の質」を高めるための活動 …… 64

2 アセスメント …………………… 66

3 カウンセリング ………………… 68

4 コンサルテーション …………… 70

5 援助チーム ……………………… 72

6 パートナーとしての保護者 ……… 74

7 コーディネーション …………… 76

　　コラム7　自分のアセスメント …… 78

　　コラム8　援助者が燃え尽きないために ……………………… 79

VI 3段階の心理教育的援助サービス

1 3段階の心理教育的援助サービスとは ……………………………… 80

2 1次的援助サービス①
　授業づくり …………………… 82

3 1次的援助サービス②
　行事・課外活動づくり ……… 84

4 1次的援助サービス③
　学校生活スキルを育む ……… 86

5 1次的援助サービス④
　移行期の支援 ………………… 88

6 1次的援助サービス⑤
　学校づくり …………………… 90

7 2次的援助サービス①
　授業における援助 …………… 92

8 2次的援助サービス②
　SOSチェックリストの活用 …… 94

9 2次的援助サービス③
　養護教諭の援助 ……………… 96

10 2次的援助サービス④
　スクールカウンセラーによる自由来室活動を通した援助 ……… 98

- 11 2次的援助サービス⑤
  特別支援教育担当教員の援助……*100*

- 12 3次的援助サービス①
  不登校，ひきこもり，いじめに
  関する援助………………………*102*

- 13 3次的援助サービス②
  非行に関する子どもへの援助……*104*

- 14 3次的援助サービス③
  発達障害への援助………………*106*

- 15 3次的援助サービス④
  「別室登校」「保健室登校」などの
  校内での援助……………………*108*

- 16 3次的援助サービス⑤
  特別支援学級・特別支援学校での
  援助………………………………*110*

Ⅶ 学校心理学の4つの援助領域

- 1 学習面での援助①
  子どもの学習スタイルと教授スタ
  イルのマッチング………………*112*

- 2 学習面での援助②
  学習意欲を高める援助…………*114*

- 3 学習面での援助③
  学習スキルの育成………………*116*

- 4 学習面での援助④
  学習が困難な子どもの援助……*118*

- 5 学習面での援助⑤
  授業のペースを乱す子どもへの援
  助…………………………………*120*

- 6 学習面での援助⑥
  学級崩壊への対応………………*122*

- 7 心理・社会面での援助①
  アイデンティティの発達………*124*

- 8 心理・社会面での援助②
  子どもと場の折り合い…………*126*

- 9 心理・社会面での援助③
  ストレスマネジメント教育……*128*

- 10 心理・社会面での援助④
  感情の発達………………………*130*

- 11 心理・社会面での援助⑤
  友達関係を築く力………………*132*

- 12 心理・社会面での援助⑥
  外国に関係する子ども…………*134*

- 13 進路面での援助①
  キャリア教育の考え方…………*136*

- 14 進路面での援助②
  小学校でのキャリア教育………*138*

- 15 進路面での援助③
  中学校・高等学校でのキャリア教
  育…………………………………*140*

- 16 進路面での援助④
  進路指導としてのキャリアカウン
  セリングの実際…………………*142*

- 17 進路面での援助⑤
  地域との連携におけるキャリア教
  育…………………………………*144*

- 18 進路面での援助⑥
  援助ニーズの大きい子どものキャ
  リア支援…………………………*146*

- 19 健康面での援助①
  健康教育の実践…………………*148*

20	健康面での援助② 性・AIDS 教育 …………………… *150*
21	健康面での援助③ ストレスを身体症状で出す子どもへの援助 …………………… *152*
22	健康面での援助④ 虐待の発見と援助のつなげ方 …… *154*
23	健康面での援助⑤ 精神疾患のある子どもへの援助 … *156*
24	健康面での援助⑥ 保健室をキーステーションとするコーディネーション …………… *158*

VIII 「学校心理学」を活かす

1 学校心理士 …………………………… *160*

2 学校心理学に関連する資格 ……… *164*

3 教員として活かす ………………… *166*

4 スクールカウンセラー・スクールソーシャルワーカー・相談員として活かす ………………………… *168*

5 研究者として活かす ……………… *170*

6 保護者として活かす ……………… *172*

7 ひとりの人間として自分の人生に活かす ……………………………… *174*

資料編

おすすめの30冊
──「学校心理学」に関するブックガイド ………………… *176*

さくいん ………………………………… *183*

第1部

理論編：援助実践のエビデンス

I 学校心理学とは何か

 学校心理学とは

▷ 1 「学校心理学」という名称
「学校心理学」からは，心理学の一領域というイメージをもたれるだろう。それが，現在の学校心理学の到達点だろう。学校心理学が本来の心理教育的援助サービスにおける問題解決の枠組みになった時には，「心理教育的援助サービス学」という名称がより適切になるかもしれない。

▷ 2 心理教育的援助サービス
「心理」とは「心理面」を指すのではなく，「心理学的援助」を指す。心理学は，一人ひとり（個体）の行動について研究する学問である。心理学的援助は，一人ひとりの子どもに焦点をあてるという意味である。そして「教育的援助」とは，学校教育の一貫としての援助という意味である。教育には，「子どもの学力やソーシャルスキルが伸びることは望ましい」などの，子どもの成長に関する「価値観」が伴う。心理教育的援助サービスは，教育の価値観にそって行われる。

1 学校心理学の定義

「学校心理学」における「学校」とは「学校教育」を指します。そして「心理学」とは，心理学に基づく援助を指します。つまり，学校心理学は，学校教育における心理学的援助に関する学問体系という意味です。学校教育の一環として行われる心理学的援助は，**心理教育的援助サービス**と言います。

学校心理学の実際は，国によって異なります。学校心理学の専門家が職業としても確立しているアメリカやイギリスでは，学校心理学とは学校心理学の専門家（多くの国では「スクールサイコロジスト」，イギリスなどでは「エデュケーショナルサイコロジスト」と呼ばれる）の専門的職業活動の体系として定義されます。一方日本では，学校心理学の専門家による特定の職業はまだありません。アメリカやイギリス等で学校心理学と呼ばれるサービスは，教師，スクールカウンセラーら学校の教職員が，保護者や地域の教育・福祉・矯正・医療等の専門機関の担当者と連携して行っています。したがって，学校心理学は子どもの援助者のチームで行う心理教育的援助サービスの体系として，次のように定義されます。

> 学校心理学は心理学と学校教育の融合をめざす学問であり，心理教育的援助サービスの実践と理論を支える体系である。心理教育的援助サービスは，一人ひとりの子どもが学習面，心理・社会面，進路面，健康面などにおける課題の取り組みの過程で出会う問題状況への対処や解決，および**危機**の予防や対処を援助する活動である。心理教育的援助サービスは，従来の「学習支援」「生徒指導・教育相談」「特別支援教育」「学校保健」などに共通する「子どもの苦戦を援助し，学校生活の質の向上をめざして，子どもの成長を促進する活動」である。心理教育的援助サービスの対象は，すべての子どもであり，心理教育的援助サービスの担い手は，教師，保護者，スクールカウンセラー，またスクールソーシャルワーカーら，地域の専門家によるチームである。

2 学校心理学を構成する3つの柱

学校心理学は，心理学の諸領域と学校教育の諸領域を統合し，融合しようとする学問です。現時点では学校心理学は，3つの柱から構成されています。

○子どもの学習や発達および行動や人格などに関する心理学の理論と方法

心理教育的援助サービスを実践するうえでの，心理学の知識的基盤です。そ

れには、「育つことに関する発達心理学」[5]「学ぶ・教えることに関する教育心理学」[6]「個として生きることに関する臨床心理学」[7]「他者のなかで生きることに関する社会心理学」[8]などがあります。臨床心理学は臨床心理士の実践を支える学問体系でもあり、広義に使われることが多いですが、ここでは、臨床心理学の知識面（心や行動の問題）に焦点をあてて、学校心理学を支える学問的基盤の1つとして位置づけています。

○**子ども、教師、保護者、学校組織に対する心理教育的援助サービスの理論と技法**

心理教育的援助サービスの実践の技法やそれを使いこなすスキル、また援助サービスのプロセス（手順）、およびスキルやプロセスを統合するモデルなどが含まれます。学校心理学で基本的な実践活動と考えられているのは、「子どもと子どもを取り巻く環境についての心理教育的**アセスメント**」[9]「子どもへの直接的援助サービスとしての**カウンセリング**」[10]「援助者への関わり、援助者同士の関わりなど、子どもへの間接的援助サービスとしての**コンサルテーション**」[11]そして「援助サービスの**コーディネーション**」[12]です。

○**学校教育に関する理論と方法**

心理教育的援助サービスを実践するうえでの、学校教育に関する知識的基盤です。心理教育的援助サービスの実際と言える学校教育活動である「生徒指導」「教育相談」「キャリア教育」そして「特別支援教育」、さらに学級・学校を理解するための「教育社会学」「学校組織」「学級経営」「学校経営」などの学問です。ただし、「生徒指導」「教育相談」「キャリア教育」「特別支援教育」については、実践としての蓄積は多様ですが、それぞれが1つの学問体系として統合されてはいないようです。むしろ、「教育相談」や「生徒指導」などの領域は、「学校心理学」を援用して実践の整理が試みられています。[13]

３ 日本の学校心理学の歴史（表Ⅰ-1）

日本の学校心理学のルーツは、生徒指導・教育相談、特別支援教育、学習支援にあります。しかし、歴史の始まりを見つけるのは困難です。1979年の『新・教育心理学事典』（金子書房）で、澤田慶輔により「学校心理学」が項目として取り上げられています。それ以降、アメリカのスクールサイコロジストの活動の紹介や、「日本の学校心理学」の活動についての紹介が続きます（黎明期）。そして1989年には品川不二郎らが "International Perspectives on Psychology in Schools" に、"School Psychology in Japan" と題して、日本における教育相談などを論じています（誕生期）。

日本教育心理学会は、「教育心理学は、教育現場に役に立たない（「教育心理学の不毛性」）」という批判を受けており、教育実践へより大きな注目を向けていました。1990年日本教育心理学会は、学校心理学実行委員会を組織し、大学院で学校心理学に関する科目を一定以上履修した者について、教育職員専修免許状の付記欄

▷ 3 **世界の学校心理学**
現在では、アメリカ、イギリスなどの西欧諸国、およびそれらをモデルとする国々において、スクールサイコロジストまたはエデュケーショナルサイコロジストの専門職業的実践の体系であり、心理学の一領域としての傾向が強い。

▷ 4 **危機**
石隈（1999）は、子どもの問題状況は「危機」と呼べる場合も多いとしている。子どもの苦戦を援助する際、危機における援助という発想と実践は重要である。

▷ 5 学校心理学と発達心理学との関連については、Ⅱ-4 参照。

▷ 6 学校心理学と教育心理学との関連については、Ⅱ-1 参照。

▷ 7 学校心理学と臨床心理学との関連については、Ⅱ-5 参照。

▷ 8 学校心理学と社会心理学との関連については、Ⅱ-6 参照。

▷ 9 アセスメント
⇨ Ⅴ-2 参照。

▷ 10 カウンセリング
⇨ Ⅴ-3 参照。

▷ 11 コンサルテーション
⇨ Ⅴ-4 参照。

▷ 12 コーディネーション
⇨ Ⅴ-7 参照。

▷ 13 大野精一（1997）．学校教育相談――理論化の試み ほんの森出版

に「学校心理学」と付記するよう,全国の都道府県の教育委員会に働きかけました。

1995年,文部省（当時）は,いじめ・不登校の対策に役立つ学校外部の専門家としてスクールカウンセラーを導入します。スクールカウンセラーは臨床心理士が主に採用されています。一方日本教育心理学会は,専修免許状への学校心理学付記運動の次のステップとして,1997年に「学校心理士」（心理教育的援助サービスの専門家）の認定を始めます。学校心理士は「日本のスクールカウンセラー」をめざし,生徒指導・教育相談,特別支援教育の担当の教師,養護教諭などが主として取得していきます。日本の学校心理学は発展期に入ったと言えます。その後,学校心理士は学会連合資格「学校心理士」認定運営機構（現在は一般社団法人学校心理士認定運営機構）によって認定されています。

その後,学校心理学に関する出版が盛んになります。大野精一が学校心理学を参考に『学校教育相談——理論化の試み』(1997年)を刊行し,高野清純・渡辺弥生による『スクールカウンセラーと学校心理学』(1998年)および石隈利紀による『学校心理学——教師・スクールカウンセラー・保護者のチームによる心理教育的援助サービス』(1999年)が続きます。これらの著作は,日本の学校心理学の基盤をつくりました。そして1999年に日本学校心理学研究会（現在の日本学校心理学会）が設立されました。続いて『学校心理学ガイドブック』(2003年),『講座「学校心理士——理論と実践」』(2004年),『学校心理学ハンドブック』(2004年)が刊行され,心理教育的援助サービスの基盤となる学問や援助サービスの実践についてまとめられています。さらに学術誌も『学校心理学研究』(2001年)と『日本学校心理士会年報』(2009年)が発刊されました。

これまで学校心理士は5,000名以上誕生し,生徒指導・教育相談担当の教師,養護教諭,特別支援教育コーディネーターなどとして活躍しています。スクールカウンセラーとして活躍する学校心理士も増えてきています。日本学校心理士会の全国大会や日本学校心理学会の大会も毎年開催され,全国から最新の実践がもち寄られています。

▶ 14 誕生数としては,5,000名以上,2013年1月現在の人数としては,3,668名である。

④ 学校心理学と近辺領域

心理教育的援助サービスを中核の概念とする学校心理学は,学校教育における子どもへの援助に関する学問であり,教育心理学,カウンセリング心理学,臨床心理学と共通するところが大きいと言えます。しかしながら学校心理学は,これらの領域といくつかの相違もあります。これらの近辺領域との共通点や相違点については,本書「Ⅱ　日本の学校心理学」で述べているのでそちらを参照してください。

⑤ 学校心理学の展望と課題

学校心理学は心理教育的援助サービスの理論と実践の体系として,学校教育

表 I-1　日本の学校心理学の歴史

年	出来事
1979	澤田慶輔が『新・教育心理学事典』(金子書房)に,「学校心理学」を項目として取り上げる。
1984	品川不二郎が『洗足論叢』に「学校心理学」を発表。
1989	品川不二郎・小玉正博・真仁田昭 "International Perspectives on Psychology in Schools" に "School Psychology in Japan" という論文を発表。
1990	日本教育心理学会に学校心理学実行委員会(代表:天野　清)発足。
1991	大阪教育大学大学院教育学研究科(代表:北尾倫夫)で学校心理学のプログラムを開始。1993年には所定の単位を修得した者に,「学校心理学」と付記された専修免許状が大阪府より授与。
1993	上野一彦が『児童青年医学とその近接領域』に発表した「学習障害(LD)の理解をめぐる今日的課題」で,LDに関するアセスメントの専門家としてスクールサイコロジストの必要性を論じる。
1997	大野精一が『学校教育相談——理論化の試み』(ほんの森出版)で学校教育相談活動を学校心理学の枠組みで整理。
1997	日本教育心理学会(理事長:高野清純)が学校心理士の認定(認定委員会委員長:岸俊彦)を開始。
1998	高野清純・渡辺弥生が『スクールカウンセラーと学校心理学』(教育出版)を出版。
1999	石隈利紀が『学校心理学——教師・スクールカウンセラー・保護者のチームによる心理教育的援助サービス』(誠信書房)を出版。
2002	学会連合資格「学校心理士」認定運営機構発足。
2003	日本学校心理学会発足。
2003	石隈利紀・田村節子が『石隈・田村式援助シートによるチーム援助入門——学校心理学・実践編』(図書文化)を出版。
2003	学校心理士資格認定委員会が『学校心理学ガイドブック』(風間書房)を出版。現在は第3版を発行。
2004	福沢周亮・石隈利紀・小野瀬雅人(責任編集),日本学校心理学会(編集)『学校心理学ハンドブック』(教育出版)が刊行。「学校心理士」認定運営機構(企画監修)『講座「学校心理士」(全4巻)』(北大路書房)が刊行。
2009	日本学校心理士会が機関誌『日本学校心理士会年報』を刊行。
2009	石隈利紀(監修),水野治久(編)『学校での効果的な援助をめざして——学校心理学の最前線』(ナカニシヤ出版)が刊行。
2011	日本学校心理士会「東日本大震災子ども・学校支援チーム」発足。学校心理士スーパーバイザー認定開始。

出所:筆者作成。

の充実や学校組織の充実に貢献します。また将来的には,学校心理学に関連する専門的職業の創設に貢献する可能性もあります。現在「教育相談コーディネーター」「特別支援教育コーディネーター」は教師の役割ですが,これらを「支援教諭(仮称)」という職業として確立するという議論もあります。また「**心理師(仮称)**」[15]の国家資格化も心理学関連の学会や団体で検討されています。

学校心理学の課題の1つは,心理学と学校教育という2つの学問領域の融合です。また心理教育的援助サービスの実践を向上させるための,新しい研究法の工夫も課題です。学校心理学はまだ,若い学問です。多くの方が関心をもって参加し,一緒に発展させていきたいと思います。

(石隈利紀)

▷ 15　心理師(仮称)
現在三団体(臨床心理職国家資格推進連絡協議会,医療心理師国家資格制度推進協議会,日本心理学諸学会連合)が,心理師(仮称)の国家資格をめざして運動している。心理師(仮称)とは,国民の心の問題(うつ病,自殺,虐待等)や発達・健康上の問題(不登校,発達障害,認知障害等)に関する心理的な支援や国民の心理的健康の保持および増進を目的とした予防並びに教育を行う専門家。

参考文献
学校心理士資格認定委員会(編)(2012).学校心理学ガイドブック(第3版)風間書房
石隈利紀(1999).学校心理学——教師・スクールカウンセラー・保護者のチームによる心理教育的援助サービス　誠信書房
福沢周亮・石隈利紀・小野瀬雅人(責任編集),日本学校心理学会(編)(2004).学校心理学ハンドブック　教育出版

Ⅰ 学校心理学とは何か

2 なぜ学校心理学なのか

なぜ「学校心理学」が必要なのか，学校心理学の意義はどこにあるのか，4点あげます。前者2点は，学校心理学という枠組み，学問体系に関するもので，後者2点は学校，地域というコミュニティにおける援助実践に関するものです。

❶ 子どもの苦戦を検討する枠組み

不登校の対策に「教育相談」は役立つか。発達障害のある子どもの援助は，「特別支援教育」で十分か。いじめは「道徳」の充実で解決するか。非行の問題に「生徒指導」は効果があるか。これらの問いの背景にある現場のニーズに応えるのが学校心理学です。

子どもの苦戦について，教育相談，生徒指導，特別支援教育などの「教育活動の領域」を超えて，問題解決と子どもの成長のために，考え，実践する枠組みが必要です。学校心理学は，子どもの援助ニーズに応えることを軸として，援助サービスのモデルを提唱しています。学校心理学の枠組みで，不登校という子どもと学級・学校の折り合いの問題，いじめという子どもの人間関係の問題，個性的な学習スタイル・行動スタイルをもつ発達障害児の課題などについて，実態を捉え直し，解決策を見つけ，実践することができます。

❷ 学校教育の複雑な問題を解決する知的生産

不登校は減少していません。いじめの問題はより深刻化しています。学校教育における問題は，実に複雑です。この問題を解決するには，幅広い専門性が必要となります。学校心理学は，学校教育の問題解決を担う中核の領域である，心理学，学校教育などの学問の融合により，子どもの学校生活における「問題」への取り組みを援助するサービスの充実をめざしています。

科学社会学において研究と社会の関係を考えるために，ギボンズ（Gibbons, M.）が提唱した考え方に**モード論**（モードⅠ，モードⅡ）があります。モードⅠは，その学問内部の価値体系に基づいて知的生産を行います。したがって，「新しい知見を加えて，学問体系を発展させる」ことに価値がおかれます。一方モードⅡは，社会の関心に基づく知的生産です。社会で解決が求められている問題を設定して，問題解決のために専門性を超えて，複数領域の研究者，行政の担当者，また市民が参加する「協働作業」となります。ここでは学問の「融合」（trans-discipline）が起こります。

▷ **1 モード論**

「モード論」の詳細については，佐藤（1998），サトウ（2001）や杉原（1999）を参照。モードⅠでは，研究成果は同じ領域の研究者による評価（ピアレビュー）を経て，学術雑誌に掲載される。モードⅠは，領域が細分化される方向で，狭くなりがちである。たとえば「心理学」の領域は，「発達心理学」「社会心理学」「教授・学習心理学」「比較心理学」などに分かれている。一方モードⅡでは，問題の解決モデルを社会に示すことになる。モードⅠに基づく研究評価が主流である今日では，モードⅡの研究成果の発信を，論文としてどう評価するかが課題である。「学校心理学研究」「教育心理学研究」「カウンセリング研究」では実践的な論文を薦めているが，モードⅡの視点からの評価にはまだ到達していない。

佐藤達哉（1998）．進展する「心理学と社会の関係」モード論からみた心理学――心理学（論）への挑戦（3）人文学報（東京都立大学人文学部），**288**，153-177.

サトウタツヤ（2001）．モード論――その意義と対人援助科学領域への拡張 立命館人間科学研究，**2**，3-9.

杉原一昭（1999）．心

学校心理学は，モードⅡの知的生産をめざしています。「いじめ予防」，「不登校の対策」，「多様な援助ニーズのある子どもを活かす学級づくり」など，具体的な問題はたくさんあります。もちろんモードⅠとモードⅡの交流はとても大切です。学校心理学はモードⅡをめざしながら，教育心理学，発達心理学などのモードⅠの学問との交流を重要視します。

③ 当事者としての子ども，保護者，教師

　子どもは自分の人生の主役です。保護者は子育ての主役であり，「自分の子どもの専門家」です。そして教師は学校教育の主役であり，心理教育的援助サービスを職業として担っています。

　つまり，子ども，保護者，教師は，子どもの学校生活に関わる「当事者」です。学校心理学は，心理教育的援助サービスの実践と研究において，当事者の思いと強いところを尊重することを強調します。子どもが学習しやすい環境や子どもが自分の強さを発揮しやすい指導方法を考えます。そして保護者や教師が，子どもを援助しやすいシステム（例：**援助チーム**，**コーディネーション委員会**など）を提案します。また保護者や教師をどう援助するかが，学校心理学では重要なテーマになります。つまり「援助者を援助する」という発想です。

④ チーム援助

　学校心理学では，援助者が何を子どもに提供できるかではなく，子どもがどんな援助を受け取るかを重視します。1人の援助者の優れた援助では子どもの苦戦は十分に援助できません。子どもの周りの人からの援助のトータルが，子どもにどう届くかが大切です。したがって，チーム援助が心理教育的援助サービスの鍵をにぎります。学校心理学は，チーム援助の理論と実践モデルを提唱します。本書の読者は，「こんな援助が，教師，スクールカウンセラー，あるいは保護者にできるだろうか」と思う時，「チーム援助だったらどうだろうか」と考えてください。

　日本の学校におけるチームの特徴は，援助者が「子どものすべての側面」に関わる点です。担任，養護教諭，特別支援担当，そして保護者も，子どもの学習や人間関係，進路の問題，健康状況など学校生活のすべてに関わります。しかし援助チームのメンバーがもつ子どもの情報には，「濃淡」があります。担任の情報は学習面や集団面の様子が濃く，養護教諭は心身の健康面が濃いでしょう。「子どもまるごと」に関わる援助者が，子どもについての理解を厚いものにし，子どもについての援助案を考えるのが，援助チームのねらいです。つまり子どもの援助チームは，子どもについての情報と援助活動を「組み合わせる」よりも「重ねる」のです。「援助を重ねる」日本型のチーム援助の実践モデルを，学校心理学は提唱します。

（石隈利紀）

学における基礎的研究と実践的研究——教育心理学を中心として「モード論」からの考察　筑波大学心理学研究，21, 127-133.

▷2　学校心理学と教育心理学や発達心理学等との関係については，「Ⅱ　日本の学校心理学」を参照。

▷3　援助チーム
⇒Ⅴ-5 参照。

▷4　コーディネーション委員会
⇒Ⅴ-7 参照。

▷5　アメリカ型チーム援助
アメリカでは異なる領域の専門家が，専門性をもち寄り，知見を組み合わせる。役割分担・分業を核とする「組み合わせるチーム」と言える。

I 学校心理学とは何か

アメリカの学校心理学

　日本の学校心理学について考える時，アメリカの学校心理学の理論や実践が参考になります。アメリカの学校心理学のはじまりは，1896年にウィットマー（Witmer, L.）がペンシルベニア大学の心理相談室で学習に困難を示す子どもの援助をはじめたこととされており，歴史が長く，実践や研究の蓄積が豊富です。一方で，アメリカの学校心理学も順風満帆に進んできたわけではなく，スクールサイコロジストを養成するプログラムの統一基準がなく，職業としての統一性が弱かった時期や，特別支援教育の判定のためのテストと書類作成におわれ，学校全体の援助者として存在感が発揮できなかった時期もありました。また，アメリカの学校心理学も現在大きく変わりつつあります。特別支援教育を必要とする生徒を判定し選別する役割（gate-keeper：門番）から，学校全体のカリキュラムの向上から特別支援教育の推進まで幅広くリーダーシップを発揮する役割（changing-agent：変化を生み出す核となる存在）に変わりつつあります。ここでは，アメリカの学校心理学を紹介しながら，アメリカの学校心理学から日本の学校心理学が学べることについて考えていきます。

1 アメリカのスクールサイコロジストの仕事

　アメリカでは学校心理学の専門家は，「スクールサイコロジスト」と呼ばれています。アメリカの学校では，スクールサイコロジストの他にも，スクールカウンセラー，スクールソーシャルワーカー，クリニカルサイコロジストなど，多様な子どもの援助の専門家が協働で仕事をしています。なかでも，スクールサイコロジストとスクールカウンセラーの仕事は重なりも大きいのですが，スクールサイコロジストは，主に学習面や適応面での援助サービス，スクールカウンセラーは主に進路面や適応面での援助サービスを専門としており，学習と進路という子どもの学校生活にとって重要な側面を2つの異なる専門家が互いの専門性に基づいてサポートしている点がアメリカの学校の強みと言えます。

　アメリカのスクールサイコロジストの専門性や仕事の内容については，石隈（1999）『学校心理学』に詳しく紹介されています。アメリカのスクールサイコロジストの1日には，援助チーム会議への参加，校長先生との**コンサルテーション**，子どものカウンセリング，授業場面の観察，**個別式知能検査**の実施，**IEP（個別教育計画）**会議への出席，担任の先生へのコンサルテーション，保護者へのコンサルテーションと多様な仕事があります。

▷ 1　最近のアメリカの学校心理学の動向については，Robinson-Zañartu, C.・池田真依子（2009）．米国の学校心理学にみる役割変化への準備――新しい環境とプロセスの検討　日本学校心理士会年報，**1**，17-24 に詳しい。

▷ 2　石隈利紀（1999）．学校心理学――教師・スクールカウンセラー・保護者のチームによる心理教育的援助サービス　誠信書房

▷ 3　コンサルテーション
⇨ V-4 参照。

▷ 4　個別式知能検査
子どもの認知特性を把握するため，個別に実施する知能検査。主なものに，WISC-IV, KABC-II などがある。

▷ 5　IEP（個別教育計画）
特別支援教育に該当する児童生徒について，スクールサイコロジストや教師，保護者の参加のもと作成される個別の教育計画のこと。子どもに関する情報，長期目標・短期目標，目標を達成するための具体的な手段が含まれる。

② アメリカのスクールサイコロジストの養成

アメリカのスクールサイコロジストは，修士，**スペシャリスト**[7]，博士という3つの大学院レベルのプログラムで養成されています[2]。養成プログラムの内容は，各州の教育委員会の資格認定やスクールサイコロジストの所属する学会[8]の基準によって構成されています。修士やスペシャリストのコースで3～4年，博士課程は5年のコースが中心です。プログラムは，コースワーク，実習，インターンから構成されています。

筆者は数年前，アメリカのスクールサイコロジストの養成プログラムの1つ「サンディエゴ州立大学のプログラム」を見学に行きました。そこで，未来のスクールサイコロジストたちは，1年目は週1日，2年目は週2日，3年目は週3日学外実習に行き，小学校・中学校・高校をそれぞれ体験し，4年目はフルタイムのスクールサイコロジスト（インターン）として働き，月1回大学院に戻り**スーパービジョン**[9]を受けるというシステムを見学しました。実習先には，大学院と契約をしているスクールサイコロジストがいて，実習生のスーパービジョンが現場で行われています。日本でいう教師を養成する教育実習制度と似ていますが，それが4年間行われているというわけです。こうしたところからも，アメリカのスクールサイコロジストが職業として確立しており，彼らを育てるシステムが根づいていることがうかがえます。

③ アメリカの学校心理学と日本の学校心理学

アメリカの学校も，学力の問題や学校の安全の確保の問題などたくさんの問題を抱えています。それに対して，1人の先生が子どもの学習面から生活面まで総合的に見る日本の学級担任制による援助サービスや，給食や掃除，部活動，学校行事などさまざまな授業外の活動を通して協調性や連帯感を育てる援助サービスは，アメリカの学校心理学にとって参考になるものです。一方，アメリカの学校心理学の，多様な専門家のチームによる援助サービスや，学習面でつまずく子どもに対し一人ひとりの認知特性を把握し学力を伸ばすことに重点をおいた援助サービスは，日本の学校心理学にとって参考になります。また，現在のアメリカの学校心理学の実践モデルに見られるような，最新の研究に基づいて学校全体のカリキュラムから個別の援助サービスまでを計画し，子どもの変容に関するデータをとり，実践が効果を発揮しているかどうか検証し，効果が見られなければ次のステップの援助サービスに進むという「研究データ（エビデンス）に基づく実践」（この実践モデルは，RTIと呼ばれ，現在のアメリカの学校心理学の中核的なモデルとなっている。詳しくは，海津（2005）[10]参照）から学べることも大きいでしょう。

（飯田順子）

▷ 6 アメリカの学校心理学やスクールサイコロジストについて学ぶには，以下の文献が参考になる。
Gutkin, T. B. & Reynolds, C. R. (2008). *The Handbook of School Psychology.* 4th ed. John Wiley & Sons.

▷ 7 スペシャリスト
スクールサイコロジストの養成プログラムの1タイプで，大学院3年間のプログラムである。博士課程と比べると，実践家養成という色彩が強く，修士論文を課さないプログラムもある。

▷ 8 アメリカ学校心理士会（National Association of School Psychologists：NASP）やアメリカ心理学会（American Psychological Association：APA）。

▷ 9 スーパービジョン
同じ専門性をもつ経験豊かな実践家（スーパーバイザーと呼ばれる）から，経験の浅い実践家（スーパーバイジーと呼ばれる）が指導を受けること。ここでは，スクールサイコロジスト（インターン）が，ベテランのスクールサイコロジストや学校心理学の専門家である大学教授から指導を受けながら実践すること。

▷ 10 海津亜希子（2005）. 米国でのLD判定にみられる大きな変化――RTIモデルへの期待と課題　LD研究，**14**(3), 348-357.

I 学校心理学とは何か

 イギリスの学校心理学

1 イギリスのエデュケーショナルサイコロジストとは

　イギリス（イングランド，ウェールズ，スコットランド，北アイルランド）では，心理教育的援助サービスの専門職は「エデュケーショナルサイコロジスト」と呼ばれています。

　英国心理学会（British Psychological Society：BPS）によって認められた「公認エデュケーショナルサイコロジストは，0～19歳までの子どもの学習と発達の促進を心理学の応用を通して実践している心理専門職」です。1913年，イギリスではじめて地方自治体で採用されたエデュケーショナルサイコロジストはシリル・バート博士でした。バート博士は，非常勤のサイコロジストとして雇用され，学校教育への適応について分類するという問題について援助することが仕事でした。具体的には，①教師，医師，または治安判事によって委託された問題のある事例についての報告，②検査の開発と標準化，③学校全体の在籍者を代表するサンプルについて大規模な調査の実施，④教育官や教育委員会によって取り上げられるどのような特定の問題についても報告することができるよう準備することでした。バート博士の仕事は，今日のエデュケーショナルサイコロジストの仕事を示唆しています。

　現在大部分のエデュケーショナルサイコロジストは地方教育事務所（local educational agency）に勤務していて，以下のような仕事をしています。一般的に，エデュケーショナルサイコロジストは定期的に学校を訪問し，教師や保護者の相談にのったり，直接子どもと関わったりします。エデュケーショナルサイコロジストは学校教育の向上にも関与します。具体的には，プロジェクトの運営，学校によるプログラムなどの公的な評価の援助，学校教育の方針作成の援助などです。さらにエデュケーショナルサイコロジストは，地方教育事務所が，「社会的・教育的な平等」を促進するための，政府からの要求を満たすよう，教育評価，調査，方針作成などを通して援助します。まさに，子ども・保護者・教師の援助者であり，学校教育全体に関わる専門家です。これらの，子どもと家族，学校，地方自治体を対象とするエデュケーショナルサイコロジストの幅広い活動は，「コンサルテーション」「アセスメント」「介入」「トレーニング」「研究」に分類できます。

▶ 本項目では，イギリスのエデュケーショナルサイコロジストについて以下の書籍と論文をもとに説明する。なお，エデュケーショナルサイコロジストという呼び名は，香港，ニュージーランドでも使われている。

Squires, G. & Farrell, P. (2007). Educational Psychology in England and Wales. In S. R. Jimerson, T. D. Oakland & P. T. Farrell (Eds.), *The Handbook of International School Psychology*. 81-90. Thousand Oaks, CA：Sage Publications.

Topping, K. J., Smith, E., Barrow, W., Hannah, E. & Kerr, C. (2007). Professional Educational Psychology in Scotland. In S. R. Jimerson, T. D. Oakland & P. T. Farrell (Eds.), *The Handbook of International School Psychology*. 339-350. Thousand Oaks, CA：Sage Publications.

ノーラ・フェディクソン，アンディー・ミラー，今田里佳（2010）．英国の公認エデュケーショナル・サイコロジスト　日本学校心理士会年報, **2**, 29-36.

② エデュケーショナルサイコロジストと特別支援教育

　認知・言語・身体・感覚などの面で，または社会的・情緒的な面で，困難をもっている可能性のある19歳以下の子どもに対するアセスメントや介入は，エデュケーショナルサイコロジストの重要な仕事です。1981年の教育法以降，エデュケーショナルサイコロジストは特別な教育ニーズのある可能性のある子どものアセスメントに関わらなければないことになりました。また1993年の教育法，1994年の特別な教育ニーズのための実施規定と2001年のその改正により，子どもの学習困難に対応して指導法を調整するのは教師の役割であることが強調されるようになりました。そして教師を援助するのが"special needs coordinator"（特別支援教育コーディネーター）であり，さらに学校を援助するのがエデュケーショナルサイコロジストであると位置づけられています。

③ 公認エデュケーショナルサイコロジストの養成

　2006年にエデュケーショナルサイコロジスト養成のシステムが改訂されています。改訂以前は，エデュケーショナルサイコロジストになるためには，英国心理学会に登録された大学心理学部の卒業（3年），教員資格の獲得（1年），2年以上の教職経験，そして英国心理学会認定の大学院のコース1年が必要でした。2006年の改訂により，今日では，英国心理学会登録の大学心理学部卒業の後，3年の大学卒業後訓練（英国心理学会公認のスーパービジョンつきのトレーニングと実習を含む）が必要条件です。つまり実習経験が求められるようになりました。

　イングランド，ウェールズ，北アイルランドでは，公認エデュケーショナルサイコロジストを養成する3年間の博士課程のプログラムがあります。一方スコットランドでは，2年間の公認修士プログラムと1年間のスーパービジョンつき実習を経て，公認エデュケーショナルサイコロジストになります。

　心理学部の中核となるカリキュラムは，発達心理学，認知心理学，社会心理学，そして研究法です。そして3年間の専門職の訓練は，心理学をどう応用するかに焦点があてられています。具体的には，「アセスメントと介入のための専門的知識の応用」「専門家としての実践」（法と倫理，心理学の枠組みや理論の活用など）「自立した実践」「スーパービジョン」「教育評価，研究，調査の応用」などです。特筆すべきは，イギリスでは奨学金がエデュケーショナルサイコロジストの訓練に与えられていることです。イギリスがエデュケーショナルサイコロジストの教育における貢献を評価しているからだと思います。日本にとっては，大変刺激的です。

〔石隈利紀〕

コラム 1

子どもの欲求（wants）とニーズ（needs）

　私たち援助者には，子どもの欲求（wants）をなるべくかなえたいという思いがないでしょうか。でも欲求とニーズ（needs）は同じではありません。欲求は，「欠乏しているもの」という意味です。ニーズとは，ある社会的な観点から必要なものと判断できるものです。ニーズの捉え方は，観点によって異なります。

　では教育的な観点から，説明しましょう。欲求は子どもが「ほしいもの」や「してほしいこと」です。たとえば「勉強したい」「外で遊びたい」「休みたい」「助けてほしい」が欲求です。それに対しニーズとは，「子どもの発達や成長のために必要であろう」と判断できることです（図C-1）。

　したがって援助者は，子どもの欲求を理解しながらも，欲求のすべてを援助ニーズと捉えてはいけません。子どもの学校生活の様子について，子どもができること，苦戦していることに焦点をあててアセスメントを行う過程で，「子どもの問題解決や成長の促進のために必要か」という基準で援助ニーズを判断するのです。また子どもの「野菜は食べたくない」「勉強は教えてもらおうと思わない」など，「ほしくないもの」や「してほしくないこと」のなかにも，子どもの援助ニーズと判断することが，もちろんあります。

　そこで子どもの援助ニーズをどう見つけるかが課題となります。「子どもの欲求を理解して，それについて検討する」ことがニーズを探る1つのルートです。たとえば子どもが跳び箱に4回挑戦したが成功しなかったので，「もうやめたい」と言ったとします。「もうやめたい」が子どもの欲求です。教師が目の前の子

図C-1　欲求（wants）とニーズ（needs）
出所：石隈（2012）より。

どもの様子を見て（アセスメントから），「この子はもう限界だ。十分がんばった」と判断すれば，子どもの「やめたい」という欲求は「やめることを受け入れる」という援助ニーズと重なります。一方，子どもの様子のアセスメントから，「この子はもう1回チャレンジするエネルギーはありそうだ。次は成功する可能性がある」と判断し，「もし成功すればこの子の自信になる。失敗したとしてもそのがんばりを評価することでこの子の成長につながる」と考えたとします。その場合は，「もう1回やってはどう」と背中を押してみるのが，援助ニーズへの教師による対応となるでしょう。ただし，「よくがんばっているね。今回は，もう少しのところだったね」と教師の判断を子どもに説明して，次にどうするか子どもと一緒に考えることが大切です。子どもの援助ニーズは，子どもと援助者のやりとりで見つけていくのです。

（石隈利紀）

▷　石隈利紀（2012）．一人の援助とみんなの援助（【連載】みんなの力を重ねるチーム援助）実践障害児教育，**465**, 46-49.

コラム2

子どもの行動様式・学習様式と要請行動のマッチング

「お昼休み,学級全員でドッジボール」に喜ぶ子どもも,つらい子どももいます。この状況について,「子どもの行動様式・学習様式と学校での要請行動のマッチング[1]」という考え方から整理してみたいと思います。子どもの行動様式と要請行動のずれが小さい時,子どもは成長します。一方そのずれが大きく,子どものキャパシティを超える時は,子どもを追い詰めてしまうのです。次の事例は,子どもの望む休み時間の過ごし方(行動様式)と学級担任が求める過ごし方(要請行動)の「マッチング」[2]の話です。

小学5年生の女の子ハナコさんは,おとなしい子で,読書好きです。友達は少ないけども長続きしています。勉強はよくできる方です。人と一緒に勉強したり遊んだりするのは疲れるので,お昼休み,放課後は,一人で静かにするようにしています。4年生までは,元気で学校生活を送り,成績も学級でトップクラスでした。5年生になり,担任の先生が変わりました。3,4年生の担任は朝,読書の時間をつくったりするなど,読書教育にすごく熱心な先生でした。5年生の担任は,運動が得意で,特にドッジボールが好きでした。その先生は,4月に学級の雰囲気を見た時に,「この学級は覇気がない」と感じて,「とにかくみんなと一緒に遊ぼう」と考えました。ですから,昼休みは全員でドッジボール,これが日課になりました。消極的な子とか,ちょっと元気がなかった子が,担任とクラス全員でドッジボールをやるなかで,ものすごく元気になりました。でも,ハナコさんやクラスの他の何人かの子にとっては,昼休みのドッジボールはとても苦痛でした。ハナコさんはだんだん元気がなくなり,5月の連休明けに,お母さんに「学校に行きたくない」と言うようになりました。そこでハナコさんのお母さんは学校に行き,担任の先生,教育相談担当の先生,養護教諭の先生と援助チームの話し合いをもちました。そこで,ハナコさんが学校で楽しめている時間と苦戦している時間について整理しました。ハナコさんは国語や社会の授業は元気で,体育の授業と昼休みのドッジボールの時間がつらそうであることを確認しました。そして昼休みの過ごし方を「ドッジボール」の他に,「図書館に行く」「部屋のなかで静かに過ごす」という選択肢を3つにしました。ハナコさんが日を増すごとに元気になっていったのは言うまでもありません。

「マッチング」の問題は,日常的に起きているかもしれません。子どもにとってすごく苦手なことが,毎日学校で求められていて,苦戦しているかもしれません。この事例では,担任の先生が昼休みの過ごし方の工夫をしたので,ハナコさんは救われました。

教師は,子どもの行動様式と自分の要請行動のマッチングについて,検討しながら子どもと関わることが大切です。

(石隈利紀)

▷ 1 近藤邦夫 (1994). 教師と子どもの関係づくり——学校の臨床心理学 東京大学出版会
▷ 2 石隈利紀 (2003). フーテンの寅さんと釣りバカのハマちゃんに学ぶ助けられ上手・助け上手の心理学——家族・学校・地域のチーム援助をめざして 学校心理学研究, **3**, 55-74.

II 日本の学校心理学

 学校心理学と教育心理学

1 学校心理学と教育心理学の異同

学校心理学とは,「学校教育において一人ひとりの子どもが学習面,心理・社会面,進路面,健康面における課題への取り組みの過程で出会う問題状況の解決を援助し,子どもが成長することを促進する『心理教育的援助サービス』の理論と実践を支える学問体系」[1]のことです。

他方,教育心理学とは,「教育という事象を理論的・実証的に明らかにし,教育の改善に資するための学問」[2]のことです。

学校心理学と教育心理学の異同を考える時,「教育」の概念の捉え方がポイントになります。学校心理学が「学校教育」を主な対象としているのに対して,教育心理学における「教育」は,教育全般,すなわち,「学校教育」はもちろん,「家庭教育」や「社会教育」を対象として含む点にあります。

以上を踏まえ「学校心理学」と「教育心理学」の異同をまとめると次のようになります。

- 教育心理学は「教育」を広く捉えているが,学校心理学は,「教育」のなかの「学校教育」(幼稚園・小学校・中学校・高等学校・大学等)に焦点をあてている。
- 教育心理学は,主に理論的・実証的研究を重視しているが,学校心理学は,主に研究成果を学校教育のシステムへ適用して行う「援助サービス」を重視している。

したがって,学校心理学は,学校教育のシステムに関する理解を重視し,そのためのアセスメントをより精緻に行います。また,学校教育の場における援助ニーズを踏まえ,理論や実証的研究の成果(エビデンス)に基づく援助を行う一方,援助ニーズを計画的に評価し研究を活性化しています。

教育心理学の研究は援助ニーズに関係なく進められることもあります。そのため援助ニーズに基づかない研究は「教育心理学の不毛性」(教育心理学の研究成果が教育実践に役立たないという批判)につながる面も否定できません。その意味で,教育心理学は学校心理学の考え方に学ぶところも大きいと言えます。

2 学校心理学への教育心理学の貢献

学校心理学の実践,すなわち「心理教育的援助サービス」は,**アセスメント**[3],

▷ 1 学校心理士資格認定委員会(編)(2012). 学校心理学ガイドブック(第3版)風間書房 p. 5.

▷ 2 市川伸一(2003). 教育心理学は何をするのか——その理念と目的 日本教育心理学会(編)教育心理学ハンドブック 有斐閣 p. 6.

▷ 3 アセスメント
⇨ V-2 参照。

カウンセリング、コンサルテーション、コーディネーション等により行われます。

　これらの援助サービスにおいては、教育心理学における理論的・実証的研究の成果が不可欠です。たとえば、アセスメントにおいては、各種の検査を行います。検査としては、知能検査、学力検査、人格検査、性格検査などが代表的です。しかしこれらの検査に加えて、学校教育における課題との関係では、学習習慣、学習意欲、学習適応性、自己教育力等の検査も重要です。これらは、教育心理学の理論的・実証的研究により生まれたものと言えます。

　カウンセリングにおいては、心理・社会面や進路面での援助サービスが重要ですが、学習面では、「認知カウンセリング」つまり、学び方、理解の仕方についてのカウンセリングも、教育心理学の理論的・実証的研究から生まれ、学校心理学において実践されているものです。

　コンサルテーションにおいては、学校における課題の解決にあたって、理論的・実証的な研究成果、つまり「エビデンス」に基づく援助が不可欠です。その知見は、教育心理学においては、学校教育だけでなく、その他のより広い領域の研究から生まれたものなので、特に学校教育における課題が、学校教育の枠内のみで解決困難な場合に有用です。

　コーディネーションにおいては、コーディネーターが中心となり問題解決状況を明らかにする情報収集を行いながら、援助資源（誰が問題解決にふさわしいメンバーか等）を明らかにし、コーディネーターと援助資源となるチームのメンバーを集め、援助チームを構成します。それにより、援助方針や援助活動、メンバーの関係を調整し問題解決をはかります。学校における「コーディネーション委員会」の機能の点からの研究は、学校心理学においても教育心理学においても注目されています。

３　学校心理学と教育心理学の相互補完

　学校心理学も教育心理学も、教育と研究を重視している点で共通しています。いずれも「エビデンス」を重視し、そのための研究を進めながら実践の改善をはかっています。異なる点は、学校心理学が対象とする範囲がやや狭い点、理論よりも実践を重視するのに対し、教育心理学は実践よりも、やや理論を重視する点にあると言えます。

　学校教育への貢献という点では、学校心理学も教育心理学も重要な学問領域です。学校心理学の実践により、教育心理学の理論が活かされ、学校心理学の理論が、教育心理学の理論をより精緻化することにつながると言えます。たとえば、学校心理学のコンサルテーションをより充実するために、学校のニーズに基づく教育心理学の研究が促進されます。学校心理学の実践に基づき構築された**３段階の心理教育的援助サービス**モデルは、援助ニーズに対応した理論モデルの構成につながります。

　　　　　　　　　　　　　　　　　　　　　　　　　　（小野瀬雅人）

▷ 4　カウンセリング
⇨ V-3 参照。

▷ 5　コンサルテーション
⇨ V-4 参照。

▷ 6　コーディネーション
⇨ V-7 参照。

▷ 7　家近早苗・石隈利紀(2003)．中学校における援助サービスのコーディネーション委員会に関する研究——A中学校の実践を通して　教育心理学研究，**51**(2), 230-238.

▷ 8　3段階の心理教育的援助サービス
⇨「Ⅵ　3段階の心理教育的援助サービス」参照。

Ⅱ 日本の学校心理学

 学校心理学とカウンセリング心理学

1 学校心理学とカウンセリング心理学の関係

　カウンセリング心理学は，人間関係がうまくいかない，どのように生きていったら良いのかわからない，より自分らしく生きたい，といった誰もが出会う悩みや生き方に関する個人的相談にのるための理論や技法からなる学問です。一方，学校心理学は子どもを1人の人間として見ると同時に，児童生徒として見るため，子どもの今この瞬間の学校生活の質ということも大事にします。カウンセリング心理学は学校心理学における子どもの援助の方向性にたくさんのヒントを与えてくれる学問と言えます。

2 カウンセリング心理学から学校心理学が学ぶこと

○援助者に求められる態度

　カウンセリング心理学に最も影響を与えた人物として知られるロジャーズ（Rogers, C. R.）は，クライエントが肯定的な変化をとげるためにカウンセラーに求められる態度について，カウンセラーがクライエントとの関係において「純粋であること」，カウンセラーがクライエントを「無条件に受容・尊重すること」，カウンセラーがクライエントを「共感的に理解すること」という3条件をあげています。つまり，人間が自分らしく生きていくためには，偽ることなく自分に向き合ってくれる人，ありのままの自分を受け入れてくれる人，同じ視点に立って自分のことを考えてくれる人が必要だということです。援助者のこうした態度は，子どもの成長にとって必要な栄養のようなものであり，子どもに関わるすべての援助者に求められる態度と言えるでしょう。

○児童生徒を援助する指針として

　豊かさが広がる現代の社会では，「人は何のために勉強するのか」「人は何のために生きるのか」といった問いを子どもが投げかけてくることがあります。筆者も学校に行けない状態にある子どもとの面接のなかで，何度かこのような問いに出会いました。そんな時，筆者がよりどころにしている理論に，マズロー（Maslow, A. H.）の**欲求階層説**があります（図Ⅱ-1）。学級内のいじめや家族内の葛藤などを体験してきた子どもの場合，安全の欲求や愛情と所属の欲求の段階でとまっている場合があります。しかし，環境が改善され心の整理がすすむにつれ，子どものなかから自然に「高校に行って部活がしたい」「友達を

▷ 1　石隈利紀（1999）．学校心理学——教師・スクールカウンセラー・保護者のチームによる心理教育的援助サービス　誠信書房

▷ 2　カウンセリング心理学について深く学ぶには，以下の文献が参考になる。國分康孝（監修）（2008）．カウンセリング心理学事典　誠信書房

▷ 3　諸富祥彦（1997）．カール・ロジャーズ入門——自分が"自分"になるということ　コスモスライブラリー

▷ 4　欲求階層説
マズローによると，人の欲求は生理的欲求から，自分の能力を最大限発揮して生きていきたいという自己実現欲求までの段階になっており，低次の欲求が満たされてはじめて高次の欲求が重要性をもつとされている。
Maslow, A. H. (1970). *Motivation and personality.* 2nd ed. Harper and Row.

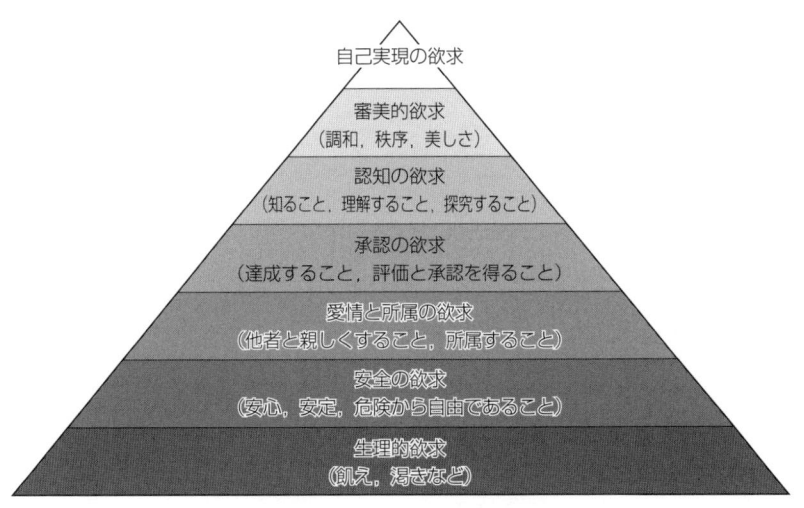

図Ⅱ-1 マズローの欲求階層説

出所：Maslow（1970）を参考に作成。

つくりたい」といった言葉がでてくることがあります。援助者が見通しをもって子どもと関わる指針が，カウンセリング心理学には豊富にあります。

○児童生徒を理解する視点として

カウンセリングの主要理論には，フロイト（Freud, S.）が創設した無意識を重視する「精神分析理論」や，人間はもともと白紙であり環境のなかでいろいろな刺激が与えられることによって，反応や行動が形成されるという考え方をとる「行動主義」，さらには人間には本来肯定的な方向に変化していく力が備わっておりそれが何らかの要因で阻害されている時に問題が生じるとする「人間中心主義」などがあります。これらの理論を知っておくと，子どもを理解する視点が広がります。たとえば，不登校状態にある子どもを理解する際，父親との関係で葛藤があり，学校に行かないことが無意識の抵抗になっている（精神分析），がんばって学校に行っていたのに友達ができず学校に行っても報われないという経験が繰り返された（行動主義），今まで親の期待にそって学校に行っていたがそこでつくり上げられた自分と自分が本当にやりたいこととの間に葛藤があり混乱している（人間中心主義）といった仮説が立ちます。このように，目に見えない子どもの動機や過去の体験について考えることで，子どもの理解が広がります。

○援助のための技法

カウンセリング心理学者のイーガン（Egan, G.）によると，カウンセリングには，①現在のシナリオの理解（子どもの問題状況を整理する），②目標のシナリオの設定（子どもがどうしたいのかを明確化する），③行動の援助（子どもが設定した目標を達成するために方法を検討し，それを実行できるよう援助する）という3つのステップがあります。問題解決の段階では，カウンセリング心理学のさまざまな援助技法が役にたちます。

（飯田順子）

▷ 5 Egan, G. (1986). *The Skilled Helper*. 3rd ed. Brooks/Cole.

▷ 6 子どもの援助に使える技法として，アートセラピー（描画，コラージュ，粘土）や，リラクセーションテクニック（呼吸法，運動），考え方に働きかける論理療法・認知療法などがある。

Ⅱ 日本の学校心理学

学校心理学とコミュニティ心理学

▷ 1 山本和郎（1986）．
コミュニティ心理学──地域臨床の理論と実践　東京大学出版会

▷ 2 **学校評議員制度**
地域住民が学校運営に参加できる仕組み。通常、4名から5名の評議員が学校運営に意見を述べる。評議員には地域の代表者などが委嘱されることが多い。

▷ 3 植村勝彦（2007a）．
概説　日本コミュニティ心理学会（編）コミュニティ心理学ハンドブック　東京大学出版会　pp. 36-38.

▷ 4 **エンパワメント**
従来の援助は援助者（たとえば教師）が被援助者（たとえば児童生徒）に不足している物や能力を提供するという特徴があった。しかし、被援助者はさまざまな力を内にもっている。その力を強めるような援助をエンパワメントと言う。個人の能力を最大限に発揮させることである。

▷ 5 **ソーシャルサポート**
人が人に対して行う援助を意味する。その種類は大きく分けて情緒的サポートと道具的サポートの2つに分類できる。情緒的サポートとは、悲しんでいる人を慰めたり、落ち込んでいる人に対して受容・共感するような援助を意味する。道具

1 コミュニティ心理学とは何か

　山本（1986）はコミュニティ心理学を「様々な異なる身体的心理的社会的文化的条件をもつ人々が、だれもが切りすてられることなく共に生きることを模索する中で、人と環境の適合度を最大にするための基礎知識と方略に関して、実際におこる様々な心理的社会的問題の解決に具体的に参加しながら研究を進める心理学である」と定義しています。この定義で重要な部分は、多様な人々が共に生きるという前提と人と環境との適合度に注目しているところです。コミュニティ心理学は、コミュニティのなかで生きる人々を環境との相互作用で捉えていくというところにその特徴があります。

　たとえば、学校であれば、人口移動の少ない伝統的な農村地帯にある学校と、人口移動の激しい都市にある学校では、当然、子どもの背景が異なります。現在、わが国は出口の見えない不況にあえいでいますが、これも保護者や子どもの意識に影響を与えていると思います。学級になじめないという子どもがいた場合、その子どもを取り巻く環境や学級の雰囲気などとの適合の悪さが要因である可能性もあります。

　また、地域社会のなかで学校を捉える視点も重要となります。現在の学校では、**学校評議員制度**に代表されるように地域のコミュニティの代表者が学校運営に意見を述べる機会が保障されていますが、こうした制度に代表されるように今の学校は地域社会と連携することが求められています。

2 コミュニティ心理学の基本概念と学校心理学

　植村（2007a）はコミュニティ心理学の基本概念として、生態学的視座、予防、**エンパワメント**、ソーシャルサポート、コラボレーション、**コミュニティ感覚**、社会変革の7つをあげています。ここではこれらの基本概念のなかで特に学校心理学と関連の深い生態学的視座、予防、コラボレーションについて解説します。植村（2007b）は、生態学的視座を、「すべての行動がその人のおかれている文脈と相互作用の中で生起するものと考えるもの」と説明しています。これは、学校という場における子どもの適応を把握する学校心理学においても、大事な概念です。たとえば、子どもが授業中、落ち着きがなく学習面で苦戦している場合、物事にじっくり取り組む能力が他の児童と比較して低いことが要

表Ⅱ-1 コミュニティ心理学の基本概念を学校心理学の視点で捉える

コミュニティ心理学の基本概念	学校心理学の視点で捉えた実践
生態学的視座	子どもの援助ニーズを子どもの内的要因だけでなく環境との関連で見ていく。
予防	学校において予防的な活動を重視していく。
エンパワメント	子どもや保護者をエンパワーし，自助能力を高める。
ソーシャルサポート	援助ニーズの高い子どものサポート源に注目しながら援助する。
コラボレーション	チーム援助，コーディネーションなどを学校に取り入れる。
コミュニティ感覚	地域のステーションとして学校を位置づける。
社会変革	教育システムの改革に，学校の立場から積極的に発言する。

出所：筆者作成。

因かもしれませんが，競争的で仲間と協力関係が築けない学級の雰囲気が要因となっている可能性もあります。生態学的視座を学ぶことで，子どもの援助ニーズが環境との関連でも捉えられることがわかると思います。

次にコミュニティ心理学において学校心理学と関連が深いのが，予防の概念です。**ストレスマネジメント教育**で効果的なストレス対処法を学ぶのは，在学中，卒業後の不適応行動を予防するという意味もあります。また，コラボレーションの概念を紹介したいと思います。コラボレーションとは，高畠（2007）によると「さまざまな臨床現場で続出している困難な問題に対して，その解決が一人の専門家の力量だけでは不可能である状況を踏まえて，さまざまな専門家ときには非専門家も交えて，積極的で生産的な相互交流や相互対話を重ねながら，共通の目標や見通しを確認し，問題解決に必要な社会資源を共有し，必要ならば新たに資源や社会システムを開発する活動」と定義しています。学校心理学のチーム援助とコラボレーションは非常に近い概念であると言えます。

3 学校心理学はコミュニティ心理学から何を学べるか

学校心理学は学校という場に限定した，援助サービスを考えていますが，コミュニティ心理学は医学や臨床心理学をも視野に入れ，コラボレーションや社会変革まで視野に入れるところにその特徴があると思います。一方，学校心理学は学校場面での援助サービスの充実をめざし，学校外のヘルパーとも連携しながら，よりよい援助を子どもに提供するために研究や実践を重ねていく学問領域です。

表Ⅱ-1は，コミュニティ心理学の基本概念を学校心理学の視点から捉えなおしたものです。この表を見てもわかるとおり，学校心理学はコミュニティ心理学から積極的に学ぶとともに，お互いの長所を活かしながら，学問領域としても連携をはかる必要があると思われます。

（水野治久）

的サポートとは，長期欠席している児童に同じクラスの子どもが宿題のプリントを届けたりするような具体的な援助を意味する。ここには，宿題の内容を伝えるような情報的なサポートも含まれる。

▷ 6 コミュニティ感覚
自分がそのコミュニティの一員であるという感覚。そのなかには，コミュニティ内における他者との類似性や相互に認め合う承認関係，相互依存的な関係，自分の居場所，位置があるという感覚が含まれる。

▷ 7 社会変革
人と環境との適合度を高めるために，社会の側に働きかけてシステムを変革していこうとする活動。たとえば，不登校児童生徒の支援のために，学生ボランティアを組織化し，ガイダンスや研修を行い，各学校に派遣するというような事業があげられる。子どもの援助ニーズを受けて，社会システムの変革を行うことがポイントである。

▷ 8 植村勝彦（2007b）.
生態学的視座 日本コミュニティ心理学会（編）コミュニティ心理学ハンドブック 東京大学出版会 pp. 39-54.

▷ 9 ストレスマネジメント教育
⇨ Ⅶ-9 参照。

▷ 10 高畠克子（2007）.
コラボレーション 日本コミュニティ心理学会（編）コミュニティ心理学ハンドブック 東京大学出版会 pp. 100-114.

II 日本の学校心理学

 4 学校心理学と発達心理学

▷ 1 ピアジェの認知発達理論
ピアジェ（Piaget, J.）は子どもたちの思考する能力や推理する能力は，成熟するにつれ，質的に異なる段階に従って発達するとした。具体的には，感覚運動段階，前操作段階，具体的操作段階，形式的操作段階の4段階とした。

▷ 2 エリクソンの心理社会的発達理論
エリクソン（Erikson, E. H.）は心理社会的危機を中心に発達段階を8段階に分け，危機を克服した時に得られるものと危機の克服に失敗した時に陥る状況を対にして理論化している（表Ⅱ-2）。

▷ 3 岡本祐子（編著）(2002). アイデンティティ生涯発達論の射程　ミネルヴァ書房

1 学校心理学と発達心理学の関係

発達心理学は，乳幼児期から老年期まで人間が生涯にわたってどのように発達していくのかを研究する学問です。そこには，人間の発達に関わる膨大な研究や理論が含まれています。一方，学校心理学は，学校教育が出会う問題の解決をはかるために発展してきた学問であり，実学の色彩が強いです。学校という場が子どもの発達を促す文脈であると考えると，発達心理学の研究や理論は，学校教育のベースであり，2つを結びつけて考えることは非常に大切であると言えます。

2 発達心理学から学校心理学が学ぶこと

○子どもの発達段階について学ぶ

子どもの発達には，運動面，知的側面，言語面，対人面，道徳性，性の側面など多様な側面があります。子どもは，それらの側面において，一段階ずつ成長していきます。どの段階でどの程度のことができるのが平均的か（定型的発達の範囲）を把握していなければ，そこからのズレに気がつくことができません。子どもの援助者が知っておきたい発達段階の理論には，**ピアジェの認知発達理論**[1]，**エリクソンの心理社会的発達理論**[2]などがあります。

○生涯発達の視点を学ぶ

学校教育のなかで子どもと関わる仕事をしていると，同じ年齢の子どもを迎え，同じ年齢の子どもを送りだします。どうしても，その先について考える機会が少なくなります。しかし実際には，学校を卒業してからの人生の方がはるかに長いのです。生涯発達の視点から，学校教育のなかで最低限何を育てておきたいかという視点で考えることが重要です。現在では，中年期に関する研究や老年期に関する研究も豊富になってきています[3]。それらを学んでおくことは，子どもに見通しをもって関わるためには重要です。

○個人間差と個人内差という視点

学校心理士が関わる援助ニーズの高い子どものなかには，全般的な知的発達の遅れがある知的障害や

表Ⅱ-2　エリクソンの発達段階

乳児期	基本的信頼　対　不信
幼児期前期	自律性　対　恥・疑惑
幼児期後期	自主性　対　罪悪感
児童期	勤勉性　対　劣等感
青年期	アイデンティティ　対　アイデンティティ拡散
成人期初期	親密性　対　孤立
中年期	生殖性　対　停滞
老年期	統合　対　絶望

出所：Erikson, E. H. (1950). *Childhood and society*. Norton.（仁科弥生（訳）(1977). 幼児期と社会　みすず書房）より。

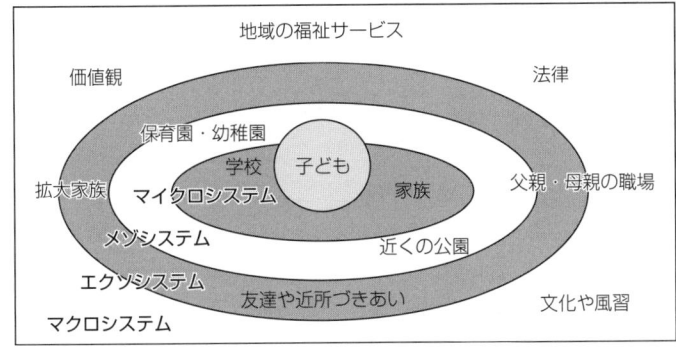

図Ⅱ-2　ブロンフェンブレンナーの生態学的発達理論における4層構造

出所：Bronfenbrenner (1979) をもとに作成。

領域ごとに発達の偏りを示す発達障害など，発達に何らかの問題をもつ子どもが含まれます。子どもの援助ニーズをキャッチするには，発達の問題に対する深い知識とその知識に基づいて目の前の子どもを正確に把握する観察力が必要です。つまり，同じ年代の他の子どもと比べてどうかという個人間差と，その子どもの複数の側面を比べた時にどうかという個人内差を把握する力が重要です。WISC-Ⅳ[4]やKABC-Ⅱ[5]などの知能検査は，その両方を把握するのに力を発揮します。

○子どもと環境の相互作用について学ぶ

子どもの発達を捉える視点に，子どもを取り巻く環境のアセスメントを行うことが欠かせません。生態学的発達理論を提唱するブロンフェンブレンナー(Bronfenbrenner, U.) は，個人の発達は，成長しつつある個人と変化しつつある生活場面との相互作用のなかで起こるとしています。そして，子どもの発達はマイクロシステム（子どもが直接生活する場のなかで起きている活動や相互作用），メゾシステム（家庭や学校や近隣や保育所などマイクロシステム間の関係），エクソシステム（地域の福祉サービスや父親や母親の職場環境といった子どもが直接参加するわけではないが子どもの発達に影響するもの），マクロシステム（文化や法など下位のシステムを超えるシステム）という「入れ子」のようなシステムのなかで起こるとします[6]（図Ⅱ-2）。こうした視点は子どもの見立てをする時にとても重要です。たとえば，父親の単身赴任によって思春期の男子生徒が精神的に不安定になることがあります。身体的変化を受け入れていくことや自分とは何かという発達課題に取り組む思春期男子にとって，同じ性別のロールモデル（生き方のモデル）である父親の存在は大きいものです。転勤という父親の職場での出来事は，子どもの発達に心理的な影響を及ぼします。すべてのレベルの介入が，子どもの発達において重要と言えます。そのなかで，ブロンフェンブレンナーは，特にマクロシステムレベルの変化の重要性を強調しています。文化的価値感や教育政策は，子どもの発達にとって非常に影響力が強いものです。

（飯田順子）

▷ 4　WISC-Ⅳ (Wechsler Intelligence Scale for Children)
全検査IQに加え，言語理解・知覚推理・ワーキングメモリ・処理速度という4つの得点が算出でき，個人の知的能力の発達を分析的に捉えることができる個別知能検査。

▷ 5　KABC-Ⅱ (Kaufman Assessment Battery for Children)
アメリカの心理学者カウフマン (Kaufman, A. & Kaufman, N.) 夫妻によって開発された子ども用の個別式知能検査の第2版。認知能力と習得度を分けて捉えることができること，認知能力を同時処理・継次処理・学習・計画とに分けて捉えることができるという特徴がある。

▷ 6　Bronfenbrenner, U. (1979). *The Ecology of Human Development.* Harvard University Press.（磯貝芳郎・福島護（訳）(1996).人間発達の生態学　川島書店）

Ⅱ 日本の学校心理学

5 学校心理学と臨床心理学

1 複雑に絡み合う心の問題

　学校心理学と臨床心理学の違いを理解するために，子どもたちの「問題行動や症状」がどのような成り立ちをしているのか，ということを説明するところからはじめたいと思います。

○成長発達システムと現在の「問題行動・症状」

　子どもはさまざまな個性をもって生まれ，さまざまな体験をしながら育ってきます。その体験は，家族との関わりや，学校（幼稚園・保育所等も含む）との関わりを通して，意味づけられ記憶され，個人の心の世界を生みだしていきます。
　小学校4年生で不登校になったA君を例としてあげ，具体的に説明をしていきます。図Ⅱ-3の①「問題行動・症状」の部分は「不登校状態」となります。A君は小学校1年生の時から，教室のなかでいじめにあっていましたが，両親はつらいことにも負けない強い子になってほしいと願い，学校を休むことを許しませんでした。担任は，A君がきちんと自己主張できないためにいじめられるので，A君にも悪いところがあると認識していました。図Ⅱ-3の②は，このように「いじめられたという体験」に対して，家族や学校がどのように関わったのかということを意味しています。そのような体験のなかで，A君の心は傷つき，対人不安と恐怖を抱えることになり，小学校4年生の時に，恐怖心から学校に行くことができなくなりました。このように，過去の生い立ちにおける関係性を「成長発達システム」と言います。

○成長発達システムと問題増幅システム

　A君の不登校をめぐって，現在の時点で，家族や学校が問題を解決しようとして関わることになります。図Ⅱ-3の③と④の部分です。家族は「学校に行ったほうがいい」と説得し（③），担任も「クラスのみんなも待っているよ」と声をかけました（④）。しかしながら，A君は「学校に行くことができない自分は，みんなに迷惑をかけている悪い子なんだ」という思いでいっぱいになり，ますますひきこもってしまうようになりました（⑤）。担任は「家族にもっと上手に関わってほしい」と思い，家族は「担任が上手に関わってくれないからだ」と思い，互いが対立してしまいます（⑥）。このように，よかれと思って関わる関わりが逆に問題を増幅してしまう関係性を，「問題増幅システム」と言います。

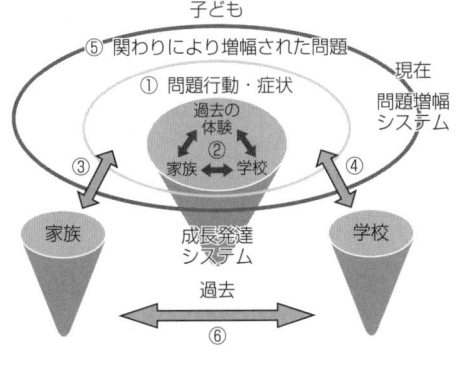

図Ⅱ-3 子どもの「問題」の成り立ち
出所：大河原ほか（2000）より。

2 学校心理学と臨床心理学

○過去の傷つきを治す臨床心理学

　臨床心理学が扱うのは，主として図Ⅱ-3の②と③における治療的関わりです。②の領域においては，A君の「いじめられ被害」によるトラウマの治療，不安や恐怖のコントロールに関する心理治療を行い，③の領域においては，現在の家族の関わりが問題増幅を引き起こさないように，家族の問題に対する援助を行います。このようにして，A君が家族のなかで安心を得ることで心の傷つきの回復が可能になるように，必要な心理的な支援を行います。

○現在の適応を助ける学校心理学

　学校心理学が扱うのは，主として，図Ⅱ-3の④における教育的支援です。学校に来られないことで抱えているA君の心理的負担に配慮しながら，担任との信頼関係を回復すること，休んでいる間にできる学習について工夫すること，A君が再登校可能になるように，互いを思いやる成熟した学級集団を育てることなどが課題になります。A君のできないことへの不安を受けとめ，遅れてしまった勉強に対する学習意欲を引き出し，学習への動機づけを高めること，そのために個のレベルに応じた学習内容，指導の方法などを工夫することに，学校心理学が役立ちます。このように，学校心理学は，主として現在の適応を支援するための知識と方法論を提供します。

3 多面的に児童生徒を理解することの重要性

　A君の例を通して説明してきたように，問題行動や症状の回復のためには，過去から現在までの育ちのプロセスにおける心理的問題への治療援助（臨床心理学）と，現在の学校における適応のための支援（学校心理学）の両方が必要です。心理的問題を示した子どもに臨床心理学による支援を行うことが必要なことはよく知られてきましたが，子どもの健全な成長発達を促進するためには，同時に学校心理学による支援が行われることが重要です。

（大河原美以）

参考文献

大河原美以・小林正幸・海老名真紀・松本裕子・吉住あさか・林　豊（2000）．子どもの心理治療における見立てと方法論──エコシステミックな見立てモデルの確立に向けて　カウンセリング研究, **33**, 82-94.

Ⅱ 日本の学校心理学

学校心理学と社会心理学

▷ 1 河村茂雄・田上不二夫（1997）．児童が認知する教師のPM式指導類型と児童のスクール・モラールとの関係についての考察 カウンセリング研究, **30**, 121-129.

▷ 2 リーダーシップのPM理論
三隅・吉崎・篠原（1977）は，教師のP（Performance）行動を「学級における児童達の学習を促進したり，生徒指導に関して児童達の課題解決を促進し，また話合いなど討議が有効に，効率的に行われるようにする教師のリーダーシップ行動」であると説明している。さらに，M（Maintenance）行動については「児童に対して配慮をなし，公平に児童に対処して，不必要な緊張をさけ，児童の緊張解消に努めるような教師のリーダーシップ行動である」と説明している。リーダーシップPM論とは，この2つの特徴を，P機能もM機能も強い「PM類型」，M機能が強い「M類型」，P機能が強い「P類型」，P機能，M機能の両方が弱い「pm類型」に分類する。三隅二不二・吉崎静夫・篠原しのぶ（1977）．教師のリーダーショップ行動測定尺度の作成とその妥当性の研究 教育心理学研究, **25**, 157-166.

社会心理学は，社会的場面における人間の行動の理解をめざしている学問領域です。社会的場面には，他者との関係，個人と集団の関係が影響します。その意味で言うと学校は，社会的場面ですので，多くの社会心理学者が学校を研究対象にしています。また，社会心理学の理論にルーツをもつ学校心理学の研究も多く見ることができます。一方で，学校現場の援助場面に詳しい学校心理学が社会心理学の研究に貢献することもあります。

1 児童生徒同士の影響

学校における個人と個人の関係から見ていくと，学校にはまず，児童生徒がいます。児童生徒同士の関係にはどのようなものがあるのでしょうか？ 相互に影響し合うことで社会性が育まれ，発達します。援助行動など相互に助け合う行動も見られます。しかし一方で，いじめなどの排他的行動へと発展することがあります。児童生徒同士が影響し合い問題行動がエスカレートすることも報告されています。また，いじめは，他者に対する攻撃行動が中心ですが，そのなかには，当該の子どもに敵意はなくても，他の級友がいじめているという理由だけで同調し，いじめに加わるということも起こります。攻撃行動，同調行動は社会心理学の研究領域です。

昨今，小学校高学年や中学校を中心に授業が成立していないことや，集団で逸脱行動を繰り返すことが問題となり，現場の教師はその対応に翻弄されています。こうした状態を「荒れている」と表現することが多いのですが，荒れている学校の教師は，児童生徒一人ひとりと関わると素直な子どもで十分コミュニケーションがとれるのに，集団場面になると教師に敵意を示したりすることがあると教えてくれます。集団となり，同級生の目があることで，行動がエスカレートするということは，人間が他者（他の児童生徒）のまなざしに影響を受けていることを意味しています。

2 教師と児童生徒の関係

次に教師と児童生徒の関係はどうでしょうか。教師が児童生徒にどのような影響を及ぼしているのかについては，社会心理学領域から生まれたリーダーシップの研究があり，それが教師の学級運営のリーダーシップ行動として研究されています。河村・田上（1997）[1]はリーダーシップのPM理論[2]を学校に応用

し，P（目標達成）機能，M（集団維持）機能の両方が高い学級（PM型）では，P機能が強い学級（P型），両方の機能が弱い学級（pm型）に比べてスクールモラール（学校生活・登校への士気）が低い児童の割合が少なかったと報告しています。

3 教師同士の関係，教師集団の影響

日本の教師は職務の独立性が高く，会社のように部長，課長，係長といった縦のラインによって仕事をするのではなく，学年団を中心とし，横の関係で業務を遂行する色彩が強い職種です。教師個人の独立性が高いという利点はあるものの，その反面，教師同士の連携がとりにくいという状況が生まれます。学校心理学の研究として提出された研究に，教師の被援助志向性の研究があります。田村・石隈（2001）[3]は被援助志向性が低く，連携ができない教師は燃え尽きる傾向が高いということを見出しています。どのような状況において連携がとれにくいのかについて，より詳細な研究が待たれます。社会心理学ではチームワークの効果などの研究が蓄積されつつあります[4]。

さらに一方で社会心理学の領域からの研究で学校心理学に示唆的な研究として，西山・淵上・迫田（2009）[5]の研究をあげたいと思います。この研究は生徒の支援には教職員全員で問題を共有し，さまざまな生徒の問題に対して適切な支援ができているという「教育相談の定着過程」には，学校の教職員が，協力し合っている雰囲気が重要だという結果を示しています。これは，学校の雰囲気が，子どもを援助する教師の活動にまで影響を受けていることを意味します。学校心理学にはチーム援助という方法があり，チーム援助が上手くいくかどうかは，職員室の雰囲気が重要であることがうかがえます。

4 学校心理学と社会心理学の違い

このように学校という場面について社会心理学的な視点で迫ることで，多くの知見を得ることができます。では，両者の違いは何でしょうか？　それは，学校心理学は学校における心理教育的援助サービスの充実であるのに対して，社会心理学は冒頭にも述べたように社会的場面の人間行動の理解をめざしている点ではないでしょうか。つまり，社会心理学にとっては，社会的場面が学校か否かにはあまり重点が置かれません。ですから社会心理学者は，社会的場面を実験室のなかに再現し，要因を統制します。また，学校以外の場面，たとえば，会社とか地域社会なども社会心理学にとっては重要なフィールドとなります。とはいえ，社会心理学者の積み上げてきた膨大な知識は学校の問題を解決することに有効であり，社会心理学の専門家から学ぶべきことはたくさんあると思われます。一方で，学校心理学が社会心理学に貢献していくこともあるはずです。

（水野治久）

▷ 3　田村修一・石隈利紀（2001）．指導・援助サービス上の悩みにおける中学校教師の被援助志向性に関する研究——バーンアウトとの関連に焦点を当てて　教育心理学研究，49，438-448．

▷ 4　山口裕幸（2008）．チームワークの心理学——よりよい集団づくりをめざして　サイエンス社

▷ 5　西山久子・淵上克義・迫田裕子（2009）．学校における教育相談活動の定着に影響を及ぼす諸要因の相互関連性に関する実証的研究　教育心理学研究，57，99-110．

Ⅱ 日本の学校心理学

 学校心理学と認知心理学

▷ 1 学校心理士資格認定委員会（編）(2012). 学校心理学ガイドブック（第3版）風間書房 p. 5.

▷ 2 斎藤洋典 (1999). 認知心理学 中島義明他（編）心理学辞典 有斐閣 p. 664.

▷ 3 感覚記憶
視覚や聴覚などの感覚情報を一時的に短時間（0.1～0.5秒程度）保存する記憶を指す。

▷ 4 短期記憶（作業記憶）
感覚記憶を経て得た情報を一時的に保存（30秒以内）する記憶を指す。反復（リハーサル）や精緻化（記憶術等の利用）により保存時間を延ばすことができる。最近では，理解や思考といった心的作業に利用するための保持の働きを重視するようになったことから，作業記憶と呼ばれる。

▷ 5 長期記憶
保存の容量や期間に制限のない記憶を指す。意味記憶，エピソード記憶，手続き記憶がある。詳しくは図Ⅱ-4の注を参照。

▷ 6 中津山英子 (2002). 学習と学習指導 佐藤泰正・海保博之・新井邦二郎（編）教育心理学 学芸図書 pp. 81-97.

1 学校心理学と認知心理学の異同

　学校心理学とは，「学校教育において一人ひとりの子どもが学習面，心理・社会面，進路面，健康面における課題への取り組みの過程で出会う問題状況の解決を援助し，子どもが成長することを促進する『心理教育的援助サービス』の理論と実践を支える学問体系」のことです。

　他方，認知心理学とは，「広義には，知的機能の解明にかかわる心理学を指すが，狭義には，1950年代後半以降に情報科学の影響を受け，人間を一種の高次情報処理システムとみなす人間観に基づき，相互に関連する情報処理系を仮定し，そこにおいて実現される情報処理過程の解明によって，心的活動を理解しようとする心理学の一分野」のことです。

　現在の認知心理学は，言語学，人工知能，神経科学等の影響も受け，認知科学の一部を構成しています。教育に関する理論構成への影響も大きく，学校心理学の理論や実践への影響も大きいものになっています。特に，学習・発達支援においては，児童生徒の認知発達や学習活動の支援が中心となるので，認知心理学の成果は重要な基盤となります。

2 学校心理学への認知心理学の貢献

　学校心理学の理論や実践に対する認知心理学の貢献は多岐にわたります。アセスメントとしての知能検査（例：WISC-Ⅳ，KABC-Ⅱ）や学力検査は，認知心理学のモデルを基盤としています。また，コンサルテーションやカウンセリングにおいても，認知心理学の情報処理モデルの影響が大きいと言えます。したがって，学校心理学の実践にあたって，認知心理学における理論（モデル）を理解することが不可欠となります。

○情報処理理論

　情報処理理論では，人間の頭の働きを，**感覚記憶**，**短期記憶（作業記憶）**，**長期記憶**の3つに分けて考えます（図Ⅱ-4）。感覚記憶では，目や耳などの感覚器官を通して入ってくる情報が1秒未満の単位で保存されます。その情報は「意識の場」とも言える作業記憶で，過去の記憶や経験等が貯蔵された長期記憶の情報との「やりとり」を通して，さまざまに加工され，長期記憶に送られます。われわれはこのシステムを理解することにより，一人ひとりの児童生徒

が授業中，頭のなかでどのような処理を行っているかが理解できます。特に「意識の場」である作業記憶の役割が，授業内容の理解や記憶において重要になるので，児童生徒の支援や教師の指導へのコンサルテーションにあたり情報処理理論の理解は欠かせないものとなります。

○素朴理論

素朴理論は，**構成主義の学習論**◀7から生まれたものです。児童生徒は，学校の各教科で学ぶ知識や理論の一部をすでに経験から学んでおり，それは必ずしも，科学的根拠に基づくものではないため「素朴理論」と呼ばれます。これは，特に理科の学習内容で多く見られます。たとえば，水の入ったコップに食塩を入れ，混ぜると溶けて見えなくなります。理科を学習した大人なら，食塩が見えなくなっても，水に溶けただけなので，全体の重さは不変であるとわかります。ところが，低学年の児童の場合，食塩は消えてしまったので，全体の重さは軽くなると考えます。これが「素朴概念」です。この素朴概念は，理科の授業で実験をすることで解消されますが，児童によっては素朴概念が教科学習で学ぶ科学的な概念に修正されないことも多くあります。これらは「誤概念」とも呼ばれ，授業における「つまずき」の要因となります。

○状況的学習論

従来の学習観は，子どもを受動的に捉え，子どもは教師が与える知識を学ぶというものでした。それに対してこの理論では，子どもの学習活動が学校や学級のようなコミュニティのなかで進むと考えます。学習は個人的営みとしてではなく，社会的な状況のなかに存在すると言えます。このように，学習によってさらに新たな状況がつくりだされることから，「状況的学習論」と呼ばれるようになりました。レイヴとウェンガー（Lave, J. & Wenger, E.）はこの学習プロセスを「正統的周辺参加」と呼び，人の知識や思考が，その人を取り巻く状況と密接に結びついていると考えました。◀8たとえば，学校や学級というコミュニティでは，子どもたちが話し合いをしたり，協力しながら問題を考えることが多いようです。現在では，このような「協同（協働）」学習を説明する重要な理論となっています。

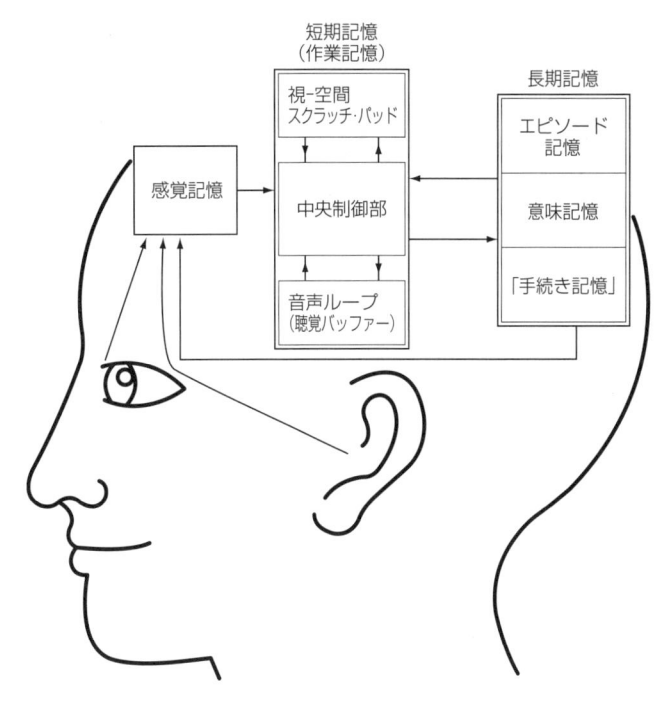

（小野瀬雅人）

図Ⅱ-4　人間の情報処理のコンピュータアナロジーの様子

（注）短期記憶（作業記憶）のスクラッチ・パッドは「メモ帳」を，バッファーは「一時貯蔵庫」を意味する。また，長期記憶のエピソード記憶は「出来事の記憶」（例：昨日，友達と期末試験の話をした），意味記憶は「辞書的な知識」（例：言葉の意味），手続き記憶は「方法の知識」（例：自転車の乗り方）を意味する。

出所：中津山（2002）より。

▷ 7　**構成主義の学習論**
行動主義のような刺激（S）と反応（R）の結びつきを強調する学習理論に対して，行動の主体である学習者の認知面の変容を強調する学習理論のこと。子どもの論理的思考や認知発達理論で著名なピアジェ（Piaget, J.）は構成主義の代表的な研究者である。

▷ 8　レイヴ, J.・ウェンガー, E., 佐伯胖（訳）(1993)．状況に埋め込まれた学習——正統的周辺参加　産業図書

II 日本の学校心理学

8 学校心理学の研究法 I
——実験研究，調査研究

▷ 1 下山晴彦（1996）．心理学における実践研究の意義——臨床心理学研究法の可能性をめぐって　心理学評論，**39**(3), 315-337.

▷ 2 ショーン, D., 柳沢昌一・三輪健二（監訳）(2007)．省察的実践とは何か——プロフェッショナルの行為と思考　鳳書房

▷ 3 ギボンズ, M., 小林信一（訳）(1997)．現代社会と知の創造——モード論とは何か　丸善出版

▷ 4 石隈利紀（1999）．学校心理学——教師・スクールカウンセラー・保護者のチームによる心理教育的援助サービス　誠信書房

▷ 5 独立変数
実験法で原因として考えられる条件のこと。実験者の側で制御できる刺激量や回数などの変数のこと。

▷ 6 従属変数
結果として観察される行動や事象のこと。独立変数に対応して，動物や人間などの生活体の側に現れる反応量のこと。

▷ 7 実験群
研究者が期待する処遇を被験者に与える群のこと。

　心理学の研究は，データ収集の場として実験・調査・実践があり，データ処理の方法には量的な方法と質的な方法があります◁1。学校心理学では，子どもの発達や学校生活，そして子どもへの心理教育的援助サービスに関してさまざまな研究が行われています。ここでは，特に実験・調査に焦点をあてて説明します。

1 学校心理学の実践と研究

　ショーン（Schön, D）は，自らの行為に対し常に反省的洞察を行い，それを踏まえながら行為そのものの効果を高めていく実践のあり方を「反省的実践」と呼び，その行為者のことを「反省的実践家」と呼んでいます◁2。彼の考え方を学校心理学にあてはめてみると，教師や学校心理士は，優れた「実践家」であると同時に，優れた「研究者」の側面も必要であることがわかります。研究することで自分の実践の目標や方法の根拠を得ることができ，自分の実践を評価することでより効果的な実践方法を発見することができます。つまり，研究心の旺盛な教師や学校心理士であってはじめて，効果的な心理教育的援助サービスの実践が可能になります。また，ギボンズ（Gibbons, M.）は，学術研究のあり方を「現実社会とのかかわり」との観点から，「モードI」と「モードII」に分けています◁3。つまり，「モードI」とは伝統的なアカデミズム世界の研究様式のことで，現実社会の問題に対する実践的関与の立場を離れて議論をします。一方，「モードII」とは，実践に関与しながら現実社会の具体的な問題を解決することを目的とした研究様式のことです。学校心理学は，学校教育において一人ひとりの児童生徒が学習面，心理・社会面，進路面における課題への取り組みの過程で出会う問題状況の解決および危機の予防と対処を援助し，成長することを促進する心理教育的援助サービスの理論と実践を支える学問体系と定義されており◁4，「モードI」に加えて「モードII」の研究様式も重視します。

2 実験研究の進め方と留意点

　実験研究法とは，調べたい「**独立変数**◁5」を限定し，「独立変数」が「**従属変数**◁6」に与える効果を明らかにする研究法のことです。たとえば，「新たに開発した歴史の学習教材を毎回の授業の導入場面で3か月間にわたり継続的に使用することで，生徒の社会科に対する学習意欲は高まるだろう」という仮説のも

とで実験授業を行ったとします。この場合，生徒の社会科の学習意欲のことを「従属変数」，新たに開発した教材の使用を「独立変数」と呼びます。この実験研究の場合，「従属変数」である生徒の社会科の学習意欲を測定できる形にする必要があります。たとえば，社会科の学習意欲を測定するための尺度をつくり，学習意欲を得点化できるように操作的に定義する必要があります。また，実験研究を行う場合には「**実験群**」の他に「**統制群**」を設ける必要があります。つまり，1クラスのみで実験を行い，たとえ学習意欲（従属変数）の得点が上昇しても，それだけで開発された導入教材の使用（独立変数）の効果があったと断定することはできません。「独立変数」（教材の使用）の効果を立証するためには，介入前の学習意欲が等質である2つのクラスを設定し，一方を導入教材を使用するクラス（実験群），他方を使用しないクラス（統制群）に振り分け，比較する必要があります。また，導入教材を使用したクラス（実験群）の「従属変数」の得点が上昇しても，**統計的に有意な差**のある数値なのかどうかの検討が必要であり，さらに「従属変数」に影響を与える他の要因は考えられないかなど，慎重な解釈も必要になります。

3 質問紙調査研究の進め方と留意点

言語を媒介とする調査研究は，「面接法」「質問紙法」「検査法」の3つに分類できますが，そのなかで最も多く用いられているのが「質問紙法」です。「質問紙法」とは，調査者が事前に研究テーマに関する質問紙（アンケートや尺度）を作成し，それを調査対象者に配布し回答してもらい，データを収集し分析する研究法のことで，ある現象に関する実態把握や変数間の関連を推論しようとする研究法です。たとえば，「中学生が学校生活に不適応を起こす主な要因は何か？」などを検討する時に有効な研究法です。「質問紙法」の利点として，①個人の内面を幅広く捉えることができること，②一度に大量のデータを収集できること，③費用が比較的安くすむことなどがあげられます。しかし，①個人の内面を深く捉えることが難しいこと，②調査対象者の防衛が働き，歪曲して回答する場合があること，③文章が読めない年少者への実施が難しいことなど，欠点や限界もあります。さらに，**心理尺度**の「信頼性」と「妥当性」も重要です。「信頼性」とは，同一の質問紙法を繰り返し実施した時にどの程度一貫して同一の得点が得られるか，「妥当性」とは，質問紙の内容が本来測定しようとしているものをどの程度測定しているかということです。「信頼性」が不十分な質問紙調査は分析しても意味がありませんし，「妥当性」も下位尺度得点間や他の尺度との相関を丁寧に見て，尺度の妥当性を検討することが必要になります。

（田村修一）

▷ 8　統制群
研究者が何も処遇を被験者に与えない群のこと。実験群と比較するために設けられた群のこと。

▷ 9　統計的に有意な差
統計学（確率法則）から判断した場合の意味のある差のこと。帰無仮説（棄てるために立てる仮説のこと）（例：2つの母集団の平均値には差がない）を採択できる確率のことを有意確率という。一般的に有意確率が5％未満の場合には帰無仮説を棄却し，対立仮説（例：2つの母集団の平均値には差がある）を採択する。つまり，対立仮説が採択されれば「統計的に有意な差がある」と判断する。

▷ 10　続有恒（1978）．質問紙調査法の定義　続有恒・村上英治（編）質問紙調査（心理学研究9）東京大学出版会　pp. 1-22.

▷ 11　心理尺度
心理学的な構成概念を測定するための尺度のこと。名義尺度は，対象を識別するためだけに数値が使われる尺度（例：男＝1・女＝2），順序尺度は，数値は大小関係のみ意味をもち等間隔でなくても良い尺度（例：3位・5位），間隔尺度は，順序性があってしかも数値間が等間隔の尺度のこと，比率尺度は，数値間が等間隔でしかも絶対的原点をもつ連続量で表せる尺度のこと。以上の4つの水準がある。尺度得点を算出して意味があるのは間隔尺度と比率尺度である。

Ⅱ 日本の学校心理学

9 学校心理学の研究法Ⅱ
——学校心理学の実践をどのように記述するか

心理学の研究には実験や調査から得られた数量データを統計的な手法で分析し研究する量的な方法と，面接や観察，実践を通じて得られた質的データを分析し研究する質的な方法があります（図Ⅱ-5）。学校心理学はきわめて実践的な学問分野です。実践を記述し，実践から学校心理学の知見を蓄積していく質的な方法がよくとられます。ここでは，実践を記述する質的な研究方法について解説します。

1 学校心理学における質的研究

実践者は日々の実践活動のなかで，学校心理学に基づくこの実践活動はいったい何なのか，いったい何が起きているのかという問いをもつことがあります（表Ⅱ-3）。たとえば「援助チームとはどのようにつくられるのだろうか」という問いに対しては，量的研究よりも仮説生成型の質的研究の方が適切です。事例を詳細に検討したりインタビューなどを行ったりして得た質的データを分析します。質的分析結果を手がかりにして問いを明らかにしていきます。

2 質的データの処理法

質的研究法の主なものを下記にあげます。

○事例研究法

事例研究（ケーススタディ）とは，ある事例についてデータを収集し分析することを通して，事例の理解を深め一般化できるような新たな知見を導き出す研究法です。個別事例を超えて一般化できる理論やモデルを構成するための研究法（下山，1996）とも位置づけられます。一方，事例報告（ケースレポート）は，事例への対応方法などを学ぶことを目的としており事例研究とは区別されます。

○KJ法

川喜田二郎によって1960年代に考案された発想法で，創造的なアイデアを生み出したり問題解決の糸口を探るために有効です。インタビューやブレインストーミングで得られた膨大な質的データ（逐語やアイデア，意見等）を分析するのに用いられます。付箋紙に記述を書き，いったんばらばらにしてから似たものをまとめていき図解化や文章化をしていきます。

▷1 下山（1996）は心理学の研究における実践の意義を，データの収集の場，データ収集の方法，データ処理の方法の3つの観点から整理している。図Ⅱ-5は，データ収集の場の型により分類したもの。「実験」「調査」はいずれも研究対象に影響を与えるような現実生活への介入をできるだけ避けるような場が設定されている。しかし，もう一方で，研究が現実生活に積極的に関与するような方法として実践がある。ここではこのような分類のもとで，実践研究の方法を説明する。なお，「実験」「調査」は，Ⅱ-8を参照されたい。
下山晴彦（1996）．心理学における実践型研究の意義——臨床心理学研究法の可能性をめぐって　心理学評論，39(3)，315-337．

図Ⅱ-5　データ収集の場の型

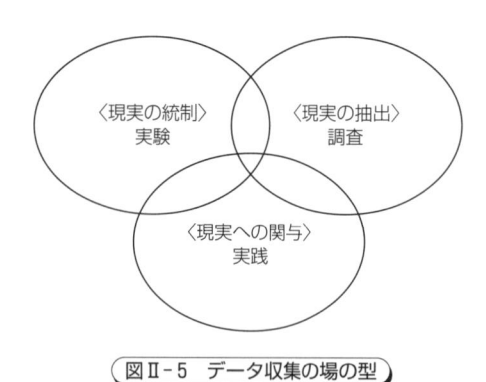

出所：下山（1996）より。

表Ⅱ-3 研究の問いのレベルと研究デザイン

	研究の問いのレベル	仮説の有無	研究デザイン
レベル1	これは何であるか？	なし	質的記述研究デザイン
レベル2	何が起こっているか？	なし	質的・量的記述研究デザイン
レベル3	これには関係があるのか？	あり	仮説検証型研究デザイン
レベル4	これには関係があるのか因果関係があるのか？	あり	因果関係検証型研究デザイン

出所：戈木（2005）より。

その過程をグループで行うことでさまざまな価値観が反映されていきます。

○グラウンデッド・セオリー・アプローチ（GTA）

グレイザー（Glaser, B. G.）とストラウス（Strauss, A. L.）によって考案されたデータに基づいて理論を生成することを目的とした質的研究法です。GTAで生成する理論とは、ある状況をある人（たち）がどう捉え、どう反応するか、どのような行為や相互行為、出来事が起こるのかを説明するとともに、今後何が起こるのかを捉えようとするものです。

○修正版グラウンデッド・セオリー・アプローチ（M-GTA）

わが国では、木下（1999）が考案したM-GTAが質的研究に多く用いられています。M-GTAは、データを切片化しないため文脈を大切にすることができます。さらに、分析手順も明確で優れた説明力があり、結果の妥当性を高めるように工夫されています。

○ライフストーリー

ライフストーリーとは、個人が生活史上で体験した出来事やその経験についての語りであり、個人が歩んできた自分の人生について個人が語るストーリーのことです。ライフストーリー研究では、対象者の自由な語りからその人にとっての「経験の意味」（その人の主観的な人生の意味）を明らかにしていきます。

3 質的支援ソフト

近年、膨大な質的データの分析を支援するために、質的支援ソフト（たとえば、MAXQDA、Vivoなど）も活用されてきています。テキストデータだけではなく、PDF、音声、動画、画像ファイル等のさまざまな形式のデータをインポートして分析することができます。

4 質的研究法における倫理

2003年に制定された個人情報保護法により、個人情報の取り扱いには今まで以上の配慮が必要となっています。研究データの保管や破棄の方法、研究結果の公表等について研究者が誓約書を書き、調査協力者がそれに同意するという書面でのやりとりも必要となってきています。特に質的研究の場合には生の声が記されているデータが多いため、調査協力者が不利益を被らないような配慮が必要です。

（田村節子）

▷2 戈木クレイグヒル滋子（2005）．質的研究方法ゼミナール――グラウンデッドセオリーアプローチを学ぶ　医学書院

▷3 川喜田二郎（1967）．発想法――創造性開発のために　中央公論社

▷4 手順は明解で、1つの内容のデータを1つの付箋紙などに記入、この切片を印象や意味の似たもの同士でまとめて小グループをつくり、小グループを再び似たものを集めて図解化をする。知りたい事象についての新たな発見、発想などが得られる。

▷5 グレイザー，B. G.・ストラウス，A. L.，後藤隆・水野節夫・大出春江（訳）（1996）．データ対話型理論の発見――調査からいかに理論をうみだすか　新曜社

▷6 木下康仁（1999）．グラウンデッド・セオリー・アプローチ――質的実証研究の再生　弘文堂

▷7 桜井厚・小林多寿子（編著）（2005）．ライフストーリー・インタビュー――質的研究入門　せりか書房

コラム3

「サイエンティスト・プラクティショナー」モデル

　「サイエンティスト・プラクティショナー」モデルとは，実践家は実践家であると同時に科学者であるという実践家に求められる態度を表します。なぜ，実践家が科学者である必要があるのか，考えていきます。

　1つは，自分の実践を良くするためです。自分の実践を良くするには，計画→実行→評価→改善という循環（PDCAサイクル）が必要です。この評価の段階が，今まで実践者の主観的なものに偏りがちでした。たとえば，新しい援助サービスを行った際，望ましい感想を述べている一部の生徒の回答を取り上げ，概ね好評であったとまとめてしまうことがあります。実はここで実践者にとって耳が痛い意見や声にこそ，実践を改善するヒントが隠されています。科学の主な特徴の1つは，データに偏りがないことです。すべての生徒の声を偏りなく反映するまとめ方が重要です。ここで，心理学の研究方法（たとえば，KJ法，グラウンデッド・セオリー・アプローチなど，詳しくはⅡ-9参照）が参考になります。

　2つ目は，アカウンタビリティ（説明責任）を果たすためです。近年，専門家だけではなく一般の人にもわかるように自分が行っている実践を説明することがますます重要になっています。自分が行っている実践が効果をあげているか，自分の実践が他の実践方法より効果が高いと言えるか，その実践が時間と労力（費用）をかけてやるに値するか，このような視点で自分の実践を検討するには，科学者であるという姿勢が必要です。子どもや教育に関わることは，結果はすぐには出ない，目に見えないという声もあります。このこ

とは，評価ができないということではなく，評価の工夫が必要だということです。たとえば，不登校対策の取り組みの場合，不登校の数が何人減ったかということだけではなく，一人ひとりの子どもの出席日数がどう増えたか，家庭訪問の回数や教員の援助チーム会議の開催回数など援助サービスがどう良くなったかということを示すことは可能です。また，出席日数など目に見える変化がその段階で得られなくとも進学や就職が決まり次の段階につながったということも評価の観点の1つとなります。

　3つ目は，学校心理学や学校教育相談といった子どもの援助サービスを支える学問体系を発展させることにより，子どもの援助サービスを全体としてより良いものにしていくためです。子どもの援助の質や量を全体として高めていくためには，日本全国で行われているアイデアにあふれたさまざまな実践が公表され他の地域でも使えるようにすること，またその実践がいろいろな場や人によって利用されその過程でより洗練されていくことが必要です。たとえば，日本の学校で行われている担任の先生による学級経営（Ⅳ-2）や「学校行事」や「課外活動」を通した1次的援助サービスの実践（Ⅵ-3）は，他の国々にも参考になる実践です。ただし，その実践が他の人も共有できる形で記述されていないことや，効果が十分検証されていないために，積み上げられていないという課題があります。これからの子どもの援助者には，実践家であると同時に科学者であるという姿勢で良い実践を形に残していくことが求められます。

(飯田順子)

コラム4

研究の賢い消費者になる

　学校ではさまざまな問いに出会います。たとえば，「あなたは教育相談部の責任者として，保健室登校をしている数名の生徒に対し，教室復帰につながるような具体的な対策をとれないか考えています。」といった問いに出会った時，あなたはどのような一手を考えますか。この問いに対して，参考になる先行研究があります。茅野（2004）[1]は，学校外の適応指導教室に通えるようになった生徒が学校内にある学級に戻るまでに壁があることや，従来の別室登校（保健室登校やカウンセラー室登校）は生活スタイルや学習スタイルが生徒の意志を尊重するという形で，学級復帰のための十分なステップになっていないという問題意識から，「中間学級」という校内の適応指導教室のような場所を設置し，そのなかで学級復帰を支援する実践を行っています。その結果，中間学級へ通級した生徒7名のうち3名が数か月以内に学級に復帰しています。

　また「あなたはスクールカウンセラーとして発達障害をもち学校生活で苦戦している生徒の保護者と面談をしています。あなたはその生徒が学校生活で苦戦していることを具体的に話し合いたいと思っていますが，保護者の方があまり乗り気ではありません。」といった問いに出会った時，どのようにこの状況を打開しますか。この問いに対しても参考になる先行研究があります。田村・石隈（2007）[2]は，発達障害をもつ子どもの母親が子どもが生まれてから記していた手記を基に，母親がクライエントから子どもの援助のパートナーとなる心理的変容過程のモデルを，グラウンディッド・セオリー・アプローチを用いて分析しています。保護者には，親として苦戦してきたさまざまな想いをわかってほしいというカウンセリングニーズと，子どもの支援を一緒に具体的に考え進めていきたいというコンサルテーションニーズがあることが示され，援助者が子どもの保護者と関わるとき，その2つのニーズを意識して関わる必要があることが示されています。

　近年，このように現場でサイエンティスト・プラクティショナー（コラム3参照）として働きながら実践をまとめた研究が増えつつあります。良い実践研究は，現場を動かす力があると感じます。良い実践研究に出会える雑誌として，「学校心理学研究」「教育心理学研究」「カウンセリング研究」「心理臨床学研究」「LD研究」などがあります。私はこれらの雑誌を定期的にチェックし，実践の参考になる論文をコピーしてパソコンに取り込み，いつでも参照できるようにしています。最近では，『CiNii Articles』といった論文検索サイトで，キーワードを打ち込むと簡単に論文が検索できます。近年エビデンスに基づく実践をすること（エビデンス・ベースド・プラクティス）が求められています。自分の実践の根拠になる論文を探し，子どもにとって最良の実践（ベストプラクティス）をするために，私たち実践家には，『研究の賢い消費者になる』という姿勢が求められています。　　　　（飯田順子）

▷ 1　茅野理恵（2004）．中学校における不登校生徒の再登校および学級復帰へのチーム援助の実践　学校心理学研究, **4**, 15-26.
▷ 2　田村節子・石隈利紀（2007）．保護者はクライエントから子どもの援助のパートナーへとどのように変容するか　教育心理学研究, **55**, 438-450.

III 誰が援助するか

1 4種類のヘルパー論
——さまざまなヘルパーの持ち味を活かす

① 4種類のヘルパー論と自助の力

　学校心理学では学校を取り巻くさまざまな人を援助者として位置づけ「ヘルパー」と呼びます。ヘルパーとして位置づけることで，教師やスクールカウンセラーはもちろん，子どもの保護者，教育サポートセンターの指導主事，相談員，地域の人など子どもを取り巻く援助資源は豊富であることがわかります。石隈（1999）はヘルパーをボランティア的ヘルパー，役割的ヘルパー，複合的ヘルパー，専門的ヘルパーの4つに分類しました。表III-1には，各ヘルパーの説明と典型的なヘルパーを例示しました。

　子どもの自立をめざしてヘルパーの援助を提供すべきです。子どもが困った時に自分で判断し，自分で自分を援助できることが大切です。これを「自助」と言います。また，学級や部活動で困った時に子ども同士がお互いに助け合う「互助」も大切です。自助や互助でも人生が打開しない時に「公助」が使えると良いでしょう。学校における公助は，教師の個別的援助，スクールカウンセラーのカウンセリングなどです。このことは子どもが学校を卒業した後にも続くことです。つまり，自助ができ，時々仲間を助け，また助けられ（互助），そして，それでも問題が解決しない時には，公助である教師，スクールカウンセラー，そして福祉や医療関係の専門的ヘルパー（医師，ソーシャルワーカー，相談員など）に援助を求められるようになりたいものです。

② ヘルパーの援助力を最大化する

　ここで大切なことは，1人の子どもを1人のヘルパーが援助するのではないということです。さまざまな人たちがお互いに協力しながら，子どもを援助することが大切です。たとえば，長期の休み明けに子どもが登校しないということがあった場合，まずは子どもと一番長い時間関わっている役割的ヘルパーである保護者が子どもにどう関わるかが重要となってきます。複合的ヘルパーである教師，専門的ヘルパーであるスクールカウンセラーは，保護者が子どもに対して援助的に関われるように，援助することが考えられます。また，授業が成立しにくく，教師1人で学級を担当することができなくなった場合，今まで担任していた教師を支え，その教師が本来の機能を取り戻すことができるように，他の教師やスクールカウンセラーが援助することが重要です。その人の周

▷1 石隈利紀（1999）．学校心理学——教師・スクールカウンセラー・保護者のチームによる心理教育的援助サービス　誠信書房

表Ⅲ-1　ヘルパーの分類

	ヘルパーの説明	典型的なヘルパー
ボランティア的ヘルパー	子どもを援助することが，職業上，家族としての役割とは直接的には関係なく，子どもや教師，保護者にとって援助的な関わりを自発的にする者。	友達，地域の隣人
役割的ヘルパー	役割の1つあるいは一側面として心理教育的援助サービスを行う者。	保護者
複合的ヘルパー	職業上の複数の役割と関連させながら，その1つあるいは一側面として，心理教育的援助サービスを行う者。	教師
専門的ヘルパー	心理教育的援助サービスを主たる仕事として専門的に行う者。	スクールカウンセラー，教育センター相談員

出所：石隈（1999）より筆者作成。

▷ 2　石隈（1999）は心理教育的援助サービスを，「一人ひとりの子どもの学習面，心理・社会面，進路面，および健康面における問題状況の解決を援助し，成長を促進することをめざす」と説明している。

囲にある援助資源を上手に利用したいものです。

3　連携をするためのさまざまな仕掛け

　学校心理学にはヘルパーが連携し持ち味を出すための仕掛けがあります。その代表的なものが「チーム援助」です。チーム援助は子どもをさまざまな側面から立体的に見ていきます。たとえば，対人関係が苦手で過度な緊張を伴うために別室登校が長期に及ぶ小学生がいるとします。この子どもの援助には，対人関係場面での緊張緩和が優先されるべきでしょう。しかし，もしこの小学生が，算数の計算問題が苦手であり，苦戦しているとしたら，複合的ヘルパーである教師は算数の計算問題を教えてあげることのほうが複合的ヘルパーとしての持ち味が出せます。そのなかで，教師に対する緊張を徐々に和らげられるように，専門的ヘルパーであるスクールカウンセラーと教師が方策を話し合える可能性も出てきます。

　また，役割的ヘルパーである保護者をチームに組み入れることで，たとえば，家庭訪問をしても子どもに会えない担任に対して，家庭訪問をするタイミングのヒントを保護者がくれるかもしれません。加えて，不登校の子どもが，通学する学校の体育館で行われている地域のママさんバレーの練習に参加できているというようなケースもあります。こうした場合，たとえば，女性の教師がバレーの練習に加わり不登校の子どもとの人間関係を深めていくこともできます。

　ここで大切なことは，どのようなヘルパーであっても自分の持ち味をできる限り活かすことです。複合的ヘルパーである教師がカウンセラーのように本人を受容し，子どもと人間関係を結べるようになるのはとても大切なことです。教師と勉強することは難しいが，ゲームや登山，ハイキングは一緒にできたというケースもあります。

（水野治久）

III 誰が援助するか

2 ボランティア的ヘルパー
── 友達の力はありがたい

1 ボランティア的ヘルパーとは

ボランティア的ヘルパーは,「職業上,家族としての役割とは直接的には関係なく,子どもや教師,保護者にとって援助的な関わりを自発的にする者」[1]です。典型的には友達を意味します。友達などが提供するインフォーマルな援助は「ソーシャルサポート」として研究されてきた歴史があります。福岡(2007)[2]はソーシャルサポートの4つの種類を表III-2のようにまとめています。加えて細田・田嶌(2009)[3]は,共行動的サポートを見出しています。これは,「おしゃべりや冗談を言い合う」「なんとなく一緒にいる」など,より日常的な関わりを意味しています。中学生が「つるむ」「連れ」という言葉を使いますが,これは共行動的サポートを意味していると言えます。

2 友達のサポートを引き出す仕組み

水野・石隈(2004)[4]は,ソーシャルサポート研究を概観し,子どもの年齢が上がってくるにつれ,子どもに対するサポート供給者は保護者や教師から友達に変化すると言います。岡田(2008)[5]は先行研究から,友達関係は児童生徒の適応や精神的健康を高めると指摘しています。一方で,友達同士の援助と保護者や教師からの援助では決定的に異なることがあります。それは,互恵性ということです[6]。つまり,友達同士の関係はもちつもたれつです。一方がヘルパーとして固定されるわけではなく,ヘルパーであったりヘルピー(被援助者)であったりします。

さて,それでは学校のなかで,友達同士の援助活動を促進させるためにはどうしたら良いのでしょうか? 1つは,学級の雰囲気を高めて,援助的な人間関係を促進させることです。もう1つは,ピア・サポートなどの制度を学校のなかに組み込むことだと思います。

3 学級における友達同士の援助的機能を高める

学級における友達同士の援助的機能を高めるにはどうしたら良いのでしょうか? 1つの試みとして**構成的グループエンカウンター**[7]を行うことが考えられます。構成的グループエンカウンターとは,一定のエクササイズを用い,参加者同士の相互理解を促進するグループワークです。小野寺・河村(2005)[8]は,

---

▷ 1 石隈利紀 (1999). 学校心理学──教師・スクールカウンセラー・保護者のチームによる心理教育的援助サービス 誠信書房

▷ 2 福岡欣治 (2007). ソーシャルサポートとは何か──理論的導入 水野治久・谷口弘一・福岡欣治・古宮昇(編) カウンセリングとソーシャルサポート──つながり支え合う心理学 ナカニシヤ出版 pp. 17-33.

▷ 3 細田絢・田嶌誠一 (2009). 中学生におけるソーシャルサポートと自他への肯定感に関する研究 教育心理学研究, 57, 309-323.

▷ 4 水野治久・石隈利紀 (2004). わが国の子どもに対するソーシャルサポート研究の動向と課題──学校心理学の具体的展開のために カウンセリング研究, 37, 280-290.

▷ 5 岡田涼 (2008). 親密な友人関係の形成・維持過程の動機づけモデルの構築 教育心理学研究, 56, 575-588.

▷ 6 谷口弘一・浦光博 (2003). 児童・生徒のサポートの互恵性と精神的健康との関連に関する研究 心理学研究, 74, 51-56.

表Ⅲ-2　4つのサポートの種類

サポートの種類	内容
①情緒的サポート	共感したり，愛情を注いだり，信じてあげたりする
②道具的サポート	仕事を手伝ったり，お金や物を貸してあげたりする
③情報的サポート	問題への対処に必要な情報や知識を提供する
④評価的サポート	人の行動や業績にもっともふさわしい評価を与える

（注）House, J. S. (1981). *Work stress and social support*. Reading: Adison-Wesley. に基づき福岡がまとめた。
出所：福岡（2007）より。

表Ⅲ-3　ピア・サポートの実際

（1）困っている人への支援 　友達のいない人，落ち込んでいる人，いじめられている人，転校してきた人，不登校傾向の人，心配事のある人，障害のある人等への働きかけ。
（2）仲間づくり 　学級や部活動での仲間づくり，友達の輪を広げる活動。
（3）学習の支援 　仲間同士の勉強の促進，学習で悩んでいる人への支援。
（4）グループのリーダーとして働く 　学級や学校の行事に積極的に参加し，みんなのために役だつ活動。
（5）相談活動 　困っている人の相談に応じる。相談箱を設けての相談の実施。昼休み等に相談室を解放してもらい，よろず相談に応じる。
（6）新入生対象の学校紹介（オリエンテーション）
（7）通信（投書）に答える掲示板利用の相談 　インターネットを活用したメール相談の実施。
（8）ピア・サポート活動の校内への浸透 　ワイド相談など大勢の人を対象に公開の相談会を行う。活動を理解してもらうため「ピア・サポート新聞」の発行。生徒朝礼などの機会にPRやデモンストレーション（ロールプレー）を行う。悩みの調査などのアンケートを随時行い，学級討論の話題を提供する。
（9）ピア・サポートチームでの仲間づくりと，顧問・スクールカウンセラー・「心の教室」相談員との連携

出所：中野武房・日野宜千・森川澄男（編著）(2002)．学校でのピア・サポートのすべて――理論・実践例・運営・トレーニング　ほんの森出版　pp. 34-35. をもとに作成。

▷ 7　構成的グループエンカウンター

子ども同士の防衛的でない包み隠しのない交流を促進させ，他の子どもに受け入れられたり，認められることが，子ども自身の自己成長につながるが，これをグループワークとして体系化したものが構成的グループエンカウンター（SGE）である。
⇒Ⅶ-11 参照。

▷ 8　小野寺正己・河村茂雄（2005）．ショートエクササイズによる継続的な構成的グループ・エンカウンターが学校適応に与える影響　カウンセリング研究，**38**，33-43.

中学生548名を対象に，統制群581名との比較において，3週間にわたり，ホームルーム前の朝自習の時間に生徒が小グループで**自己開示をするプログラム**を導入したところ，生徒の学級生活への満足度を高めることを確認しています。このように，学級のなかに人間関係をつくることで援助的な雰囲気を醸し出すことができます。もう1つはピア・サポートです。ピア・サポートとは，子どもが子どもを支えるシステムです。ピア・サポーターは困っている人を助けるのが基本的な活動ですが，さまざまな活動があります（表Ⅲ-3）。ピア・サポート制度はさまざまな側面で支える教師やカウンセラーの存在，システム全体のコーディネーションや，深刻な問題への対応など課題もないわけではありませんが，友達同士の支え合いをシステムとして学校現場で実践できる方法です。

（水野治久）

▷ 9　自己開示をするプログラム

構成的グループエンカウンターでは，ゲーム的要素を取り入れ，参加者に抵抗感をあまり感じずに自分のことを話してもらう。ここではたとえば，サイコロにテーマを書き，話題を提供する人がその内容を話すようなプログラムが実施された。

Ⅲ 誰が援助するか

3 役割的ヘルパー
――保護者は「自分の子ども」の専門家

1 役割的ヘルパーとは

　役割的ヘルパーとは，役割の1つあるいは一側面として**心理教育的援助サービス**を行う者を意味し，保護者がこれにあたります。学校心理学では保護者を「自分の子どもの専門家」と捉えます。保護者は子どもがリラックスする場所と時間を提供するとともに，子どもと社会との接点になります。保護者との援助的な関わりで子どもは元気を取り戻します。

　また，帰宅後の様子がおかしいなど，保護者が子どもの小さな変化に気づくことで学校でのトラブルがわかることがあります。そして保護者は子どもの教育歴や治療歴を含む生育歴や現在の様子に至るまでの情報をもっています。たとえば，子どもの楽しめることや遊び方，言葉の覚え方などです。とくに発達障害の可能性がある場合，子どもの生育歴は重要な情報です。

　さらに子どもが不登校の場合，保護者からの情報で，教師が家庭訪問をしても大丈夫な時間帯や曜日，逆に，家庭訪問が難しいタイミングなどがわかります。このように学校や相談室における援助と家での援助のバランスを保つためにも保護者との連携は不可欠です。

　田村・石隈（2003）は，援助チームの典型例として担任教師，保護者，スクールカウンセラーをあげています。

2 保護者が援助のパートナーになるためには

　しかし，保護者は最初から学校と連携を組み役割的ヘルパーとして機能するわけではありません。通常，教師は年度初めの家庭訪問，各学期末の保護者との面談等で保護者と会います。こうしたなかで教師は保護者の思いを聞く機会を得ます。保護者の思いのなかには教師自身の指導方法，学級経営に対する批判や注文も含まれています。保護者からの苦情は，あくまでも保護者の立場からのものであり，教師にとっては誤解を修正したいと思うこともありますが，保護者の話を一通り受け止めてから説明したいものです。子どものことで悩む保護者は，教師に受け止められた，子育ての苦労をわかってもらったということが明日への活力となります。教師と保護者の信頼関係は子どもにとって重要です。保護者にとっては学校での教師の子どもへの関わり，教師にとっては家庭での保護者の子どもへの関わりが把握できるようになるので，学校，家庭で

▷ 1　心理教育的援助サービス
⇨ Ⅰ-1 参照。

▷ 2　石隈利紀（1999）. 学校心理学――教師・スクールカウンセラー・保護者のチームによる心理教育的援助サービス　誠信書房

▷ 3　パートナーとしての保護者については Ⅴ-6 参照。

▷ 4　田村節子・石隈利紀（2003）. 教師・保護者・スクールカウンセラーによるコア援助チームの形成と展開――援助者としての保護者に焦点をあてて　教育心理学研究, **51**, 328-338.

▷ 5　援助チームの詳細については Ⅴ-5 参照。

の援助の足並みが揃い，子どもに好影響を及ぼします。上村・石隈（2007）は，保護者面談を「保護者との関係構築のプロセス」と「援助具体化のプロセス」との2つの軸で説明しています。前者は，①傾聴的発言，②自己開示的発言（自分の感情や考えを示す），③社会的発言（保護者のねぎらい）から構成されます。後者は，①面談の目的確認，②情報提供と保護者からの情報収集，③状況の分析，④振り返り，⑤今後の対応の検討から構成されます。教師と保護者の面談は，援助具体化のプロセスの②と④に特徴があります。保護者からの情報収集により，保護者の視点を入れた援助案が立案できます。さらに教師は保護者からの新たな情報をもとに，子どもへの自分の関わりを振り返ります。

3 保護者の力を活かすには

さらに，保護者にとって学校側に相談することはそう簡単ではありません。たとえば，飯田・金沢・井上（2006）は，中学生の保護者がスクールカウンセラー，担任教師，教育研究所などに相談する時の意識として，「相談することは問題を解決することにつながらない」「一生懸命対応してくれそうにない」などの〈相談機関に対する不信感〉，「相談したら，親として失格と言われそうだ」「家族の恥になるのではないかと思うので相談したくない」などの〈親としての脅威〉，「相談することで，子どもが嫌な思いをしそうだ」「問題がさらに深刻になってしまいそうだ」の〈子どもへの影響〉の3因子を抽出しています。自分の子どもに悪い影響が及ぶリスク，自分の家族の恥をさらすリスクを覚悟で保護者は相談してきます。保護者にとって学校の敷居は低くないことを学校関係者は肝に銘じる必要があります。ですから，保護者が相談してきた際には時間を取って丁寧に対応する必要があります。落ち着いて相談できる場所の確保も必要です。

さらに，現在，**発達障害**などが背景にあることで授業中苦戦している子どもの存在が注目されています。しかし，太田（2007）も指摘するように保護者にとって子どもの「障害の受容」はそう簡単ではありません。保護者の子育ての仕方と発達障害は全く関係がないのですが，障害の原因を自分の養育態度に求め，自分を責めている保護者がまだまだ多いのが現実です。教師は，子どもの障害を受け入れられない保護者の苦悩にも理解を示しながら，目の前にいる子どもが少しでも充実した日々を過ごせるように努力することが大切だと思います。一方で，保護者は「子どもの専門家」として，さまざまな力を発揮します。学校心理学を勉強する私たちは，保護者のヘルパーとしての力を信じ，子どもの援助ニーズに応えたいものです。

（水野治久）

▷ 6 上村惠津子・石隈利紀（2007）．保護者面談における教師の連携構築プロセスに関する研究――グラウンデッド・セオリー・アプローチによる教師の発話分析を通して　教育心理学研究，**55**，560-572．

▷ 7 飯田敏晴・金沢吉展・井上孝代（2006）．中学生の保護者における専門機関への来談に対する態度尺度作成の試み　日本教育心理学会第48回大会総会発表論文集（岡山大学），401．

▷ 8 **発達障害**
⇨ Ⅵ-14 参照。

▷ 9 太田仁（2007）．たすけを求めにくい親の実態とサポート　水野治久・谷口弘一・福岡欣治・古宮昇（編）カウンセリングとソーシャルサポート――つながり支え合う心理学　ナカニシヤ出版　pp. 125-136．

Ⅲ 誰が援助するか

4 複合的ヘルパー
——教師の力は大きい

1 複合的ヘルパー

複合的ヘルパーとは，職業上の複数の役割と関連させながら，その1つあるいは一側面として**心理教育的援助サービス**[1]を行う者で，教師が複合的ヘルパーと考えられます[2]。教師はどのような援助が可能なのでしょうか？　ここでは，学校心理学の援助領域である学習面，心理・社会面，進路面，健康面の援助例を，援助サービス論である1次的援助サービス，2次的援助サービス，3次的援助サービスの観点から紹介したいと思います[3]。

2 教師が行う1次的援助サービス

1次的援助サービスはすべての児童生徒を対象とする援助サービスです。教師は，子どもに共通して認められる課題，援助ニーズを把握し，課題や援助サービスの解決のために，学校のシステムを改善したり，授業内容を工夫したりすることができます。表Ⅲ-4に，援助領域ごとにその例を示します。

3 教師が行う2次的援助サービス

2次的援助サービスは援助ニーズの高い一部の子どもを対象としています。ここでは大切なポイントは，いかに援助ニーズのある子ども発見するかです。日常的に子どもと接している教師は，援助ニーズの高い子どもを発見しやすい立場にあります。学習面につまずき，授業に身が入らない子ども，宿題をほとんど提出しない子ども，遅刻や欠席を繰り返す子どもが2次的援助サービス対象の子どもである可能性があります。表Ⅲ-5に援助領域ごとにその例を示します。

4 教師が行う3次的援助サービス

3次的援助サービスは特定の子どもへの援助サービスです。この援助サービスは個別的に計画して行う援助です。教師はスクールカウンセラーや教育センターなどと連携しながら，学校の環境を整えることが大事です。表Ⅲ-6に援助領域ごとにその例を示します。

▷ 1　**心理教育的援助サービス**
⇨ Ⅰ-1 参照。

▷ 2　石隈利紀（1999）．学校心理学——教師・スクールカウンセラー・保護者のチームによる心理教育的援助サービス　誠信書房

▷ 3　1次的援助サービス，2次的援助サービス，3次的援助サービスの詳細については「Ⅵ　3段階の心理教育的援助サービス」参照。

表Ⅲ-4　教師が行う1次的援助サービスの例

	小学校の実践例	中学校の実践例
学習面	学習スキルを身につけるために上手なノートの取り方を説明する。	効果的な勉強方法，集中力の持続の方法などについて生徒対象にアンケートを行い，その内容を整理し，生徒に伝える。
心理・社会面	友達とけんかした場合の「謝り方」を班で話し合い，発表してもらう。	ストレス対処法を講義し，自分たちにあった対処法を考える。
進路面	憧れの職業を班ごとに調べる。	職業体験実習の前に，自分の参加する体験の職業について調べ，班ごとに発表する。
健康面	養護教諭と共同で病気から身を守る方法を生活習慣との関連で考える。	養護教諭，スクールカウンセラーと共同で高校受験時の体調管理，緊張緩和の方法を教える。

表Ⅲ-5　教師が行う2次的援助サービスの例

	小学校の実践例	中学校の実践例
学習面	最近，成績が落ちてきた数名に対して補習授業を行う。	数学の基礎力のついていない子どもに，計算のワークシートを配布し，基礎力の底上げを図る。
心理・社会面	対人関係で特定の級友となじめない子どもに対して，席替えなどで配慮するとともに，望まれる行動が表出した時にほめる。	クラスになじめない生徒に対してクラスの掲示物を貼る仕事を手伝ってもらい，その生徒と教師の人間関係を深めておく。
進路面	欠席がちになった6年生に対して，給食の時間に好きなこと，趣味を尋ねながら，中学校での生活についての話をする。	学習面で課題の多い子どもについては，多様な進路について考えられるように，また進路の希望をもつように，さまざまな学校の情報を入手しておく。
健康面	よく保健室に行く子どもについて養護教諭と意見交換する。	学校での適応にも課題を抱え，なおかつ保健室への来室行動の多い生徒については，養護教諭と連携しながら，双方で子どもを支える。

表Ⅲ-6　教師が行う3次的援助サービスの例

	小学校の実践例	中学校の実践例
学習面	教師の指示の理解に課題がある子どもに，ボランティア学生に補助してもらう。	学習面の理解が進まない生徒に対して，スクールカウンセラーに相談するとともに，保護者などとも連携しながら発達検査を受けてもらうように調整する。
心理・社会面	落ち着きの無さ，感情のコントロールが苦手であり，対人葛藤の多い子どもに対して，トラブルが起きた時に子どもが落ち着けるスペースを教室内に確保する。	いじめの被害にあっている生徒に対して，安全を保障しながら，丁寧に訴えに耳を傾ける。
進路面	不登校の児童に対して教育サポートセンターの適応指導教室，サポート校などを紹介する。	不登校の子どもに対して，単位制高校，サポート校などの情報を案内する。
健康面	身体症状を示す児童に対して，専門機関を紹介する。	登校してくると微熱や腹痛の症状を示す生徒に対して養護教諭と連携しながら，本人のペースにあわせて登校できるようにする。

5　教師が行う学校生活における援助

　教師は子どもの学校生活のなかに深く入り込み，さまざまな側面で子どもを援助しています。学習面のみならず，友達関係や子どもの健康上の問題も含めてトータルに子どもを支援していく立場にあります。

　　　　　　　　　　　　　　　　　　　　　　　　　　（水野治久）

Ⅲ 誰が援助するか

5 専門的ヘルパー
―― 学校教育を支える援助者とは

1 専門的ヘルパーとは

　専門的ヘルパーとは「**心理教育的援助サービス**を主たる仕事として専門的に行う者」で学校におけるスクールカウンセラー，教育サポートセンターの相談員などが専門的ヘルパーと考えられます。教師のなかにも専門的ヘルパーに近い働きをする人もいます。たとえば，生徒指導主事，教育相談担当，特別支援教育コーディネーター，養護教諭などがそれにあたります。ここでは，学校に配置さている専門的ヘルパーであるスクールカウンセラーをイメージし，その役割としてアセスメント，カウンセリング，コンサルテーション・コーディネーションの3つの観点から専門的ヘルパーの役割を解説します。

2 専門的ヘルパーによる心理教育的アセスメント

　心理教育的アセスメントは，子どもの学習面，心理・社会面，進路面における課題の取り組みや問題の状況，学級・家庭の環境，そして子どもと環境の関係について，情報を収集し分析するプロセスです。アセスメントはその後の援助の方針を決定するよりどころになります。アセスメントで大切なことは，子どもの心理面や対人関係の側面（社会面）だけでなく，学習面や進路面，健康面も含め把握することです。具体的には，**知能検査**の結果や学級担任や保護者からの聞き取りなどを参考にしながら，子どもの得意な勉強方法や得意な場面を把握することが考えられます。たとえば，知能検査の結果，先生の話を耳で聞くことに課題があり，図などを用いて視覚的に情報を処理することのほうが得意であるという結果が出た場合は，教師が図や絵などを用いて授業を行うことで子どもの授業の理解度が高まります。また，環境との折り合いの善し悪しも子どもの適応に影響し，アセスメントの対象となります。座る席の場所といった物理的な環境から担任教師の学級への期待や学級の雰囲気への折り合いといったことも視野に入れる必要があります。

3 専門的ヘルパーによるカウンセリング

　子どもや保護者に対する直接的な援助サービスがカウンセリングです。カウンセリングにおいては，子どもと1対1の横の関係を結び，**共感**的な態度で子どもを受け止めることが大切です。子どもが話しやすいような工夫も必要です。

▷ 1　心理教育的援助サービス
⇨ Ⅰ-1 参照。

▷ 2　石隈利紀 (1999). 学校心理学――教師・スクールカウンセラー・保護者のチームによる心理教育的援助サービス　誠信書房

▷ 3　知能検査
子どもの知的な情報処理能力を測定する。教育現場で使用頻度の高い検査はWISC-Ⅳ（日本文化科学社）である。これは，5歳0か月～16歳11か月までの子どもの知能を測定するもので，知能を複数の側面から理解できる。結果から，子どもの得意な学習の仕方が明らかになり，子どもへの学習支援の具体的な方法が見出せる。

▷ 4　共感
子どもや保護者の心配，不安などをその人の立場に立ちながら理解しようとすること。共感することで，悩んでいる人は，自己理解が促進される。

水野(2007)の調査によると子どもは意外にもカウンセリングについて不安をもっていることがわかりました。「カウンセラーは自分のことをよく理解してくれないのではないか」「カウンセラーに相談すると担任の先生や保護者に伝わるのではないか」といったことです。学校という場ですからカウンセリングの部屋に入るところを見られると，他の友達に相談した事実が伝わるのではと心配する子どももいます。ですから，カウンセラーは，学校で相談することに対する子どもの不安を最小限にするように努めなければなりません。

保護者対象のカウンセリングの場合は，保護者が役割的ヘルパーとして本来の力を発揮できるように援助することが大切です。昨今の経済状況から，生活面への苦戦を強いられている保護者が少なからず存在します。また，保護者のなかには精神的健康を保つことが難しい人もいます。こうした場合は，市町村の保健所への相談，心療内科や精神科などへの受診をすすめることも必要ですし，市町村の福祉の窓口と連携しながら，必要な公的扶助が得られるように働きかけることも必要です。現在，市町村によっては，**スクールソーシャルワーカー**が配置されているところもありますので，相談してみても良いと思います。

❹ 専門的ヘルパーによるコンサルテーション・コーディネーション

コンサルテーションは，専門的ヘルパーであるカウンセラーや相談員が，複合的ヘルパーである教師や役割的ヘルパーである保護者に働きかける援助です。その目的は，複合的ヘルパー，役割的ヘルパーが本来の援助力を取り戻し，効果的に子どもを援助できるようにすることです。多くの場合は，専門的ヘルパーが専門性を基盤にコンサルテーションしますが，教師としての専門性を尊重しながらコンサルテーションすることも大切です。そのためには教師が見た子どもの状態，学校や学級での様子を細かく聞きながら，専門的ヘルパーと複合的ヘルパーである教師が相互にコンサルテーションしながら援助していくことが大切です。これを相互コンサルテーションと言います。

さらに，**援助チーム会議**などの複数のヘルパーが同席する場面もあります。援助チーム会議の場面では，それぞれのヘルパーが見る子どもの姿を聞きながら立体的に子どもの姿を描き，それぞれのヘルパーの専門性を尊重しながら，各ヘルパーが提供できる援助についてアイデアが出せるようにしたいものです。また，学校が援助サービスを提供しやすいように組織に働きかけることも専門的ヘルパーの役割と言えるでしょう。家近(2009)が提案するように**コーディネーション委員会**が，委員会で情報を一元化したり，より大きな委員会の場面でコンサルテーションやチーム援助を促進させるようにすることが，専門的ヘルパーとしてのカウンセラーの役割かと考えます。

(水野治久)

▶ 5　水野治久(2007). 中学生が援助を求める時の意識・態度に応じた援助サービスシステムの開発　平成16年度～平成18年度科学研究費補助金（基盤研究C(1)）研究成果報告書

▶ 6　スクールソーシャルワーカー
虐待や家庭での生活の問題が背後にあり，不登校になったり問題行動を起こす子どもを社会福祉の立場から援助するために配置されている。市町村単位で配置されていることが多く，福祉の相談窓口に詳しく，子どもを生活面で援助してくれる。

▶ 7　援助チーム会議
⇨ Ⅴ-5 参照。

▶ 8　家近早苗(2009). 既存の組織を活かしたコーディネーション委員会　石隈利紀(監修)，水野治久(編)　学校での効果的な援助をめざして——学校心理学の最前線　ナカニシヤ出版　pp. 161-168.

▶ 9　コーディネーション委員会
⇨ Ⅴ-7 参照。

III　誰が援助するか

6　被援助志向性

1　被援助志向性とは

被援助志向性とは,「個人が,情緒的,行動的問題および現実生活における中心的な問題で,カウンセリングやメンタルヘルスサービスの専門家,教師などの職業的な援助者および友人・家族などのインフォーマルな援助者に援助を求めるかどうかの認知的枠組み[1]」と定義されています。ヘルパーに対する被援助志向性が低い子どもや保護者は援助を求めませんので,学校での援助を考える際に,被援助志向性は重要な概念となります。

2　子どもの被援助志向性はそれほど高くない

実は専門的ヘルパー(スクールカウンセラー)に対する子どもの被援助志向性はそれほど高くはありません。山口・水野・石隈(2004)[2]は,中学生372名を対象に,適応尺度ごとに相談する相手を質問しました。その結果,スクールカウンセラー・心の教室相談員に相談すると答えた中学生は,心理・社会領域が7名(1.9%),学習領域が8名(2.2%),進路領域が10名(2.7%),心身・健康領域が11名(3.0%)でした。さらに,水野・石隈・田村(2006)[3]は中学生477名を対象に,教師やスクールカウンセラーに対する被援助志向性を質問しています。その結果,学習・進路,心理・社会・健康領域のスクールカウンセラー・心の教室相談員に対する被援助志向性の1項目あたりの平均値はきわめて低く,中学生はスクールカウンセラー・心の教室相談員に相談しない傾向があることがわかりました。

このデータは,たとえばスクールカウンセラーが学校に常駐しても,相談室に座っているだけでは,来談者が来ない可能性を示しています。その意味で,学校に配置されたスクールカウンセラーは児童生徒,教職員などの学校コミュニティ全体に働きかけ,援助ニーズを把握し,サービスを提供する必要があります。

3　援助を求めやすい子どもは誰か

それでは,カウンセラーや教師に比較的援助を求めやすい子どもはどのような子どもでしょうか。結論から言うと,適応できている子ども,自尊感情の高い子どものほうがスクールカウンセラーや教師の援助に対して肯定的です。水野(2007)[4]は中学生982名を対象に,スクールカウンセラーに対する被援助志

---

[1]　水野治久・石隈利紀 (1999). 被援助志向性,被援助行動に関する研究の動向　教育心理学研究, **47**, 530-539.

[2]　山口豊一・水野治久・石隈利紀 (2004). 中学生の悩みの経験・深刻度と被援助志向性の関連――学校心理学の視点を活かした実践のために　カウンセリング研究, **37**, 241-249.

[3]　水野治久・石隈利紀・田村修一 (2006). 中学生を取り巻くヘルパーに対する被援助志向性に関する研究――学校心理学の視点から　カウンセリング研究, **39**, 17-27.

[4]　水野治久 (2007). 中学生が援助を求める時の意識・態度に応じた援助サービスシステムの開発　平成16年度~平成18年度科学研究費補助金(基盤研究C(1))研究成果報告書

表Ⅲ-7 適応尺度得点と被援助志向性尺度の相関関係

学校心理学的適応尺度＼被援助志向性	援助の肯定的側面	相談スキル	遠慮の少なさ	相談に対する懸念・抵抗感の低さ	自己開示への恐れの無さ
心理・身体領域	.024	.260**	.217**	.242**	.204**
進路領域	.186**	.022	−.065*	−.014	.015
学習領域	.254**	.064*	.008	.075*	.056
社会領域	.190**	.102*	.124**	.029	.047

(注) *p＜.05　**p＜.01
出所：水野（2007）より。

向性（〈援助の肯定的側面〉〈相談スキル〉〈遠慮の少なさ〉〈相談に対する懸念・抵抗感の低さ〉〈自己開示への恐れの無さ〉）と「心理・身体領域」「進路領域」「学習領域」「社会領域」からなる学校心理学的適応尺度との**相関係数**を検討しました（表Ⅲ-7）。特に，「心理・身体領域」の適応と〈相談スキル〉〈遠慮の少なさ〉〈相談に対する懸念・抵抗感の低さ〉〈自己開示への恐れの無さ〉，「学習領域」の適応と〈援助の肯定的側面〉の相関は.2点台であり，適応している生徒の被援助志向性が高い傾向が見受けられました。

さらに，水野（2004）は，中学生542名を対象に調査し，教師に対する援助への抵抗感を〈呼応性への心配〉，〈汚名への心配〉，〈遠慮〉で測定しています。そして自尊感情との相関を求めたところ，自尊感情の高い中学生のほうが教師に対する援助への抵抗感は低いことを報告しています。

スクールカウンセラーに対する被援助志向性の調査でも教師に対する被援助志向性の調査でも，適応得点が高い人，自尊感情の高い人が援助に対して肯定的でした。逆から見ると適応得点の低い人，自尊感情の低い人はスクールカウンセラーや教師の援助には否定的である可能性があります。

❹ 被援助志向性の低い子どもへの援助

被援助志向性の低い子どもに対してどのような援助を提供したら良いのでしょうか？　1つは被援助志向性を高める試みです。水野・山口・石隈（2009）は，スクールカウンセラーを知っていることや，会話経験があること，スクールカウンセラー便りを読む経験は，被援助志向性を高める可能性があると指摘しています。スクールカウンセラーは子どもたちとの接触を増やすべきです。

もう1つは，子どもたちの低い被援助志向性を尊重する援助方法です。子どもが援助を要請できる相手（たとえば保護者や教師）に対してコンサルテーションを行うことで，そのヘルパーの援助機能を高めることができます。さらに，**ストレスマネジメント教育**などの心理教育を授業のなかで導入することも，援助が当該の子どもたちに届く方法です。

（水野治久）

▷5　相関係数
2つの値の関連を言う。1つの値が大きくなればなるほど，もう一方の値が変化することを言う。一方の値が大きくなればなるほど，他方の値が大きくなることを正の相関，反対に，一方の値が大きくなるほど，他方の値が小さくなることを負の相関という。

▷6　水野治久（2004）．中学生が教師に援助を求めるときの不安に関する研究　日本心理学会第68回大会（関西大学）発表論文集，1162．

▷7　水野治久・山口豊一・石隈利紀（2009）．中学生のスクールカウンセラーに対する被援助志向性──接触仮説に焦点をあてて　コミュニティ心理学研究，12，170-180．

▷8　ストレスマネジメント教育
⇨Ⅶ-9　参照。

コラム5

助けられ上手のすすめ

　助けられ上手になるためには，①依存することによる否定的イメージを乗り越える，②自分の援助ニーズに気づく，③相談できる人を確保しておく，④相談窓口について知っておく，の4つが必要だと思います。

1　依存することによる否定的イメージを乗り越える

　他者に援助を求めるのは，自尊心に脅威をもたらします。援助を要請することで自己の独立性が脅かされるからです。たとえば，子どもが教師に援助を求めることは，「自分はできない」，「自分はダメな人間だ」という否定的な認識を抱いている可能性があります。ですから，援助を求めることは大変負担のかかることであると，周囲の大人が気づいてあげることが重要なのです。

　教師や子どもの援助に関わる人は，援助を求めることは，自尊心に脅威的であり，大変なことだが，助けを求め援助が得られれば問題が解決する可能性が高いこと，上手に他者の援助を利用し生きていくことが重要であることを児童生徒に訴えることが大切です。

　また，援助者自らも人に助けられる経験は大切にしたいものです。学校心理学のチーム援助の精神は，子どもに適切な援助を提供するために設置されますが，もう1つの側面として援助者自身が助けられるという側面もあります。学校の教員同士が助け合っているという姿はとても大事なことです。教員同士が助け合うことで援助的な雰囲気が学校全体に拡がると思います。

2　自分の援助ニーズに気づく

　自分の援助ニーズを的確に把握するのは大人でも大変です。自分のなかで何が起こっているのか，自分の感情を素直に見つめる必要があります。最近，気になっている子どもの特徴があります。それは自分の否定的な感情を見つめずに逆に「テンションを上げて」自分の感情を抑圧しようとする傾向です。テンションを上げるのはその場では良いのですが自分の問題から目をそらしているので，根本的な問題解決になりません。

　自分の気持ちに向き合うことは，さまざまな困難が伴います。カウンセリングでは，自分の気持ちに向き合うこと自体が援助の目標になることもありますので，そう簡単にできることではありません。しかし，周囲の大人の援助で子どもが少しでも自分の気持ちに向き合うことができたら，援助を求めることができますし，また，自分の課題との関わり方も変えることができると思います。

3　相談できる人を確保しておく

　相談できる他者をもっておくことも重要です。子どもが学級のなかに相談できる人がいることが理想的です。学級の子どもたちがさりげなく援助し合えるような学級づくりをめざしたいものです。しかしこれはなかなか難しいのが実情です。もし，学級のメンバーに「人を傷つけない」などのルールが共有されているなら，人間関係を深める構成的グループ・エンカウンターを実施するのもよいです。また，教師と子どもの

日常的な関わりのなかで，子どもを認めていくことも重要です。

　さらに，子どもを取り巻くネットワークを拡げておくことも大事です。最近，小学校では異学年交流として，低学年が高学年と一緒に給食を食べたりする活動が一般的になってきています。こうした活動は子どものネットワークを拡げる意味があります。中学校においては，学級の他にクラブ（部）活動が子どものネットワークを拡げる機能をもっていますが，クラブ（部）活動に参加してない生徒の人的ネットワークをどのように拡げるかが課題です。中学校においても委員会活動など，学級，クラブ（部活）以外の活動をどのように拡げていくか考えていきたいものです。

4　相談窓口について知っておく

　学校内には保健室，相談室などさまざまな援助のための相談窓口があることを子どもに知らせることも大事です。学級に養護教諭やスクールカウンセラーを招いて，保健室や相談室の機能を説明してもらうと良いでしょう。また，市町村の教育センターには相談窓口がありますし，教育委員会のなかには「いじめ相談」などの名称で子どもが相談できる窓口を開設しているところがあります。カウンセリングを受けたり，児童精神科医にかかったりすることは「恥ずかしい」，「ほかの人に知られたくない」というような心配・不安を抱きがちです。不安の軽減に努めたいものです。

　また保護者のなかにもこうした相談窓口に対する情報がなかったり，情報があっても，秘密が守られることや専門的な検査が受けられることを知らない保護者もいます。さらに不登校などの問題については，教育支援センターや適応指導教室などの施設があり，出席日数にカウントされることなどを丁寧に説明することで，保護者や不登校の子ども本人の不安もかなり低減されることがあります。

　子どもに関わる人は，自分の市町村がどのような支援を提供しているのか，一度自分の足で施設を見学したり，担当者と話し合ったり，サポートセンターが主催する研修会等に積極的に参加することが大切です。

5　ゆるやかにつながり助け合って生きる

　2011年年末の報道では自殺者が14年連続で3万人を超えたことを報じています。読者のなかにも，周囲の人が自殺したということを聞き，愕然とした経験がある人もいるかもしれません。学校にいる間は課題がなくても，社会に出てから，自分1人では解決できない問題に直面する場合もあります。援助者という立場ではなく，一市民として，適切な援助者を紹介したり，話を聴いてあげるなど，できる限りの援助をしていくことが大切ではないかと思います。生きていくうえで本当に辛い場面に出会った時，適切な場所に援助を求められるようにしておくことも義務教育が取り組むべき仕事の1つではないかと思っています。子どもの頃から専門機関に相談に行く経験も体験的な教育として意義があると感じています。

　お互いがゆるやかにつながり助け合って生きていきたいものです。

　　　　　　　　　　　　　　　　（水野治久）

第1部　理論編：援助実践のエビデンス

Ⅳ　誰を援助するか：資源の活用と援助ニーズの把握

1 援助の対象
——特定の子どもではなく，すべての子ども

1　心理教育的援助サービスの対象は誰か

　心理教育的援助サービス[1]の対象は，すべての子どもです。また，援助者である教師や保護者，さらに学校組織も援助の対象とみなします[2]。心理教育的援助サービスの対象に，子どもだけではなく大人や組織が含まれている理由は，環境のなかで問題状況にいる子どもを援助する場合，子ども自身と子どもの環境に影響力をもつ大人に，同時に働きかけることが重要だからです。教師は，子どもの学校生活のさまざまな場面で，子どもと直接的に関わります。その際，教師は子どもに対する指導・援助に関して，専門家である**学校心理士**[3]に相談をもちかけることがあります。自分とは立場が異なる専門家に相談することで，教師は子どもの状況の理解を深め，援助の方針を明確にし，援助サービスの質を向上させることができます。同様に，保護者は子どもの家庭教育の責任者であり，子どもにとっての重要な援助者です。現代における家庭教育は難しい課題も多く，保護者も苦戦しています。学校心理士が保護者を援助することで，保護者は子どもの状況や自分の子どもへの関わりについて理解を深め，援助的な関わりができるようになります。さらに学校心理士は，校長や教頭などの管理職や各種の校内委員会に対して，学校システムとしての心理教育的援助サービスの向上を意図した助言をすることもあります。このように学校心理士が，援助者である教師，保護者や学校組織に対して援助や助言をすることは，子どもたちを間接的に援助していることにもなるのです。

2　すべての子どもへの援助

　石隈 (1999) は，心理教育的援助サービスの対象が，特定の子どもではなく，すべての子どもであることの意義を次の3点から説明しています。1つ目は，不登校・いじめ・非行などの問題や障害で特別の援助を必要とする児童生徒だけではなく，すべての児童生徒が発達し教育を受けていく過程で何らかの援助ニーズをもっているからです。2つ目は，学校心理学では児童生徒を1つの人格と見ると同時に，教育サービスを受ける権利の主体者と見ます。つまり，学校はすべての児童生徒に対して教育を行う契約を保護者や社会としていることになります。したがって，たとえばスクールカウンセラーの場合，特定の児童生徒とカウンセリングの契約を結び，定期的なカウンセリングを行うだけでは

▷1　心理教育的援助サービス
⇨ Ⅰ-1 参照。

▷2　石隈利紀 (1999). 学校心理学——教師・スクールカウンセラー・保護者のチームによる心理教育的援助サービス　誠信書房

▷3　学校心理士
⇨ Ⅷ-1 参照。

なく，問題をもっているがカウンセリングの誘いに乗らないような児童生徒に対しても，学校の日常生活での関わりを通して援助を行うことが求められます。また，学校のすべての児童生徒のために実施される入学時・学年始め・新学期始めに行われるオリエンテーションなども，大変重要な心理教育的援助サービスと言うことができます。3つ目は，教師や学校心理士は，学校という場で常に特定の児童生徒だけの援助者にはなれません。ある時はある児童生徒の味方として，またある時は別の児童生徒の味方となることが求められます。つまり，すべての児童生徒が心理教育的援助サービスについてのニーズと権利をもっています。そのため，学校や学級の援助者は，すべての児童生徒を心理教育的援助サービスの対象とします。

▷ 4　半田一郎（1996）．公立中学校での学校カウンセラーとしての体験　こころの健康，11(2)，18-23．

3　教師同士の支え合い

　近年，教師の精神性疾患による休職が増加し，教師の自殺などの痛ましい事件も発生しています。今，なぜ教師のメンタルヘルスが悪化しているのか。これらの現象の背景には，現在の学校が抱える多くの教育課題（学力不振・いじめ・不登校・学級崩壊・非行・特別支援教育・保護者の苦情など）への対応の困難さがあります。また，今の教師たちは，学級の「集団づくり」の能力と一人ひとりの児童生徒に対する「個別の指導・援助」の能力およびそれらの能力の統合が求められており，教職経験の豊かなベテラン教師でさえも相当に苦戦しています。まして教職経験の浅い若い教師たちは，解決のための実践的知識やスキルが未熟な場合が多いでしょう。しかし，真面目な教師ほど自分の責任を痛感し，「何とかしなければ」と1人で問題を抱え込み，自身の狭い経験や主観的な判断で対応してしまいがちで，問題がますます深刻化していくこともあります。

　自分1人で頑張ってもうまくいかない時，他者の援助を求める態度のことを「**被援助志向性**」と言います。被援助志向性の低い中学校教師は燃え尽きやすいという報告もあります。学校心理学では，さまざまな大人がチームで子どもの成長を援助することをすすめています。援助される立場の児童生徒だけではなく，援助する立場の大人たち（教師や保護者）も「助けられ上手」になることが重要なのです。児童生徒に対する指導や援助に苦戦している教師は，自ら他の援助者に連携を求めながら「チーム援助」を実践していくことで，自身の生徒指導や援助に関する不安を軽減でき，メンタルヘルスの改善も期待できます。また「チーム援助」の実践は，学校教育サービスの充実という観点からも重要です。児童生徒が学校内外の援助者から多角的な指導・援助サービスを受けられることになり，大きなメリットがあります。このような教師同士の支え合いや「チーム援助」を効果的に実践できるかどうかは，何より児童生徒への指導・援助の中心となる担任教師の「被援助志向性」が鍵をにぎっているのです。

（田村修一）

▷ 5　被援助志向性
⇨ Ⅲ-6 参照。

▷ 6　田村修一（2008）．教師の被援助志向性に関する心理学的研究——教師のバーンアウトの予防を目指して　風間書房

Ⅳ 誰を援助するか：資源の活用と援助ニーズの把握

2 学級づくり
――学級の援助ニーズを把握する

① 学級集団の援助とその基盤としてのアセスメント

これまでの教育現場における児童生徒に関するアセスメントは，特別な配慮が必要な児童生徒の個別援助の方針と計画を立案するために，その基礎的資料を得るという目的で行われることがほとんどでした。そして，学級集団のアセスメントも，個別援助が必要な児童生徒の環境要因に関する情報収集の1つとして行われていました。しかしながら，学校心理学では心理教育的援助サービスの対象は，特定の児童生徒だけではなく，すべての児童生徒と考えます。特に日本においては，学習面，心理・社会面，進路面，健康面における学校教育サービスは，その児童生徒が所属している学級が基盤となって展開されることがほとんどです。つまり，学級という集団の状態が一人ひとりの児童生徒の学校生活の質に大きな影響を与えることになります。このような観点から，すべての児童生徒により良い学校教育サービスを提供するためには，児童生徒が所属している学級集団の状況を適確に把握できるアセスメントがきわめて重要になります。また近年，**学級崩壊**◁1の問題が深刻化し，学級経営に苦戦する教師に対する援助も必要になってきました。学級崩壊は，担任教師にとっての危機です。また，学級の児童生徒にとっても危機です。学級の状態を適切に把握し，担任教師を援助しながら，早急に学級を正常な状態に回復させる必要があります。そのため，教師や学校心理士には学級集団の状態を適切にアセスメントを行うことができる能力が必要になります。

② 学級集団のアセスメントに使う尺度

これまで多くの教師たちは，自分の担任する学級集団に対して，日常的な観察を通してアセスメントを行ってきました。しかしながら，観察はどうしても主観的になりがちで客観性を欠くために，学級集団の状況がかなり悪化してはじめて気がつくことも少なくありませんでした。その場合，学級集団を正常な状態に回復させるためには，教師は膨大なエネルギーと労力を必要とします。そこで近年，学級集団の状態を客観的にアセスメントできる尺度がいくつか開発されています。

たとえば，河村（2006）が開発したQ-U（楽しい学校生活を送るためのアンケート）◁2は，児童生徒が自分の存在や行動が級友や教師から承認されているか否か

▷ 1 学級崩壊
児童生徒が教室内で勝手な行動をして教師の指導に従わず，授業が成立しない学級の状態が一定期間以上継続し，学級担任による通常の手法では問題解決ができない状態に至っていること（学級がうまく機能しない状態）。

▷ 2 河村茂雄（2006）．学級づくりのためのQ-U入門――「楽しい学校生活を送るためのアンケート」活用ガイド　図書文化

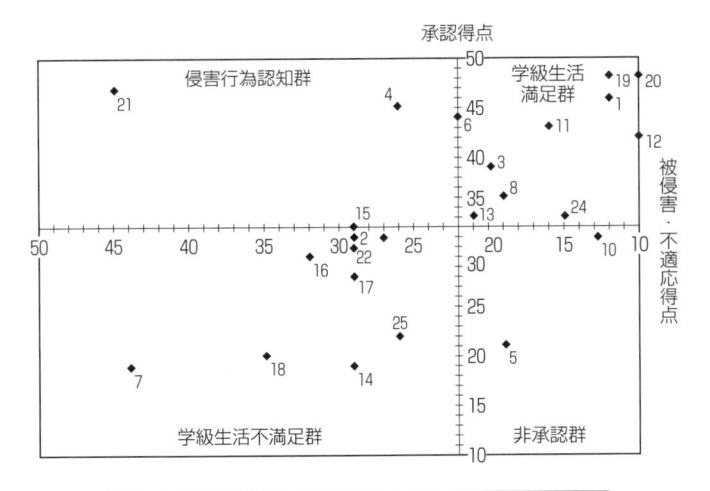

図Ⅳ-1 Q-U「学級満足度尺度」のプロット図の一例 ◁3

出所：小野寺正己・河村茂雄（2009）．学級のアセスメントと苦戦する子どものアセスメント　石隈利紀（監修），水野治久（編）学校での効果的な援助をめざして――学校心理学の最前線　ナカニシヤ出版　p. 80．

を示す「承認得点」と，不適応感やいじめ・冷やかしなどを受けているかを示す「被侵害・不適応得点」の２つの下位尺度で構成されています。そして児童生徒の学級生活における満足感を４つの群（①学級生活満足群，②非承認群，③侵害行為認知群，④学級生活不満足群）に分類し，不登校に至る可能性の高い児童生徒やいじめ被害を受けている可能性の高い児童生徒を早期に発見したり，学級崩壊に至る可能性などの学級集団の状態を診断します（図Ⅳ-1）。

　また，伊藤・松井（2001）◁4 は，学級風土質問紙を開発しています。この尺度は，①学級活動への関与，②生徒間の親しさ，③学級内の不和，④学級への満足感，⑤自然な自己開示，⑥学習への志向性，⑦規律正しさ，⑧学級内の公平さに関して，児童生徒に自分の所属する学級の状態をどのように認知しているかを回答させるものです。この質問紙の得点結果をグラフ化した資料を用いて，教師はカウンセラーなどの他の援助者とコンサルテーションを行い，情報の共有や指導・援助サービスに関する意見を交換します。

③ 学級づくりを実践するうえでの留意点

　石隈（1999）◁5 は，すべての子どもに対する心理教育的援助サービスを実践するうえで，①子どもの援助ニーズの大きさを適切に把握することは大変難しいこと，②援助ニーズの大きさは，時間の経過や状況により変化すること，③援助ニーズは子ども自身の要因と環境要因から生じるので，子ども自身の要因による援助ニーズと，それに対応して行われる援助サービスについて，同時にアセスメントを行わなければならないこと，④学級集団に援助サービスを行う時は，それぞれの児童生徒にとって援助サービスの段階が異なることを十分に注意する必要があることの４つの留意点をあげています。

（田村修一）

▷ 3　①学級生活満足群：「承認得点」が高く「被侵害・不適応得点」が低い場合
→不適応感やトラブルも少なく，学級生活・活動に意欲的に取り組めている児童生徒。
②非承認群：「承認得点」が低く「被侵害・不適応得点」が低い場合
→不適応感やいじめ被害を受けている可能性は低いが，学級内で認められることが少なく，自主的に活動することが少ない意欲の低い児童生徒。
③侵害行為認知群：「承認得点」が高く「被侵害・不適応得点」が高い場合
→対人関係でトラブルを抱えているか，自主的に活動しているが自己中心的な面があり，他の児童生徒とトラブルを起こしている可能性の高い児童生徒。被害者意識の強い児童生徒も含まれる。
④学級生活不満足群：「承認得点」が低く「被侵害・不適応得点」が高い場合
→いじめや悪ふざけを受けている，不適応になっている可能性の高い児童生徒で，学級のなかで自分の居場所を見出せないでいる児童生徒。不登校になる可能性が高い児童生徒。

▷ 4　伊藤亜矢子・松井仁（2001）．学級風土質問紙の作成　教育心理学研究，49，449-457．

▷ 5　石隈利紀（1999）．学校心理学――教師・スクールカウンセラー・保護者のチームによる心理教育的援助サービス　誠信書房

Ⅳ 誰を援助するか：資源の活用と援助ニーズの把握

3 学校づくり
——学校の援助ニーズを把握する

　学校における心理教育的援助サービスは，一人ひとりの子どもが学校生活を送るうえでの問題や課題を解決し，発達することをめざします。そして，子どもたちが毎日過ごす学校組織を整備することが必要とされます。

1 学校の援助ニーズと組織の特徴の把握

　学校は，その学校ごとに課題や問題が異なりますし，学校組織の編成も，学校ごとの実態に合わせてつくられています。生徒指導上の問題行動（非行・暴力行為・不登校など）が多い学校とそうでない学校では，取り組まなければならない問題や課題が異なるのは当然のことです。まず，学校独自の問題や課題，つまり学校独自のニーズを適切に把握することは，より良い援助を行う上での第一歩であると言えます。

　また，学校組織は，**疎結合システム**であるという特徴をもっています[1]。このような組織は，連絡や調整，校長の意思が下部集団にいる教師に伝えられることの重要性が指摘されています[2]。学校では，「ほう・れん・そう」，つまり報告・連絡・相談を行うことが強調されていますが[3]，これは，組織的な特徴の弱点をカバーするためのものであると捉えられます。

2 学校資源の把握

　学校は，すべての子どもに対してトータルな援助サービスを行う機関であり，豊かな援助資源をもっています。学校における子どもへの援助は，授業，休み時間，給食，清掃，部活動や放課後などのすべての時間や場面を通して継続的に行うことができます。また，学校には，校長などの管理職，養護教諭，教科担任，学級担任，部活動顧問に加え，スクールカウンセラーなどの相談を行う人的な資源や，生徒指導委員会や教育相談委員会などの校務分掌上に位置づけられた組織などの資源が多様にあります[4]。

　実際は担任教師のみが子どもの問題の解決に関わることも多く，それは担任としての責任感や，子どもとの関係の強さ，また担任としてのやりがいという視点から見れば当然のことかもしれません。しかし，学校のなかにはさまざまな援助資源があります。それぞれの教師のもつ能力や専門性を活かし，お互いが助け合い，刺激し合えるような工夫を学校のなかにつくり出していくことも重要なことです。その方法の1つとして考えられるのが，生徒指導委員会や教

▷ 1　**疎結合システム**
学校のように教師の専門性や個業性が尊重される組織で起こりやすく，その専門性や個業性に基づいてつくられた集団は，お互いに働きかけられればそれに応えるが，通常は個々の独立性と分離性を保つ傾向があることを意味する。

▷ 2　淵上克義 (1995)．学校が変わる心理学——学校改善のために　ナカニシヤ出版

▷ 3　家近早苗・石隈利紀 (2003)．中学校における援助サービスのコーディネーション委員会に関する研究——A中学校の実践をとおして　教育心理学研究, **51**, 230-238.

▷ 4　近藤邦夫 (1994)．教師と子どもの関係づくり——学校の臨床心理学　東京大学出版会

```
┌─────────────────────────────┐
│      マネジメント委員会       │
└─────────────────────────────┘
  ┌─────────────────────────────┐
  │   コーディネーション委員会    │
  └─────────────────────────────┘
    ┌─────────────────────────────┐
    │      個別の援助チーム         │
    └─────────────────────────────┘
```

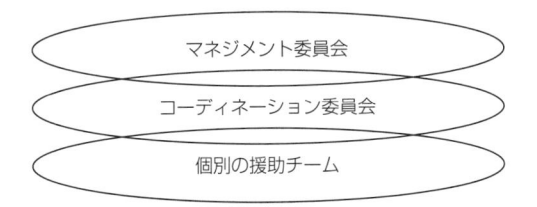

図Ⅳ-2　心理教育的援助サービスのシステム

出所：石隈（1999）より一部修正。

育相談委員会などの既存の組織を活用することです。校務分掌上に位置づけられている既存の組織は，恒常的，継続的に機能するシステムの構築につながり，人的資源の活用の場として，よりよい援助サービスの提供を促進する可能性があります。[5]このような視点から，学校のスタッフの心理教育的援助能力とそれを活用する学校の運用力について学校組織を評価し見直すことで，[6]各学校の援助ニーズに適した援助を生み出すことができるのではないでしょうか。

3　援助サービスのシステム

　学校心理学では，学校のシステムを3段階の援助チームとして捉えています。[7]そして，3段階の援助チームは，学校全体の教育システムの運営に関する「マネジメント委員会」，恒常的に機能する「コーディネーション委員会」，特定の児童生徒に対して編成される「個別の援助チーム」として位置づけられています（図Ⅳ-2）。

　マネジメント委員会は，学校全体の教育活動や学校行事など，学校全体の教育計画に関わる内容に関する決定などを行います。[8]メンバーは，管理職（校長・教頭など），学年主任，生徒指導主任，特別支援学級担任などによって編成されます。また，**コーディネーション委員会**[9]はマネジメント委員会と個別の援助チームとの中間に位置する委員会のことで，生徒指導委員会，教育相談部会，特別支援教育に関する校内委員会や学年会などがこれにあたります。コーディネーション委員会は，各学年の代表の教師，養護教諭，相談員などのメンバーが，学校や学年の情報収集や問題を把握しながら，子どもの問題状況への援助について役割分担や連絡・調整を行います。そして，マネジメント委員会とコーディネーション委員会は学校の校務分掌上に位置づけられており，定期的に開催されます。さらに**個別の援助チーム**[10]は，子どもの問題状況に応じてつくられ，子どもの問題状況の解決とともに解散される援助チームです。参加メンバーも担任教師，学年主任，養護教諭や場合によっては保護者を含む少人数で編成されます。

　これらの3つの援助チームがそれぞれの特徴を活かしてその役割を担い，相補的に働くことにより，学校全体の子どもに対する目標と方針，情報が共有されていきます。そして，3段階の援助チームがそれぞれの役割を果たすことで，学校のもつ資源の活用をより効果的にすることができます。

（家近早苗）

▷ 5　田尾雅夫（1995）．ヒューマンサービスの組織──医療保健・福祉における経営管理　法律文化社

▷ 6　手塚光善（2004）．心理教育的援助サービスの評価　学会連合資格「学校心理士」認定運営機構（企画・監修），石隈利紀ほか（編）学校心理士による心理教育的援助サービス（講座「学校心理士──理論と実践」第2巻）　北大路書房　pp. 59-71.

▷ 7　石隈利紀（1999）．学校心理学──教師・スクールカウンセラー・保護者のチームによる心理教育的援助サービス　誠信書房

▷ 8　山口豊一・石隈利紀（2010）．中学校におけるマネジメント委員会に関する研究──マネジメント委員会機能尺度（中学校版）の作成　日本学校心理士会年報，**2**，73-83.

▷ 9　コーディネーション委員会
⇨ Ⅴ-7 参照。

▷ 10　個別の援助チーム
⇨ Ⅴ-5 参照。

Ⅳ 誰を援助するか：資源の活用と援助ニーズの把握

4 教師の成長
——教師の援助ニーズを把握する

1 教師も苦戦している

「子どもにとって最大の教育環境は教師自身である」との格言があります。教育環境としての教師の存在は，児童生徒の成長に大きな影響を与えます。國分（1995）[2]は，若い教師は経験が浅いため，自分なりの「授業スタイル」や「指導法」が確立しておらず，教育に関するスキルの未熟さが学級経営に苦戦する理由の1つになっていると述べています。一方，ベテラン教師は経験も長く，指導のスキルもそれなりに確立しているはずですが，意外に苦戦している教師が多い現状があります。この点に関して河村（2006）[3]は，子どもたちの育ちの変化を無視して，これまでの自分の教育実践の成功例を過信し，自分の「授業スタイル」や「指導法」を頑なに変えようとしない教師の場合に，学級経営の失敗が起こりやすいと述べています。

現在，学校現場が抱えるさまざまな課題を克服するためには，教師が1人で問題を抱え込むようなこれまでの学級経営のスタイルを見直す必要があります。学校心理学では，「チーム援助」を提唱し，学校組織内の人的資源を最大限に活用し連携させながら，学校総体として指導・援助サービスの効果を高めることをめざしています。教師は，「チーム援助」を通して管理職や同僚教師などから助言や援助を得ることができ，児童生徒の指導・援助の不安を軽減することができます。また，「チーム援助」を行うことで児童生徒を多角的に理解することができ，新しい指導・援助のアイデアも生まれやすくなります。

しかしながら，「チーム援助」を妨げる要因もあります。その1つが教師の「**被援助志向性**」[4][5]の低さの問題です。たとえば，学級経営に苦戦している教師が，本当は管理職や同僚教師に助言や援助を求めたいのに，「教師としての資質や能力に欠けると思われるのではないか」との懸念があれば援助要請は行えません。教師の「被援助志向性」が低ければ，若い教師の場合は，新たなスキルを獲得するチャンスを逃すことになりますし，ベテラン教師の場合には，自己盲点に気づく機会を逸することになります。

2 援助資源を活用する

筆者は，教職志望の大学生にインタビュー調査をする機会があり，[6]「教育実習中に，なぜ，あなたは積極的に指導教諭に助言や援助を求めなかったのです

---

[1] 鈎治雄（1997）．教育環境としての教師——教師の認知・子どもの認知　北大路書房

[2] 國分康孝（1995）．教師の生き方・考え方　金子書房

[3] 河村茂雄（2006）．変化に直面した教師たち——一千人が中途退職する東京の教師の現状と本音　誠信書房

[4] **被援助志向性**
⇒Ⅲ-6参照。

[5] 田村修一・石隈利紀（2001）．指導・援助サービス上の悩みにおける中学校教師の被援助志向性に関する研究——バーンアウトとの関連に焦点をあてて　教育心理学研究，49，438-448．

[6] 田村修一（2010）．教職志望の大学生の被援助志向性に関する研究——教育実習に関するインタビュー調査の質的分析　郡山女子大学紀要，46，135-150．

か」と質問しました。すると，ある学生は「責任ある教師として，また社会人として，他者に援助を求めるのは好ましくないため，できるだけ自分で解決したいと思いました」と回答しました。これは，教師としての「自立」と「責任」をどう考えるかという問題でもあります。他者への依存を否定し，自己責任を重視するのが最近の風潮ですが，教職に限らずどんな仕事でも，1人の人間にできることは限られているのではないでしょうか。そのため，行き過ぎた依存は問題ですが，困難な目標を達成しようと思えば，他者のサポートが不可欠です。自分の周りの人々の協力を得ながら，自己の掲げた目標を達成する能力が，これからの教師には必要なのではないでしょうか。

　そこで，教師の成長に不可欠な要素として，他の教師から学ぶ姿勢の重要性を指摘したいと思います。この点に関して，田村（2008）や諸富（2009）は，教師のメンタルヘルス改善の観点と学校教育サービスの向上の観点から，教師の被援助志向性や教師同士の「チーム援助」の重要性を指摘しています。具体的には，若い教師の場合には，同僚教師や先輩教師のなかから模倣の対象を見つけ，教育に関するスキルの向上をめざして，積極的に質問し学んでいく姿勢が大切です。たとえば，「……の場合には，どうするのが良いのでしょうか」と短時間でもよいので，自分の方から日常的に同僚教師や先輩教師に教えを乞うことを心がけることが大事でしょう。また，日常的に自分の教育実践を学級通信などで広く同僚教師や管理職に知らせておけば，いざ自分に援助が必要になった時にタイミング良く他者からサポートが得られる可能性があります。一方，ベテラン教師の場合も，自分のこれまでの教育実践を過信せず自己盲点に気づくために，他の教師から学ぼうとする姿勢は若い教師と同じく大切です。また，新たな知識やスキルを学ぶために学校外の研修会へ自主的に参加したり，学校心理士に専門的見地からの助言を求めることも，児童生徒理解を深め，新しい指導・援助のヒントを得られるきっかけになるでしょう。

▷ 7　田村修一（2008）．教師の被援助志向性に関する心理学的研究——教師のバーンアウトの予防を目指して　風間書房

▷ 8　諸富祥彦（2009）．教師の悩みとメンタルヘルス　図書文化

③ 自助資源の伸長を図る

　國分（1995）は，教師が習得すべきスキルとして，①パブリック・スピーチ（人前で話す技能），②リーダーシップ（グループをまとめ動かし，個人を育てる能力），③カウンセリング（生徒・保護者と関係をつくり，問題の核心をつかみ，問題解決を助ける能力），④リサーチ（事実・理論を調査し，それに基づいて判断する能力）をあげています。そして，教育のプロというよりも素人に近い反応しかできない状況が，教師としての自信を失わせていると指摘しています。これらのスキルは，教師が心理教育的援助サービスを実践するうえで，重要な自助資源になります。そのため，これらのスキルの向上をめざして日々努力していくことも，教師にとって不可欠なことです。

（田村修一）

Ⅳ 誰を援助するか：資源の活用と援助ニーズの把握

5 子どもの家族
―― 子どもの家族の援助ニーズを把握する

学校心理学では，子どもの家族も役割的ヘルパーとして尊重されています。チーム援助で家族が援助力を発揮できるように，教師やスクールカウンセラーら援助者は，子どもの家族の援助ニーズを把握し家族を援助します。具体的には「家族は何に困り，何をしてほしいのか」などについて情報を収集します。そして，得られた情報から家族に対する具体的な援助（コンサルテーションやカウンセリングなど）を行います。

❶ 家族自身が抱える援助ニーズ

少子化や不況などの時代の変化に伴い，子どもと同様に家族も下記のようなさまざまな援助ニーズをもっています。

○子育て不安

核家族化や共働き家庭の増加に伴い，子育て不安も深刻になっています。子どもの成長に伴い，しつけや勉強など悩みも増えていき保護者のストレスとなっていきます。教育相談担当やスクールカウンセラーらによる，保護者へのコンサルテーションが有効です。ただし，保護者同士の友達関係も少なく周りの支援も得られない保護者は，悩みが深くなることも多いため，情緒不安定になる場合も珍しくありません。関係機関やスクールカウンセラーら援助者が，カウンセリングを含め保護者の相談を受けます。

○離　婚

わが国の離婚率は依然として高く，2010年度離婚した件数は25万1,378件中，子どもがいる家庭の離婚件数は14万7,120件となっています。保護者が離婚した未成年の子どもは25万2,617名で20歳未満人口の内11.12％を占め，1990年度のほぼ倍となっています。◁1 離婚に至るまでの経緯はさまざまですが，子どもはもちろんのこと，保護者の心にも大きな精神的な負担がかかっています。離婚を考えはじめている保護者については，学校教育の枠組みのなかでの相談には限界があることが多いため，内容に応じて関係機関を紹介します。◁2 また，子どもは「離婚の原因が自分にある」と思いがちなので配慮を要します。

○自　殺

昨今の経済状況の悪化もあり，2010年度自殺者は2万9,554名となっています。◁3 保護者の自殺は，残された家族や子どもへ大きな精神的ショックを与えます。残された家族が自分のせいだと自責の念にかられることが多く，眠れない

▷1 厚生労働省（2011）．人口動態統計年報主要統計表「離婚　第5表　親権を行わなければならない子の有無別離婚件数・構成割合及び親が離婚した未成年の子の数・率の年次推移」

▷2 たとえば夫婦間暴力の場合には被害者支援センターを紹介し，離婚に一方が応じずこじれている場合などには家庭裁判所家事部等を紹介する。

▷3 厚生労働省（2011）．人口動態統計年報主要統計表「死亡　第1表　性別にみた死因順位（第10位まで）別死亡数・死亡率」

日が続く場合には医療機関を紹介することもあります。さらに，経済的に家庭を支えていた保護者が亡くなった場合には，現実的援助も必要となります。

2 家族の福祉への援助ニーズ

○経済的な困窮

雇用率が低迷し国の経済が悪化しているなか，突然の解雇や会社の倒産などに伴い保護者が失業する場合があります。経済的に困窮している場合には**生活保護**のほか，給食費の免除や文房具等の支給など国の福祉的な直接支援を受けることができます。保護者はこのような福祉的な支援の制度を知らない，ないしは知っていても窓口や手続きの仕方を知らなかったり援助を求めにくかったりすることを援助者は知っておくことが必要です。そのため，早期介入ができるように援助者は保護者の生活状況について情報を得られるような関係を地域とつくっておく必要があります。福祉的な支援については，学校内では教頭等につなぎます。また，親が精神疾患で長期治療を受けている場合にも，国の経済的な支援制度があります。多額の借金がある場合には，**法テラス**や自治体の窓口を紹介します。

○児童虐待

児童虐待の悲しい事件は後を絶ちません。2010年度に政府は「児童虐待の早期発見・対応に努めるために，学級担任，生徒指導担当教員，養護教諭，スクールカウンセラーなどが協力して，日頃から子どもの状況の把握に努めるとともに，子どもがいつでも相談できる雰囲気を醸成すること」と学校へ対し通知文を出しています。虐待後，多くの親は抑うつ傾向を示すことや，親自身が虐待されていた経験をもつことも知られています。発見したら児童相談所へ速やかに通告し，子どもを保護すると同時に親への支援も関係機関とともに開始します。**縦の援助チーム**で長期に援助を継続していく必要があります。

3 家族を援助する

学校心理学では，家庭の問題ではなく，原則として学校で行える援助に焦点をあてて考えます。つまり家族への援助の中心は，**パートナーとしての保護者**に対する子育てに関するコンサルテーションです。ただし，前述のような大きな家庭の問題を抱えている場合には，状況に応じて保護者自身のカウンセリングを行うことができます。しかし，あくまでも子どもの援助につながるように，保護者が心理的に安定するためのカウンセリングを行います。深い個人的な問題や夫婦間の葛藤など保護者自身が抱えている問題の中身によっては，その問題の解決のために他機関を紹介します。家族が悩みを抱えた時に，教育相談担当，特別支援教育コーディネーター，養護教諭やスクールカウンセラーなどに相談できることを，日頃から家族に伝えていくことは，家族にとって大きな心理的なサポートになります。

(田村節子)

◁ 4 生活保護
経済的な困窮を抱えている国民に対し，保護費を支給し最低限の生活を保障する国の制度。

◁ 5 精神障害者福祉手帳：初診から6か月以上経つと申請可能。精神障害の程度により1級から3級の区分がある。税制上の優遇措置，生活保護の障害者加算，携帯電話の基本使用料金などが半額となる。
自立支援医療制度：精神疾患のために継続的な通院治療を受けている場合に申請できる。医療の自己負担は通常3割であるが，申請すると原則として1割に軽減。

◁ 6 法テラス
日本司法支援センターのこと。法的トラブルを解決するための情報やサービスを提供する。

◁ 7 文部科学省（2010）．児童虐待防止に向けた学校等における適切な対応の徹底について

◁ 8 縦の援助チーム
現在の援助チームから次年度の援助チームへ引き継ぐこと。

◁ 9 パートナーとしての保護者
⇨ V-6 参照。

Ⅳ　誰を援助するか：資源の活用と援助ニーズの把握

6　コミュニティのネットワーク

　援助者がコミュニティへ働きかけてネットワークを作成していくことが，学校心理学に基づく援助サービスに求められます。ここでは学校とコミュニティとのネットワークづくりと活性化について説明します。

1　ネットワークをどうつくるか──発見する・求める・つなぐ

○発見する

　ネットワークとは，網状にはりめぐらされた構造体のことを指します。つなぎ目が多ければ多いほど，しっかりとしたネットをつくることができるため，援助者はつなぎ目となる強力な地域の援助資源を発見する必要があります。学校の周りには，児童相談所や福祉関係機関，医療機関，適応指導教室や教育センター，労働支援関係機関などたくさんの援助資源があります。さらに，子どもが住んでいる地域の商店主，塾の先生，近所の住人やボランティアの方々も子どもへの強力な援助資源となります。援助資源を発見するために，学校心理学では援助資源チェックシート地域版（図Ⅳ-3）が開発されています。[1]

○求める

　つなぎ目となる援助資源が発見されたら，どのような時に，どのような機関の担当者にどのような連携を求めることができるのかについてしっかりと把握しておきます。発見された援助資源とコンタクトをとる時には，こちらがどのような主旨でネットワークを築きたいと思っているのか目的を明確に伝えます。こちらが求めていることと相手が提供できることが異なっている場合もありますから，この過程は**インフォームド・コンセント**[2]に準じて行います。相手からの合意が得られたら次のステップへ移ります。

○つなぐ

　ネットワークはつなぎ目をしっかりと結ぶことで完成します。援助資源を「発見」し，「何を求めているのか」を明確に伝え相手との合意がなされたら，情報を伝え合い連絡を密に取り合っていきます。援助者同士をきめ細かくつなぐ役目はコーディネーターが担います。[3]つなぐ際には，子どもや家庭の情報についてのプライバシーの保護に留意します。

2　ネットワークをどう活性化するか

　ネットワークが完成したらコミュニティがもっている力を最大限に発揮でき

▷1　ネットワークは機関と機関のつながりのように見えるが，実は人と人とのつながりである。シート欄の見出しに沿って発見された援助資源を記入するが，関係機関の場合には担当者の氏名を記入する。窓口となる担当者，実働を担う担当者などについてキーパーソンを明確に把握する。

▷2　インフォームド・コンセント
正しい情報による十分な説明を受けた上で合意すること。

▷3　コーディネーションの視点，コーディネーターに求められる6つの要素については Ⅷ-4 参照。

記入日＿＿年＿月＿日

（図中のラベル）
- 学級担任
- 通級学級担任
- 友達
- 養護教諭，スクールカウンセラー等
- 家族（保護者のぞく）親戚等
- 生徒指導担当，教育相談担当　特別支援教育コーディネーター等
- 保護者
- 児童生徒氏名（　年　組　番）
- 学校／家庭／地域
- 教育センター，特別支援学校
- 親の会，ボランティア等
- 適応指導教室，フリースクール等
- 児童相談所，福祉関係等
- コーディネーター
- 労働支援関係
- 医療機関

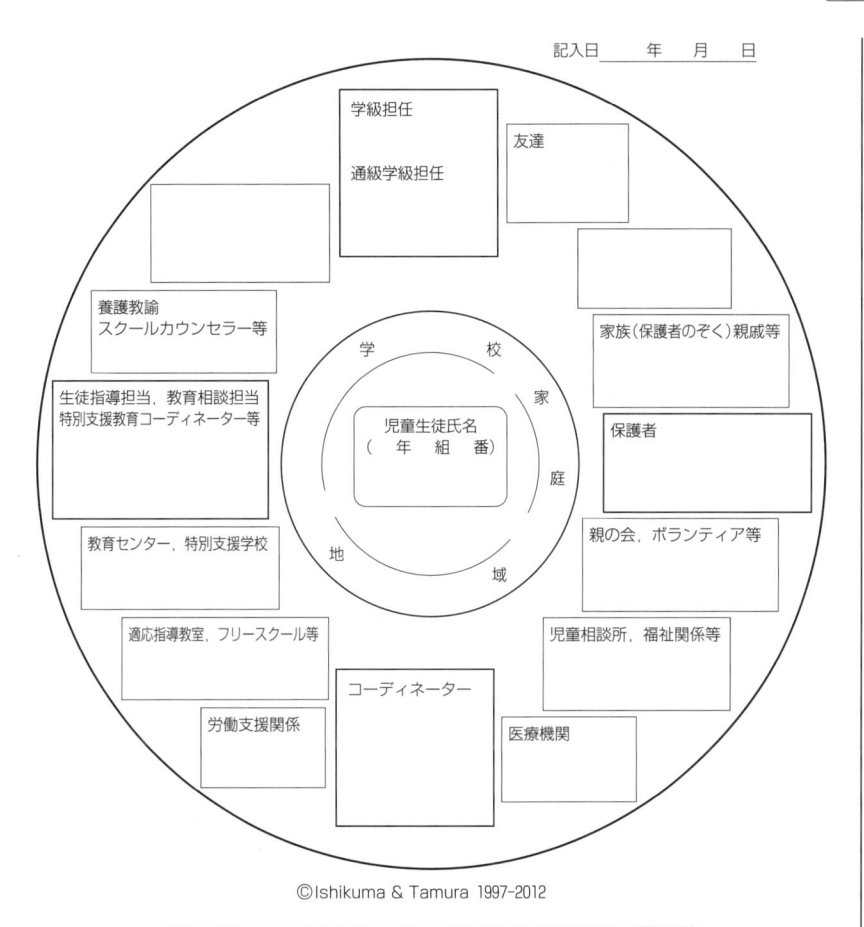

©Ishikuma & Tamura 1997-2012

図Ⅳ-3　田村・石隈式　援助資源チェックシート（地域版）

るようネットワークを活性化していくことが援助者に求められます。

○活性化の鍵は連絡

何もなくても日頃から定期的（たとえば学期に1回等）に連絡をとり合うことでネットワークは強固になっていきます。定期的に連絡をとる主なメリットは，「相手にこちらの情報，また熱意や人柄が伝わる」「相手の情報や問題状況に取り組む方法，人柄が把握できる」「お互いの間に信頼関係がつくられる」ことなどです。

○活性化に欠かせないコーディネーターの役割

ネットワーク型援助チームにもあるように，地域と学校を結ぶためには学校内のコーディネーターと学校外のコーディネーターの複数が必要となります。

虐待の例をあげるならば，虐待の疑いが児童相談所に通告されるところから連携がはじまります。親が子どもを保護することにスムーズに同意しない場合もあり，学校内外の複数のコーディネーターが連携して，学校内関係者（管理職，学級担任，生徒指導担当，スクールカウンセラーなど）と，福祉や相談機関，さらに医療機関の関係者が集まる会議を設定することもしばしばあります。近所に住む他の児童生徒の保護者からの情報も貴重な情報源となります。　（田村節子）

▷ 4　ネットワーク型援助チーム
⇨ Ⅴ-5 参照。

Ⅳ 誰を援助するか：資源の活用と援助ニーズの把握

7 学校の危機管理・緊急支援

　児童生徒が安全で安心な学校生活を送るために，学校にはあらゆる場面を想定した安全教育や，事件・事故が起きてしまった時の緊急支援や事態収拾への危機管理が求められています。ここでは学校の危機管理と緊急支援について説明します。

1 学校の危機管理・緊急支援とは

　学校ではさまざまな事件・事故が発生しています。たとえば，学校生活では，いじめ，授業や部活動中の事故や怪我，自殺，突然の不審者による事件，学校保健では給食による食中毒やインフルエンザなどがあります。さらに，教職員の問題として体罰や児童へのわいせつ行為などの不祥事，教職員の自殺などがあり，家庭生活では水難事故や火事による被害，保護者の自殺などがあります。

　また，東日本大震災のような大地震や津波の自然災害，原発事故など，学校コミュニティ全体を揺るがすような世界的な自然災害や大事故もあります。

　これらの事件・事故は突然発生するため，生徒も教師も大きなショックを受け，通常の学校生活を送ることができにくくなります。また，マスコミに報道されることも多く，学校コミュニティ全体（子ども，教師，保護者，地域）が動揺することも多々あります。そのため日頃の学校の危機管理が必要となります。さらに，事件・事故が起きてしまった時の緊急支援体制の整備が求められています。

2 学校の危機管理

○施設面

　突然発生する学校管理下での子どもに関する事件・事故に対し，学校は子どもの命と教育活動を守るために日頃から備えることが必要となります。まず，施設面での危機管理の強化を行います。監視カメラや刺又[注1]，防犯ブザーを設置し，登下校以外は校門を閉め不審者からの安全確保に努める学校も増えています。また，子どもはリスクを伴う思わぬ動きをします。ハザード（事故につながる危険性）を防止するために，学校の敷地内における施設の老朽化や危険箇所のチェックも定期的に行います。

○システム面

　危機管理のシステム面の整備としては3つのことがあげられます。1点目は

▷ 1 刺又（さすまた）
相手の動きを封じ込める防犯器具。

事件発生時の学校内での緊急連絡の整備（たとえば，教室で事件が起きた時，どうやって職員室に知らせるか）や，警察などの学校外の関係機関との連絡システムの整備（たとえば，誰が関係機関等の連絡を判断するのか，伝える機関はどことどこか）などがあげられます。いざとなると動転してしまい連絡が抜けたり，判断を待っている間に時間が経ってしまうこともあります。明確な連絡経路等を文書にして職員会議等で共通理解し避難訓練時にシミュレーションを行います。

2点目は学校や地域の予防活動です。火事や不審者の進入や地震などに関する避難訓練を年間計画に位置づけます。一見子どもに対する訓練ですが，実は子どもを安全に誘導するのは教員であるため，教員が冷静に対処できるための確認作業とも言えます。また，地域のボランティアや警察等による巡回パトロールや「子どもの家」（緊急時に子どもが駆け込み助けを求めることができる家）の活動などがあります。学校と地域との緊密なネットワークが役立ちます。

3点目はマスコミ対応です。マスコミ対応の窓口を1つにして事実関係の情報を伝えます。子どもたちへの直接の取材や学校敷地内に立ち入ることは，教育活動上控えるようマスコミに依頼することも必要です。

③ 緊急支援体制

事件・事故後のショックや動揺がこれ以上深いものにならないようにすることや，1日も早く安全と安心感を取り戻し，通常の学校生活に戻ることができることを目的として緊急支援チームを結成します。学校は混乱しているため「事実の情報伝達」が緊急支援の鍵となります。緊急支援チームは，教職員や保護者および子どもへの危機時の心の動きや対処法の説明，ショックが大きな子どもや保護者，教職員などへのカウンセリングを行います。

○初期対応

事件・事故後の1週間前後は，突然起きた事態を心で受け止めることができずに，心の働きの一部をマヒさせることで強い衝撃から心を守ろうとします。ASD（Acute Stress Disorder：急性ストレス障害）が起きることもあります。安心感がもてるように関わると，ほとんどの子どもは1か月後に自然に回復していきます。

○中長期対応

事件や事故後1か月以上経っても心の働きがずっとマヒしてしまった子どもたちには，さまざまな体の反応があらわれてきます。これがいわゆるPTSD（Post Traumatic Stress Disorder：心的外傷後ストレス障害）です。事件・事故のことが頭から離れずに，イライラしたり怒りっぽくなったりします。医療機関等につなぐことも考慮する必要があります。

（田村節子）

▷ 2 学校と地域のネットワークについてはⅣ-6参照。

▷ 3 事件・事故後の緊急事態に対応するために，スクールカウンセラーらを含む緊急支援チームを速やかに結成する。形態は自治体によってさまざまである。

▷ 4 必要な文書等はすぐに使用できるように事前に作成しておくと良い。ショックを受けた時の心の動きについての説明文書を教員用・保護者用・子ども用の3種類用意する。子どものメンタルヘルスを把握するチェックリストなども用意しておく。

▷ 5 急性ストレス障害
大きなショックを受けた後，不眠やいらいらなどの精神的な不安定さが起きるが，数時間から4週間以内に消失する一過性の障害を指す。

▷ 6 子どもを1人にしない。子どもの話をじっくりと聞く。興奮したりはしゃいだりするのは自然なことであることを伝える。うわさに惑わされないようにと子どもに伝える。さらに，ゆっくりと鼻から息を吸って，10数えて口から息を吐くなどのリラックス法も伝えると心身の安定に効果がある。

参考文献
福岡県臨床心理士会（編）(2005). 学校コミュニティへの緊急支援の手引き 金剛出版

コラム6

危機における援助

東日本大震災の被災などで，危機にある子どもへの援助でめざすことは，以下の4つです。

1　安心・安全な環境を取り戻す

まず周囲の物理的・心理的環境（家庭，学校，学級）の安全・安心が重要です。もちろん，できる範囲での「安心・安全」です。大震災では「避難所」から「仮設住宅」，あるいは住み慣れた土地を離れての「避難先」は，少しでも安心・安全な環境を求めての移動です。放射線が心配な学校では，校庭，通学路，校舎内などの放射線量を測定して，子どもや保護者に伝えることにより，「安心感」を高める努力をしています。また，大人がそばにいる，次の地震の時の避難方法を知っているなど，安心できる状況を少しでもつくることが求められます。

2　日常生活を回復する

生活のリズムを取り戻すことが鍵になります。「朝起きて，学校に行って，勉強して，遊んで帰る」という日常生活を回復することが，子どもへの援助です。震災後は，心身ともに疲れていて，集中力もさがっているので，授業を短くする，リラクゼーションを取り入れるなどの工夫が必要です。淡々と子どもたちの日課を支えていく……これが危機からの回復の土台になります。

3　自己コントロール感を回復する

危機的な状況では，自分の人生を自分でコントロールできていないという思いになります。自分で主体的に生きていけるんだという感覚を取り戻すということが，大きなポイントになります。「今までできたことが今日またできる。明日もできる気がする」という気持ちです。学校生活において「勉強できている」「友達の手伝いができる」「部活動ができる」などの，自己コントロール感です。そうして，学校や家での活動が少しずつ主体的になっていくことが望まれます。

4　できごとをゆっくり受け止めて，きちんと悲しむ

つらい気持ちを表現することが，子どもの回復過程で重要です。安心できる環境，聞いてくれる人がいるところでは，子どもが気持ちを表現しやすいのです。子どもが話し始めたら，よい聞き手になることです。子どもの表現方法は，さまざまです。泣く子どもも，たんたんと話す子どももいます。それぞれの表現の仕方を尊重しましょう。自分の方法とペースで気持ちを表現することが大切です。

（石隈利紀）

参考文献

瀧野揚三（2004）．危機介入に関するコーディネーション　学会連合資格「学校心理士」認定運営機構（企画・監修），松村茂治ほか（編）学校心理士の実践——幼稚園・小学校編（講座「学校心理士——理論と実践」第3巻）北大路書房　pp. 123-136.

瀧野揚三（2006）．学校危機への対応　教育心理学年報，**45**, 162-175.

第 2 部

実践編:子どもと学校の援助

V 援助者の活動

1 子どもの発達を促進する「学校生活の質」を高めるための活動

子どもたちの「学校生活の質」（Quality of School Life）が充足されている姿とは，「学習に参加することができ，友達と交流し子ども自身の興味関心を広げることができ，心身ともに健康である」ことです。子どもの学校生活の質が高まることは保護者や教師の願いでもあります。しかし，ともすると学習内容の理解の不足や友達関係のトラブルなどから子どもたちの学校生活の質が落ちてしまうことがあります。このような時，子どもの「学校生活の質」を高めるための鍵をにぎっているのは，教師やスクールカウンセラーなど援助者が行うアセスメント，カウンセリング，コンサルテーション，コーディネーションの活動です。ここではそれぞれの活動について概観します。

▷ 1 アセスメント
⇨ V-2 参照。

1 アセスメント[1]

アセスメントとは，「援助の対象となる子どもが課題に取り組むうえで出会う問題状況や危機の状況についての情報の収集と分析を通して，心理教育的援助サービスに関わる意思決定（例：援助案の作成）のための資料を作成するプロセスのこと」を指します[2]。このような学校心理学に基づくアセスメントを心理教育的アセスメントと呼びます。心理教育的アセスメントでは，知的能力や友達関係・家族関係，将来の夢，心身の状態など子ども自身についての情報だけでなく，環境要因としての学級や教師などとの関係も考慮します。アセスメントの結果は心理教育的援助サービスの活動へつなげていくための重要な鍵をにぎります。アセスメントはカウンセリングやコンサルテーションなどを行う際の基盤となります。

▷ 2 石隈利紀（1999）.
学校心理学——教師・スクールカウンセラー・保護者のチームによる心理教育的援助サービス　誠信書房

▷ 3 カウンセリング
⇨ V-3 参照。

2 カウンセリング[3]

カウンセリングは学校心理学では，子どもや保護者への直接的な援助サービスとして位置づけられます。学校では教師やスクールカウンセラーらがカウンセリングを行います。子どもや保護者へ行う個別のカウンセリングからグループカウンセリング，授業場面に活かすカウンセリングなどがあります。子どもに対しカウンセリングを行う際には，心理教育的アセスメントから得られた現実的な問題に焦点をあてます。自我の成長過程の子どもに対し無意識を探るようなカウンセリングを行うと，心理的に不安定になったり問題状況を引き出したりすることがあるため注意を要します。

3 コンサルテーション

コンサルテーションは学校心理学では，子どもへの間接的な援助サービスとして位置づけられます。教師や保護者に対する子どもへの援助方法についての話し合いがコンサルテーションの代表的な活動です。スクールカウンセラーがコンサルテーションを行う場合には，教師という職業上の鎧あるいは保護者という役割上の鎧を大切にして関わり，一個人としての問題に深く踏み込むことや深追いはしません。また，コンサルテーションには，問題解決型コンサルテーション（子どもの問題状況を取り上げて援助について話し合う），研修型コンサルテーション（講師を招き，子どもの問題状況について共通理解をはかりながら援助について話し合う），システム介入型コンサルテーション（子どもの援助において必要なシステムについて学校組織へ働きかける）の３つがあります。

コンサルテーションがうまくいくコツは，子どもの行動をよく観察すること，援助者の気持ちにも配慮すること，コンサルタント自身も助けられることをいとわないことです。コンサルテーションはコーディネーションを行う際の基盤となります。

▷ 4 コンサルテーション
⇨ V-4 参照。

4 コーディネーション

学校心理学におけるコーディネーションには，学校内外の援助資源を調節し活動する「援助チームレベルのコーディネーション」と，学校全体の援助サービスを支える「システムレベルのコーディネーション」の２つがあります。前者には子ども１人ずつの支援隊としての「個別の援助チーム」があります。後者には，子どもの問題状況を検討する学年会や生徒指導委員会などの「コーディネーション委員会」，管理職や学年主任等が集まり，学校全体で教育活動の運営について話し合う「マネジメント委員会」などがあります。さらに，個別の援助チームは柔軟に編成され援助が終われば解散する活動であり，コーディネーション委員会とマネジメント委員会は定期的・恒常的に行われるネットワーキングの活動です。どれもコーディネーターの活動が成功の鍵をにぎります。

▷ 5 コーディネーション
⇨ V-7 参照。

▷ 6 「コーディネーションの視点」，「コーディネーターに求められる６つの要素」については Ⅷ-4 参照。

5 援助者の活動を促進するために

援助者の活動を促進するためには，子どもの自助資源（強いところや趣味など）や，子どものサポーターとなる援助資源（教師，保護者，スクールカウンセラー，友達など）の活用が最も重要となります。しかし，援助者が子どもを肯定的に捉えているという姿勢が前提となります。そのためには，援助者自身も自分自身を肯定的に捉え，困った時には助けられることをいとわないことが援助者に求められる姿勢となります。

(田村節子)

V 援助者の活動

2 アセスメント

子どもにとって負担がなく，しかも援助ニーズに応える援助を行うためには，アセスメント（情報収集とまとめ）に基づいた援助が必要となります。ここでは，援助サービスの結果に最も影響を与える重要な活動であるアセスメントについて説明します。

1 心理教育的アセスメントとは

心理教育的アセスメントとは，援助の対象（子ども，学級，学校）についての情報の収集，分析，意味づけを通して，心理教育的援助サービスに関わる意思決定（例：個別の指導計画の作成，援助案の作成）のための資料を作成するプロセスのことを指します。[1]

2 心理教育的アセスメントの対象

心理教育的アセスメントでは，「個としての子ども」，「子どもと環境（学級等）との関係」，「環境」のアセスメントを行い，さらに援助者自身についてもアセスメントを行います。

○個としての子どものアセスメント

子どもの4領域（学習面，心理・社会面，進路面，健康面）について情報収集します。子どもの自助資源（子ども自身のいいところや強みなど）や援助資源（子どものサポーターなど）についても情報収集します。アセスメントの方法は，教師や保護者からの聞き取り，子どもへの面接や**心理検査**[2]，発達障害の傾向や程度，睡眠や生活状態をはかるためのチェックリスト[3]などが用いられます。心理検査を行う際はインフォームド・コンセント（知る権利，専門家の説明責任，自己決定権）について十分説明します。

また，得られた結果にはプライバシーに関わる情報が多く含まれているため，個人情報の保護には十分配慮します。

守秘義務には「個人レベル」，「援助チームレベル」「学校全体のレベル」の3つのレベルがあります。[4]「個人レベル」では，情報は当事者（子どもや保護者）と援助者間で共有されます。他へ伝える必要がある場合は原則として本人の許可を得ます。「援助チームレベル」では，援助チームメンバー間で情報を共有します。「学校全体のレベル」では，学校として情報を守ります。いずれの場合も，資料の保管や伝達方法には細心の注意が必要となります。

▷ 1 石隈利紀 (1999). 学校心理学——教師・スクールカウンセラー・保護者のチームによる心理教育的援助サービス　誠信書房

▷ 2 **心理検査**
性格や知能などその人の特性や行動傾向をはかる検査。質問に答えることで得点化しパーソナリティの特性や行動傾向をはかる質問紙法，絵を描いたりあいまいな刺激をもとに答えた内容からパーソナリティの特性や行動傾向をはかる投影法，知能をはかる知能検査，単純な計算等を行い性格傾向をはかる作業検査などがある。

▷ 3 チェックリストには，学習障害（LD）や注意欠陥多動性障害（ADHD），高機能自閉症の傾向があるかどうかをはかるものや，生活習慣や身辺自立などの程度をはかるものなどがある。「睡眠＆生活チェックリスト」については，下記文献参照のこと。海保博之・田村節子 (2012). 養護教諭のコミュニケーション　少年写真新聞社

▷ 4 石隈利紀・田村節子 (2003). 石隈・田村式援助シートによるチーム援助入門——学校心理学・実践編　図書文化

○環境（学級等），および子どもと環境との関係のアセスメント

学級風土や学級集団は，子どもにとって重要な環境です。さらに子どもの居場所でもあり，その雰囲気は子どもへ大きく影響します。

教師に見えづらい子どもの問題状況を捉えられるようにする尺度としてQ-U（Questionnaire-Utilities）▷5 が開発されています。いじめ被害や不適応の子どもたちのスクリーニングも行うことができます。

Q-U は，いごこちのよいクラスにするためのアンケート（学級生活満足度尺度）と，やる気のあるクラスをつくるためのアンケート（学校生活意欲尺度）からできています。前者では，子どもたちを4群（「満足群」：1次的援助サービス，「非承認群」「侵害行為認知群」：2次的援助サービス，「不満足群」：3次的援助サービス）に分けることで，援助ニーズが必要な子どもを事前に見出すことができます。後者のアンケートでは，子どもが学校や学級に満足する背景を知ることができ対応の糸口を見出すことができます。

○援助者自身のアセスメント

援助者は子どもにとって環境の一部であるため，援助者の価値観，考え方，感情はアセスメントに大きな影響を与えます。▷6 たとえば，教師が明るく積極的な子どもを好ましく思っていると，おとなしい子どもに対して教師がその子のあるがままの姿をマイナスに捉えてしまうことがあります。

また，教師の教え方が子どもの学習様式とマッチング▷7しない場合にも，問題状況が大きくなる場合があります。たとえば，授業で一方的に話すだけの教授スタイルの場合，聞く力の強い子どもにとっては理解ができる授業となります。しかし，聞く力が弱く，目で見て理解する力が強い子どもにとっては理解しがたい授業となります。そのため，教師には子どもたちの多様な学習スタイルにあった教授法を幅広く実施することが求められます。

3 賢いアセスメントとは

心理教育的援助サービスの効果が発揮できるには，提供されるサービスの内容と方法が適切であることが重要です。学校心理学者のカウフマン（Kaufman, A.）は，「賢いアセスメント」を提唱しています。カウフマンは，「検査をする専門家が賢くなければならない，重要なのは検査（道具）なのではなく，検査（アセスメント）のレベルである」と言っています。つまり検査場面の状況性，検査を通してのカウンセラーと子どもの関係性，臨床的な情報と検査の結果という客観的な情報を統合することを提唱しています。このことは検査結果を活かした援助を行わずに，検査結果のみで子どもをラベリングしてしまう風潮に警鐘を鳴らしていると言えます。

（田村節子）

▷5 河村茂雄（2000）．Q-U 学級満足度尺度による学級経営コンサルテーション・ガイド――代表的なパターンによる学級集団の状態の理解と具体的な対応策　図書文化

▷6 「コラム7　自分のアセスメント」参照。

▷7 子どもの学習スタイルと教授スタイルのマッチングについてはⅦ-1参照。

V 援助者の活動

3 カウンセリング

学校におけるカウンセリングは，相談室という場所で時間を限って行う，専門家（たとえばスクールカウンセラー）による狭義のカウンセリングだけでなく，子どもに接することができる教師によって行われる援助を含めて，「直接的な援助」と捉えることができます。また，それが学校で行うカウンセリングのメリットであると考えられます。学校心理学では，子どもの問題状況をトータルに捉えます。つまり，子ども個人に焦点をあてると同時に，その環境に対しても働きかけながら子どもの問題状況の解決をめざします。

学校でのカウンセラーや教師は，援助者としての側面と，生活者としての側面があり，子どもと学校生活を共有しながら，子どもに直接の援助をすることができます。子どもとすれ違った時に声をかけることや，休み時間に一緒に遊ぶこと，給食や清掃の時間に話などをすることも学校でできる援助の1つであると考えられます。

そこで，学校という場を活かしてどのような援助ができるのかということについて，筆者がスクールカウンセラーとして関わった生徒（A子）への援助をもとに考えたいと思います。

① 学校生活を支える

A子は，登校後は相談室で学習し，教室には行けませんでした。そこで，教室に戻って学習することができるようになることを目標として，A子への援助を続け，援助を開始してからほぼ半年後にはA子は教室で授業を受けることができるようになりました。

A子への援助は，相談室でのカウンセリングだけでなく，学校という場を活かしながら行いました。たとえば，「教室に行く時につきそうこと」や，「一緒に昼食を食べること」「友達との会話に加わること」などです。このような援助は，生活場面（例：学校や学級に行く，学習する，他の生徒と関わる）における生徒を成長させる機会を活用した援助であると言えます。また，このようなスクールカウンセラーの行動を具体的に示すことによって，それまで何をしてよいか迷っていた教師がA子に対する援助の方法の1つを知り，徐々に協力的になっていきました。このようなカウンセリング（直接的な援助）は，A子の援助者を増やすコーディネーションの基盤になります。A子の了承を得たうえで，さらに周囲の教師の理解と援助を求めるために学年会に参加してA子について

▷ 1 石隈利紀（1999）．学校心理学――教師・スクールカウンセラー・保護者のチームによる心理教育的援助サービス　誠信書房

▷ 2 半田一郎（2000）．学校における開かれたグループによる援助――自由来室活動による子どもへの直接的援助　カウンセリング研究，33，265-275．

▷ 3 家近早苗・石隈利紀（2006）．生活場面を活用した高校でのスクールカウンセリング　教育相談研究，44，15-22．

説明をすることや，校内研修会においてA子への援助の目的や方針，現在のA子への援助の状況などの説明もあわせて行いました。その後，A子に対して声をかけてくれる教師や授業の補習をしてくれる教師が増えることになりました。つまり，A子と直接的に関わりながら，A子のニーズに応じて，学校にある組織的な資源を利用することが，A子の援助資源を増やすことにつながったということになります。

❷ 子どもの自助資源を伸ばす

　子どものカウンセリングにおいて，子どもの自助資源を把握し，伸ばすことも大切なことです。A子とのカウンセリングや担任教師や保護者との面接のなかから，A子は勉強をすることが好きであることが把握できました。A子や保護者の話からは，欠席した時も自宅での学習は必ずしていること，担任教師からは，特に数学と英語の成績が良いことが情報として得られました。また，A子は，現在の自分では難しいと思いながらも，将来の夢をもっていることもわかりました。

　子どもが環境と折り合いをつける時には，人間関係があること，不安や緊張が少ないあるいは楽しいこと，なぜそうするのかという意味を理解することが必要であるという考え方があり，「折り合い論」と言われています。A子のもつ将来の夢は，教室に行くことの意味とつながるものでした。A子は大学に進学し，薬剤師か栄養士になりたいという夢をもっていましたが，一方で，教室に行けない状況の自分では，夢を叶えることができないことも理解していました。そこで，A子の自助資源の1つである将来の夢を叶えるために，どのような大学に進学したいのか，なぜ勉強をするのかなどを考えながら，進路に関する情報を提供しました。するとA子は，自分の将来について具体的に考えるようになり，少しくらい辛くても教室に行こうと思うようになりました。

❸ 子どもの変化を継続して捉える

　子どもの問題状況は，子どもの成長とともに変化していきます。A子の問題状況も，当初は教室に行くと気持ちが悪くなるというものでした。しかし，その後は，友達とは会いたくないというものになり，教室に行けるようになると，友達と上手にコミュニケーションをとりたいというものに変わりました。

　学校でのカウンセリングは，日々変わっていく子どもの問題状況に関する変化について，子ども自身，保護者との面接だけでなく，学校生活のさまざまな場面の観察のなかから捉えることができます。そして，直接的に子どもを支えることもできますし，子どもを支える援助者に働きかけることが可能であることがその特徴であり，メリットであると考えられます。

（家近早苗）

▶ 4　田上不二夫（1999）．実践スクール・カウンセリング——学級担任ができる不登校児童・生徒への援助　金子書房

V 援助者の活動

4 コンサルテーション

学校には，不登校や非行，発達障害，いじめ，友達や親子関係の悩みなどさまざまな問題状況にある子どもたちがいます。教師には問題状況にある子どもたちへの有効な手立てが求められています。有効な手立てのために，教師が困っていることに専門家が耳を傾け話し合うことが求められています。ここでは間接的援助サービスであるコンサルテーションについて説明します。

1 コンサルテーションとは

コンサルテーションはキャプラン（Caplan, G.）によると次のように定義されています。[1]

> コンサルテーションは，二人の専門家（一方をコンサルタント（consultant）と呼び，他方をコンサルティ（consultee）と呼ぶ）の間の相互作用の一つの過程である。そして，コンサルタントがコンサルティに対して，コンサルティのかかえているクライエントの精神衛生に関係した特定の問題をコンサルティの仕事の中でより効果的に解決できるよう援助する関係をいう。

学校心理学では，コンサルテーションは「子どもの理解や援助に関する援助者の課題に対する援助」（子どもへの間接的援助）と定義されています。[2] 具体的にいうと，スクールカウンセラーや発達障害児の専門家（コンサルタント）などが学級担任（コンサルティ）に対し子どもの問題状況を解決できるように手助けする活動です。教師個人の問題にはふれずに職業的・役割的な問題に焦点をあてます。コンサルテーションでは，「子ども自身がもつ強さや力」（自助資源と呼ばれています）と，「子どもをとりまく援助資源」を活用することが援助がうまくいく鍵となります。

2 コンサルテーション・スーパービジョン・カウンセリングの異同

コンサルテーション・スーパービジョン・カウンセリングに共通なことは，援助を行う側（コンサルタント，スーパーバイザー，カウンセラー）に専門性があり，援助を受ける側（コンサルティ，スーパーバイジー，カウンセリー）との信頼関係のうえに成り立つ活動であることです。

異なる点としては，コンサルテーションは異なる専門家同士の間で行われ，スーパービジョンは同じ専門家同士の間で行われます。また，コンサルテーションの場合には援助の結果責任は援助を選んだコンサルティにあります。[3]

▷ 1 Caplan, G. (1961). *An approach to community mental health*. Grune & Stratton.（山本和郎（訳），加藤正明（監修）(1968). 地域精神衛生の理論と実際 医学書院）

▷ 2 石隈利紀 (1999). 学校心理学——教師・スクールカウンセラー・保護者のチームによる心理教育的援助サービス 誠信書房

▷ 3 たとえばスクールカウンセラーの助言で教師が援助を行った結果については，教師が責任をもつ。

スーパービジョンの場合には，スーパーバイザーが援助の結果に責任をもちます[4]。また，カウンセリングは専門家と何らかの問題を解決すべく援助を求めているクライエントとカウンセラーの間で行われます。

そして扱われる問題やアプローチも異なります。コンサルテーションやスーパービジョンは間接的な援助です。専門性を活かし課題解決へ向けて援助方法を検討します。カウンセリングは直接的な援助です。気持ちを話すことで気づきが得られ自己決定できるように支援していきます。

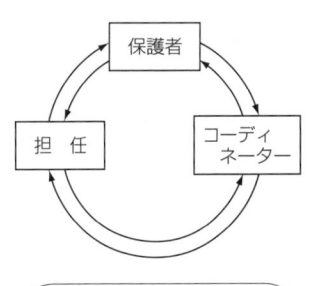

図V-1 相互コンサルテーションにおけるコンサルタントおよびコンサルティの関係

③ コンサルテーションの特徴

コンサルタントとコンサルティとの関係は上下関係ではなく対等です。コンサルタントが提案した内容について，コンサルティには選択の自由があります。コンサルティは援助の結果に責任をもつため，コンサルティの自主性を尊重する姿勢がコンサルタントに求められます。

コンサルタントがコンサルティの自主性を損なうような対応をするとコンサルティに依存や抵抗が生まれることがあります。依存するとコンサルタント任せとなり，教師の自己効力が生まれなくなります。抵抗が生まれると援助案の実行が難しくなるため注意を要します。

④ 相互コンサルテーションとは

相互コンサルテーションとは，「異なった専門性や役割をもつ者同士がそれぞれの専門性や役割に基づき，援助の対象である子どもの状況について検討し，今後の援助方針について話し合う作戦会議であり，コンサルタントとコンサルティの関係は一方向だけではなく，相互にもなり得る関係」[5]を指します。具体的には，学級担任，保護者，スクールカウンセラーなどが集まって，援助チームの話し合いにおいて，それぞれが相互にコンサルタントとコンサルティになる関係を指します（図V-1）。すなわち，関わる人が皆横並びの関係で自分の専門性を発揮する方法です。話し合いのなかでお互いにコンサルタントやコンサルティ（責任の主体）となり，一つひとつ援助案を吟味して，誰がその援助案を実行するのが適切か役割分担して，子どもに援助していきます。保護者は一生変わらないチームメンバーです。保護者の援助力を引き出すと同時に，子どもを一番よく知っている保護者からも援助のヒントをもらいます。そして，援助の結果を評価して次回の援助につなげていきます。相互コンサルテーションは，援助チームにおける心理教育的援助サービスの最も中核的な活動であると言えます。

（田村節子）

▷ 4 たとえば大学教員が大学院生がもっている面接事例に対しスーパービジョンを行った場合，大学教員が援助の結果に責任をもつ。

▷ 5 田村節子（1998）．教師・保護者・スクールカウンセラーの援助チームに関する実践研究——公立中学校における学校心理学的援助の一試行 筑波大学大学院教育研究科修士論文（未公刊）

第2部 実践編：子どもと学校の援助

Ⅴ 援助者の活動

5 援助チーム

援助チームには，子どもの問題状況の解決をめざす「個別の援助チーム」，学年会や生徒指導委員会などの「コーディネーション委員会」，管理職や学年主任等が集まり，学校全体で教育活動の運営について話し合う「マネジメント委員会」などがあります。ここでは個別の援助チームに焦点をあて，個別の援助チームのタイプとチームメンバーの役割について説明します。

1 援助チームとは

援助チームとは，「援助ニーズの大きい子どもの学習面，心理・社会面，進路面，健康面における問題状況の解決をめざす複数の専門家と保護者によるチーム[1]」のことです。援助チームの特長は，「①複数の専門家で多面的にアセスメントを行い，②共通の援助方針のもとに，③異なった役割を担いつつ，④相互に補いながら援助を進めること」にあります[2]。

2 個別の援助チームの3つのタイプ

保護者をパートナーとして校内で柔軟に組むことのできる個別の援助チームには，次の3タイプがあります[3]。

○コア援助チーム（図Ⅴ-2）

問題状況をもつ子ども1人ずつの支援隊のことです。主に保護者・学級担任・**コーディネーター**[4]が援助チームの核となり，直接的・間接的に子どもの援助を主導する形態です。コア援助チームでは定期的に相互コンサルテーションおよびコンサルテーションを行います。

○拡大援助チーム（図Ⅴ-3）

コア援助チームをベースに子どもにとって必要な校内での援助資源（学年主任・教育相談担当）に参加を依頼し，作戦会議を定期的にもちながら援助していきます。作戦会議とは保護者や担任の先生や養護教諭など子どもと関係ある人たちが集まり「みんなで一緒に今自分たちができることを考えましょう」という姿勢で臨む話し合いです。会議の規模は最大でもコア援助チームに4，5人加えた8人程度までだと議論が活発に行われます。

▷1 石隈利紀（1999）．学校心理学――教師・スクールカウンセラー・保護者のチームによる心理教育的援助サービス　誠信書房

▷2 田村節子（2001）．援助チーム　國分康孝（監修）現代カウンセリング事典　金子書房　p.40.

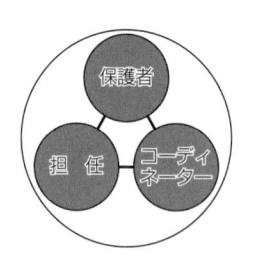

図Ⅴ-2　コア援助チーム例
出所：石隈・田村（2003）より。

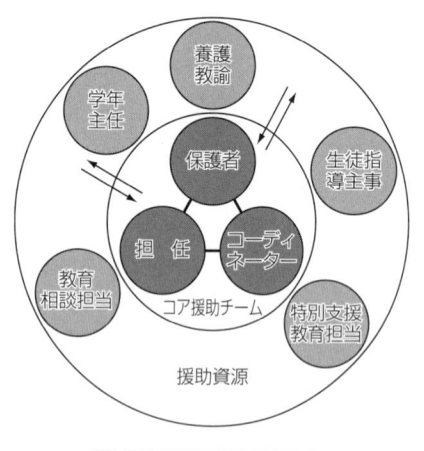

図Ⅴ-3　拡大援助チーム例
出所：石隈・田村（2003）より。

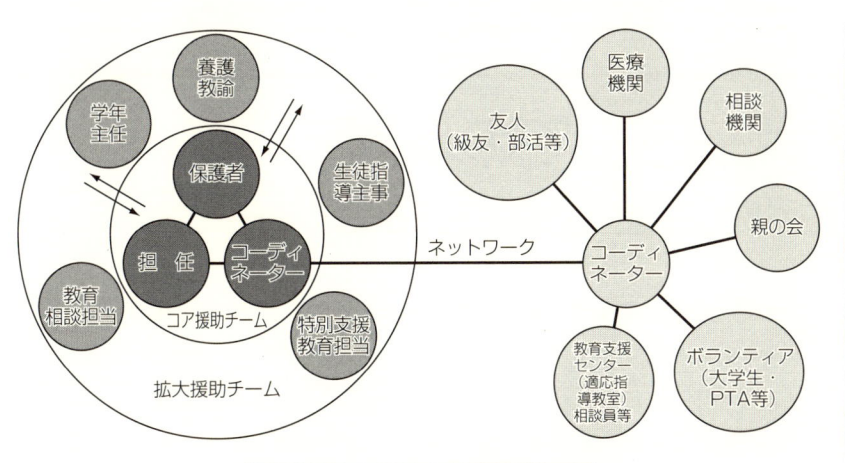

図V-4 ネットワーク型援助チーム例

出所：石隈・田村（2003）より。

○ネットワーク型援助チーム（図V-4）

拡大援助チームのメンバーが保有するネットワークを通じて広く援助を要請する形態です。外部機関，PTA，ボランティアの援助等さまざまな援助資源が関わります。コーディネーターが他の援助者との連絡・調整役を担い連携をはかります。コーディネーターは1人〜複数存在します。

3 援助チームメンバーの役割

○学級担任

学級での子どもの様子（例：授業中や休み時間），学習面，心理・社会面，進路面，健康面の情報を提供します。援助チームで提案された実践案に基づき，子ども，学級の子ども全体，他の教師，保護者などへの働きかけを行い，子どもの変化をモニターして，次回の援助チーム会議で報告します。

○保護者

現在の家庭での様子，生育歴，医療や心理相談の経験や経過（例：心理検査の結果や服薬中の薬），子どもの自助資源（例：強いところや趣味）や援助資源について，今の問題状況に関係することを提供します。援助チームで提案された援助案を実施し，子どもの変化をモニターして，次回の援助チーム会議で報告します。

○コーディネーター

子どもの観察・面接，教師や保護者の面接，心理検査などにより情報収集を行います。話し合いでは，援助チームで提出された情報の分析や統合においてリーダーシップを発揮します。アセスメントから問題解決のための援助方針の決定や個別の援助計画作成のプロセスを促進します。

（田村節子）

▷ 3　石隈利紀・田村節子（2003）．石隈・田村式援助シートによるチーム援助入門——学校心理学・実践編　図書文化

▷ 4　コーディネーター
スクールカウンセラーや特別支援教育コーディネーターなど。
⇨ V-7 参照。

V 援助者の活動

6 パートナーとしての保護者

さまざまなアプローチにおいて保護者はクライエントとして援助を受ける側に位置づけられています。保護者は子どもの頃から自分の子どもを一番よく知る「自分の子どもの専門家」です。学校心理学における心理教育的援助サービスでは，役割的ヘルパー（援助を提供する側）として保護者の意見・願いと力を尊重します。ここでは，パートナーとしての保護者について説明します。

1 パートナーとは

学校心理学ではパートナーを，「援助チームのメンバーと対等に話し合い，援助チームの活動を協働して行う者」と定義しています。保護者も援助チームに参加するパートナーとして位置づけられます。

2 保護者をパートナーとする位置づけ

学校心理学では，個別の援助チームにおいて，保護者を学校と家庭の接点に位置づけます（図V-5）。保護者は，学校での援助チームでの話し合いで自身も援助者として参加し，それをもとに家庭で他の家族や子どもに関わります。つまり，保護者は，援助チームにおいての子どもへの援助者としての役割と，家庭での親としての役割の2つの役割をもつことになります。

3 保護者をパートナーとする意義

保護者をパートナーとすると，保護者に説明を行い合意をとってから援助を開始することができます。援助チームで主に行われる**相互コンサルテーション**◁1は，子どもの4領域（学習面，心理・社会面，進路面，健康面）にわたって，子どもの自助資源，援助資源を含む多面的な情報収集をするアセスメントから援助方針の決定および援助案の作成，続いて責任を明確にするための役割分担，いつまで行うかの期限の明確化，そして援助を行った結果の確認と修正のプロセスからなっています。このプロセスを保護者と共有することにより，メンバーが子どもの状況にあった援助案を作成できるという意味で意義があります。◁2 アメリカでは専門家が行った援助の適切さについてかなり厳しく問われるようになっています。日本においても今後，子どもへの援助方針や援助案の適切さや責任がより厳しく問われる可能性があります。保護者を援助チームのパートナーとすると，インフォームド・コンセントを行いながら援助ができるという

▷1 相互コンサルテーション
⇨ V-4 参照。

▷2 長澤正樹（編著）(2003). LD・ADHD〈ひとりでできる力〉を育てる──指導・支援・個別教育計画作成の実際　川島書店

利点があります。また，保護者が援助チームの活動に参加しているため，援助のプロセスが目に見え援助チームメンバー全員が何を今行っているのか共通理解することができます。

④ チームを組みにくい保護者とのパートナーシップ[3]

パートナーになりにくい保護者には，下記の2つのタイプがありますが，コーディネーターが適切に対応することで，チームを組みにくい保護者ともパートナーシップを築くことができます。

○心理的な混乱が大きい保護者の場合

わが子が問題状況を抱えると保護者は誰しも混乱します。そして，自分の子育てを責めたり自分自身を否定したりします。そのような時に保護者は援助者と対等になれません。まず保護者のカウンセリングニーズに応え気持ちに耳を傾けて信頼関係を築くことを心がけます。少しずつ援助資源を増やし保護者を支えることで，保護者は心理的に安定しパートナーシップを築くことができます。

○苦情や要求が強い保護者の場合

保護者はわが子に対する学校へのお願いの本意が伝わらないと感じた時，つい強い口調になったり学校の対応を責めたりすることがあります。一方，教師は学校でできる限界が保護者に伝わらないというストレスを感じ保護者と対立の構造になる場合もあります。このような時にはまず保護者の思いを受けとめます。怒りを伴う強い要求の裏には「援助ニーズ」が潜んでいます。「保護者が何に困っているのか」というコンサルテーションニーズを援助者が把握し具体的な案を示すと，保護者は心理的に安定しパートナーシップを築くことができます。ただし，苦情や要求の中身が理不尽な場合には，学校のみで対応をせずに教育委員会や法律の専門家等と連携します。[4]

⑤ 「親・援助者間ギャップ」

子どもが問題状況をもつと，保護者は自分の子育てなど自分の内面の整理に目が向き，落ち込んだりあせったりします。その結果，親と援助者との間にギャップが生まれます。このことを「親・援助者間ギャップ」[5]と言います。保護者が援助者が行った援助の成果である「子どもの良い変化」を実感しにくくなっていることを指します。このような場合には，援助者は学校で行っている援助を可能な限りリアルタイムで保護者に伝えていきます。サポートされていることを実感すると保護者は心理的に落ち着き，援助チームの一員として援助力を発揮することが期待できます。

（田村節子）

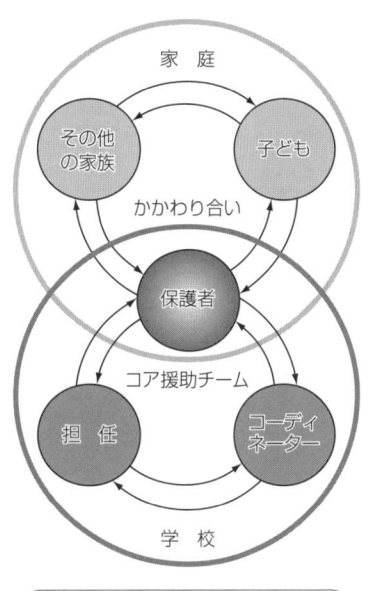

図V-5 子どもの援助チームのパートナーとしての保護者の位置づけ

出所：石隈利紀・田村節子（2003）．石隈・田村式援助シートによるチーム援助入門──学校心理学・実践編　図書文化より．

▷ 3　田村節子（2009）．保護者をパートナーとする援助チームの質的分析　風間書房

▷ 4　「学校問題解決支援チーム」などの名称で，困難ケースの対応のためのチームが東京や京都など各地で立ち上がっている。教育委員会，医師，弁護士，警察官，臨床心理士，スクールカウンセラーなどがメンバーとなっている。

▷ 5　田村節子（2008）．保護者が援助チームのパートナーとなるためには援助チームメンバーのどのような関わりが有効か　学校心理学研究, **8**, 13-27．

V 援助者の活動

7 コーディネーション

　コーディネーションは，援助ニーズの高い子どもが学校内の援助資源（養護教諭やスクールカウンセラー，部活の顧問など）や学校外の資源（相談機関，病院）からの援助を受けやすいように連携・調整することです。こうした学校内外における連携を行うコーディネーションは，学校心理学では重要な概念です。

1 コーディネーション委員会

　コーディネーション委員会は，上述のコーディネーションを組織的に位置づけ，学校におけるコーディネーションをシステムレベルで行う委員会を総称する概念を意味し，「学校内外の援助資源を調整しながらチームを形成し，援助対象の問題状況および援助資源に関する情報をまとめ，援助チームおよびシステムレベルで，学校内外の援助活動を調整する委員会」と定義されます。[1]

　そして，コーディネーション委員会は，「マネジメント委員会」と，「個別の援助チーム」との中間に位置する組織であることが特徴となっています。コーディネーション委員会は，学校の問題状況や特に支援が必要な子どもへの援助に関して，目的を共有し，具体的な援助方針を設定し，具体的な援助を実施していきます。そして，参加メンバーはチームの一員としての責任を果たさなければなりません。コーディネーション委員会は，定期的に開催されることによって参加教師の意識や行動に影響を与え，学校全体の心理教育的援助サービスの向上に影響を与えます。[2] 話し合いを進めるなかで，参加者は，自分の教育活動や子どもへの接し方について振り返ることや，自分と異なる視点を得ることで自ら修正を加えることが行われるからです。

2 コーディネーション委員会の機能

○コーディネーション委員会の進め方

　コーディネーション委員会は，次のようなステップで進められます。ステップ1では，参加者から生徒の状況報告がなされ，簡単な質疑応答があり，学校全体の生徒の状況を把握します。ステップ2では，問題を抱えて困っている，あるいは特に気になる生徒がいる教師（例：学級担任，教科担任）が報告します。具体的に生徒の苦戦と教師の苦戦が，参加者に共有されます。ステップ3では，ステップ2で報告された事例に関して，質疑応答をしながら参加者全員が情報を出し合い，アセスメントを行います。学級内や授業中の様子，保健室での様

▷1　家近早苗・石隈利紀(2003). 中学校における援助サービスのコーディネーション委員会に関する研究——A中学校の実践をとおして　教育心理学研究, 51, 230-238.

▷2　家近早苗・石隈利紀(2007). 中学校のコーディネーション委員会のコンサルテーションおよび相互コンサルテーション機能の研究——参加教師の体験から　教育心理学研究, 55, 82-92.

子，保護者からの聞き取りによる家庭での様子などの情報を把握し，問題状況について整理します。ステップ4では，事例に関してよりよい対応や解決の方策について検討します。これらの情報の収集から方針の決定，実行，評価を循環的に行うことによって，学校の問題に対して継続的な話し合いと援助の継続が可能になります。

○コーディネーション委員会の4つの機能

以上のようなプロセスで話し合いを進めることで，コーディネーション委員会は，①異なる専門性をもつスクールカウンセラーや教師等が協力し合いながら問題解決を行うコンサルテーションおよび相互コンサルテーション機能，②学校全体としての取り組みとして，生徒に対する効果的な援助や情報の提供を行う，学校・学年レベルの連絡・調整機能，③共有された援助方針をそれぞれの援助チームに伝えるチーム援助の促進機能，④管理職が参加することによって，校長の意思伝達や教職員との連携がはかられることによる，マネジメントの促進機能などを発揮することが明らかになっています（図V-6）。

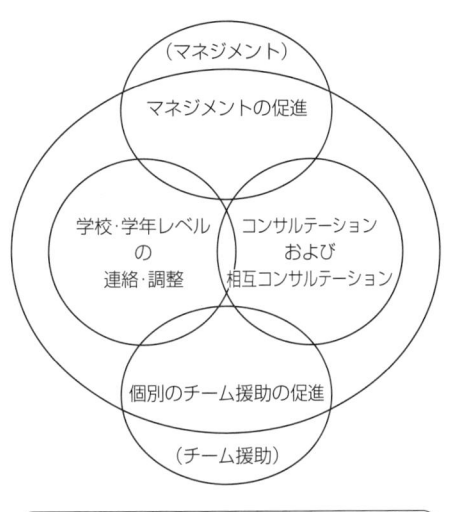

図V-6 コーディネーション委員会の4つの機能
出所：家近・石隈（2003）より。

3 コーディネーターの役割

コーディネーション委員会が，その機能を十分に発揮するためには，話し合いの進め方にも工夫が必要であり，コーディネーターの役割は重要です。

コーディネーターは，委員会の司会進行を務めると同時に事前の準備を行います。話し合いがより効果的に進められるような資料の準備，学校行事との兼ね合い，参加者の負担の少ない時間の設定や場所の確保など，学校の実情にあわせて計画することは参加者の負担や抵抗を軽減する働きをします。

また，話し合いのなかでは，1人の教師の負担が重くなることや，意見の食い違いによってメンバー間に葛藤の場面が起こる場合があります。そのような時にコーディネーターは，話し合いを進行すると同時に，話し合いの場のコーディネーションを行わなければなりません。参加者が嫌な気持ちになっていないか，特定の者ばかりが発言していないかなど，話し合いの場のバランスを考えながら進行します。

コーディネーターがこれらのことに配慮しながら話し合いを進められるかどうかは，学校の問題について同僚の教師と一緒に考えることへの抵抗や，コーディネーション委員会への参加意欲にも影響を与えます。

（家近早苗）

コラム7

自分のアセスメント

　人の援助に関わるヘルパーは、自分がどんな状態にいるのかを常に把握しておくことが必要です。自分の状態が被援助者（子ども）の理解や援助に影響します。ヘルパーは自分を把握するスキル、つまり自分のアセスメントを行うスキルが必要です。

1　自分の感情のモニタリング

　いわゆる、「手を焼く子ども」が学級にいて顔が思い浮かぶかもしれません。こうした子どもに対して自分がどのような気持ちで援助しているかを知ることはとても大切です。手を焼いているわけですから、怒り、いらだち、無力感という否定的な感情を感じているでしょう。それとともに、放っておけない、憎めない、いいところもあるという肯定的な感情もあると思います。こうした感情を自覚することが大事です。その方法として、チーム援助会議を活用できないでしょうか。チーム援助会議で、自分が受けもつ子どものケースを報告したり、そのための記録を整理したりすることで、自分の子どもに関する感情を整理する冷静さを取り戻すことができます。これが自分のアセスメントにつながります。

2　自分の心身の状態のモニタリング

　ヘルパーは自分の心身の状態がどのような状態になると、子どもを客観的に見られなくなるかということを知っておくと良いでしょう。感情的で一方的な指導を行った教師はみんな、「こうすべきではなかったが、口をついて出てしまった」などと報告してくれます。

たとえば、別室に不登校の子どもがいる場合、子どもが勉強に集中していなくても、「登校できている部分を大切にしながら、援助していこう」という気持ちになります。しかし、教師自身が疲れていたり、他の仕事で手がいっぱいであると、子どもに対して感情的になります。別室で不登校の生徒に対して、「こんな風に、特別な部屋をあなたにはあてがっているのだから、もう少し勉強しなさい」などと教師の本意に反して言ってしまうことがあります。心身の状態をモニターしておくことが大切です。

3　自分のビリーフ（認知の特徴）を知る

　教師自身のビリーフを知ることが大切です。ビリーフとは「自分は教師としての役割を完璧にこなさないといけない」、「自分は教師として失敗があってはならない」などの価値観を意味します。あまりに完璧主義で、「〇〇しなければならない」というビリーフをもっていると自分を追い込んでしまい、余裕がなくなります。

4　自分自身の援助資源を知る

　心身の状態をモニタリングし、自分が予想以上に疲れていたり、困難な問題を抱えていたら周囲に相談することが大切です。援助を求めるためには、自分の周囲の援助資源を知ることが大切です。子どものことを相談できる人、プライベートのことまで話を聞いてくれる人など、援助資源を知っておくと安心です。

（水野治久）

コラム8

援助者が燃え尽きないために

保護者，教師，そして子どもに関わるすべての援助者が，子どもたちを援助するのに大切な役割を担います。援助者は，自分のことは二の次にして，子どものことを第一に考えがちです。だからこそ，援助者が自分自身の反応を観察し，自分のニーズを満たすことが，自分のメンタルヘルスを維持するために必要です。そうしなければ，燃え尽き症候群に陥って，子どもと関わる役割の妨げとなってしまいます。燃え尽き症候群は，対人援助サービスに関わる人に多いとされ，久保(2007) は，今まで普通に仕事をしていた人が急に，あたかも「燃え尽きたように」意欲を失い，休職，ついには離職してしまうことが報告されると指摘しています。子どもたちの援助をしながら，援助者自身の心の安定を支えるためにできることとして，代表的な10のポイントをあげます。

① 自身の限界を知り，自分が無理なくできることと無理しないとできないことを知る。
② 1人でがんばらない。だれかと行動する。できればチームで行動する。
③ 子どもとの関わりで，不安になったり，迷ったりするのは自然であり，教育やカウンセリングの専門家にとってもよく起こるものだと理解する。
④ 子どもへの援助が大変な時でも，普段どおりの日課（特に運動や食事，就寝の時間）を続ける。その時の痛みを和らげるのを助けてくれる，信頼できる友人か家族と関わる。
⑤ 援助している子どもが苦戦している時や危機状況にいる時でも，自分が楽しむことを悪いと思わない（たとえば買い物をする，友人と外食をする等）。
⑥ 健康的な食事の習慣を保ち，水をたくさん飲む。
⑦ どんなに忙しくても，少なくとも数時間ごとには，定期的な休憩を入れる。
⑧ 1日の終わりに時間をとって，別の援助者や仲間とその日のできごとを振り返ったり，報告したりする。自分の実践を記録しながら，意味づけすることが大切。
⑨ できるだけ質の良い睡眠をとる。できれば，眠るためにアルコールに頼らない。眠れない時は，医師に相談する。
⑩ 「ちいさな一歩」をお祝いする。自分が前に向かって進んでいることを確かめることが，メンタルヘルスを保つ力になる。

そしてキーワードはこれです。
「自分自身」にもやさしく，「他者」にもやさしくする。

（石隈利紀）

参考文献

久保真人 (2007). バーンアウト（燃え尽き症候群）——ヒューマンサービス職のストレス　日本労働研究雑誌, **558**, 54-64.

日本学校心理士会「東日本大震災　子ども・学校支援チーム」(2011). 震災における子ども・学校のサポート——教師や保護者へのヒント (http://gakkoushinrishi.jp/)

VI 3段階の心理教育的援助サービス

1 3段階の心理教育的援助サービスとは

① 促進的援助サービスと予防的援助サービス

近藤（1994）[1]は，すべての児童生徒に対する援助サービスには，「促進的援助」（対人関係・学習・問題対処などのスキルを伸ばす援助をすること）と「予防的援助」（学校生活における困難を予測し，事前に援助すること）の2つがあると述べています。学校心理学は，**コミュニティ心理学**[2]の**3段階の予防的介入モデル**[3]を援用して，学校における児童生徒の援助ニーズの大きさを3段階に分類し，各段階に応じた心理教育的援助サービスの内容を整理しています。以下，石隈（1999）[4]の3段階の心理教育的援助サービスのモデルを紹介します（図VI-1）。

② 1次的援助サービスとは

1次的援助サービスは，児童生徒が発達上や教育上の課題を遂行するうえでもつ援助ニーズに対応します。すべての児童生徒は課題に取り組むうえで何らかの援助を必要としています。学校教育において教師は，**指導サービス**[5]と**援助サービス**[6]を通して，すべての児童生徒の課題遂行を促進しています。一人ひとりの児童生徒のもつ援助ニーズの大きさは，異なります。そこで，1次的援助サービスは，対象とする母集団（例：学校・学年・学級）のすべての児童生徒がもつと思われる基礎的な援助ニーズや多くの児童生徒が共通にもつと考えられるニーズに応じることをめざします。

たとえば，児童生徒の対人関係スキルの開発を援助することは，現代の学校教育の重要な役割であり，典型的な心理・社会面の1次的援助サービスと言えます。具体的な学習方法として，**構成的グループエンカウンター**[7]などがあります。また，学習意欲を高める授業も学習面の1次的援助サービスになります。たとえば，クラスの児童生徒が努力をすれば全員が満点を取れるようなテストを実施したり，学習意欲の向上をねらいとした授業を学期に数回実施してみるなどの工夫も一案でしょう。

③ 2次的援助サービスとは

児童生徒が，登校をしぶったり，学習意欲をなくしたり，友人関係で苦戦しはじめたりなど，特別な配慮や援助が必要な状況が生まれる場合があります。また，転校や帰国など生活の変化，家庭環境の変化（両親の離婚・再婚，弟や妹

▷ 1 近藤邦夫（1994）．教師と子どもの関係づくり――学校の臨床心理学　東京大学出版会

▷ 2 コミュニティ心理学
⇒ II-3 参照。

▷ 3 3段階の予防的介入モデル
キャプランらは，公衆衛生学から予防の概念を取り入れて，「1次予防」「2次予防」「3次予防」の介入モデルをつくった。1次予防とは，人々が精神性疾患を発症したり，不適応を起こすのを予防すること。2次予防は，精神的障害や不適応を起こした人々がそれを悪化させたり，長引かせたりしないように行われる早期発見と早期援助のこと。3次予防は，精神障害や不適応のある人々が，社会とのつながりを取り戻すことへの援助で，生活支援，障害の治療，障害によるハンディキャップの軽減，リハビリテーションなどを指す。

▷ 4 石隈利紀（1999）．学校心理学――教師・スクールカウンセラー・保護者のチームによる心理教育的援助サービス　誠信書房

▷ 5 指導サービス
児童生徒が成長するうえで必要な知識や能力を獲得できるように指導する教育活動のこと。

の誕生）で悩みをもつ児童生徒などは，危機に陥る可能性があります。これらの児童生徒の援助ニーズは，1次的援助サービスだけでは不十分です。2次的援助サービス，つまり援助ニーズの大きい一部の児童生徒の問題状況に対して行われる予防的サービスが必要です。学級担任や教科担任の教師は，このような援助ニーズの大きい児童生徒を早期に発見し，タイムリーに援助を開始する必要があります。具体的には，気になる生徒に声をかける，気になる生徒の宿題を丁寧に見て適切な評価と助言をフィードバックするなどの実践を通して，自尊心を傷つけないように配慮しながら，学習意欲の維持を援助することも1つのアイデアです。

また，児童生徒の問題状況の兆候の発見（例：虐待されている児童生徒の発見）には養護教諭や保護者も大きな働きをします。そのため，学級担任は養護教諭や保護者と定期的に連絡を取る必要があります。2次的援助サービスにおいては，スクールカウンセラーも重要な役割を果たします。スクールカウンセラーは，教師や保護者が発見した「気になる児童生徒」への援助についてコンサルテーションを行います。スクールカウンセラーが学校にいることにより，2次的援助サービスをより充実させることができます。

❹ 3次的援助サービスとは

長期欠席，いじめ，障害，非行などの問題状況により，特別な援助が必要な児童生徒がいます。3次的援助サービスの目的は，このような重大な援助ニーズをもつ「特定の児童生徒」が，自分のもつ強さ（自助資源）や周りの援助資源を活用しながら，発達上や教育上の課題に取り組み，さまざまな問題に対処しながら学校生活を送れるように援助することです。たとえば，ADHDやLDなどの発達障害のある児童生徒は，発達上や教育上の課題の遂行に特別の援助を必要としています。このような障害のある児童生徒に対する「個別の指導計画」に基づく教育は，典型的な3次的援助サービスと言えます。3次的援助サービスの対象である児童生徒は，学級担任だけではなく，学校内外のさまざまな援助者からの多角的な援助サービスを必要としています。また，教室だけはなく保健室や相談室，**教育支援センター（適応指導教室）**や**特別支援学級**など，さまざまな援助サービスの場も必要とします。3次的援助サービスは，チームによる指導・援助と学校外の関連機関との連携が特に重要になります。

（田村修一）

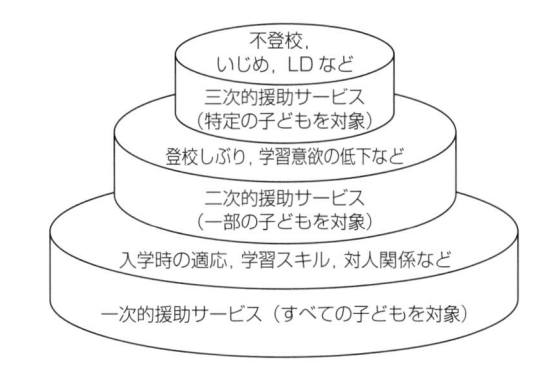

図VI-1　3段階の心理教育的援助サービス，その対象，および問題の例

出所：小野瀬雅人（2004）．学校心理学の方法　福沢周亮・石隈利紀・小野瀬雅人（編）学校心理学ハンドブック――「学校の力」の発見　教育出版　p. 14.

▷ 6　援助サービス
子どもが学校生活を通して，発達する人間として，そして児童生徒として課題に取り組む過程で出会う問題状況の解決を促進することを目的とした教育活動のこと。

▷ 7　構成的グループエンカウンター
⇨ VII-11 参照。

▷ 8　教育支援センター（適応指導教室）
市区町村の教育委員会が，長期欠席をしている不登校の小中学生を対象に，学籍のある学校とは別に公的な施設のどこかに部屋を用意し，そこで集団生活への適応，情緒の安定，基礎学力の補充，基本的生活習慣の改善等のための相談・適応指導（学習指導を含む）を行い，学校復帰や社会的自立を支援するもの。

▷ 9　特別支援学級
小学校，中学校，高等学校および中等教育学校に，教育上特別な支援を必要とする児童および生徒のために置かれた学級のこと。学校によって，なかよし学級，ひまわり学級など，さまざまな名称がつけられている。

VI 3段階の心理教育的援助サービス

2 1次的援助サービス①
授業づくり

▷ 1 市川伸一 (2004). 学ぶ意欲とスキルを育てる——いま求められる学力向上策 小学館

▷ 2 メタ認知
人間が自分自身を認識する場合において、自分の思考や行動そのものを対象として客観的に把握し認識すること。

▷ 3 習得サイクル
既存の知識や技能を身につける学習のこと。予習をして疑問をもって授業にのぞみ、授業で教師の話を聞いて理解していく。さらに、復習をして学習の定着をはかり、次の予習へと進むというような学習のこと。

▷ 4 探究サイクル
授業のなかで何かおもしろい話題に触発され、子どもたちが自ら新しい学習課題を設定して、それを追究していくという学習のこと。子どもたちが、めいめいに作成した観察メモ、レポート、ポスターなどの作品や学習成果をクラスのみんなで共有したり、子ども同士の討論や教師からの助言に触発されて、課題の追究をさらに深めていくような学習のこと。

▷ 5 石隈利紀 (1999). 学校心理学——教師・スクールカウンセラー・保護者のチームによる心理教育的援助サービス 誠信書房

近年、子どもたちの「学力低下」が社会問題化し、さまざまな人々が色々な観点から学力論を展開しています。大人になった時に自立して生きていけるだけの必要最低限の基礎的学力を身につけることを促進することは、すべての子どもがもつ援助ニーズであると言えます。したがって授業づくりは1次的援助サービスの中核となります。その際、「学力」とは何か、また、「学習面の援助サービス」とは何かについて、よく吟味する必要があります。

1 学習面の援助サービス——何を援助するのか

認知心理学の観点から市川 (2004)[1]は、「学力」を「学んだ力としての学力」と「学ぶ力としての学力」の2つに分けて捉えています。「学んだ力としての学力」とは、読解力、論述力、討論力、批判的思考力、問題解決力、追究力などを指します。一方、「学ぶ力としての学力」は、学習意欲、知的好奇心、計画を自分で立て学習を進めていく力、学習方法をレパートリーとしていろいろもち臨機応変に使っていける力、勉強する時の集中力や持続力、メタ認知[2]能力、コミュニケーション能力などを指しています。そして、学校教育で行われる学習には、「**習得サイクル**[3]」と「**探究サイクル**[4]」の2つの学習サイクルがあり、学校教育はこの2つの学習サイクルをある程度計画的に、またバランス良く構成し展開する必要があると述べています。また、学校心理学の観点から、石隈 (1999)[5]は、児童生徒に対する学習面の1次的援助サービスとして、①学習意欲の喚起、②学習習慣の指導・援助、③学習スキルの指導・援助、④自己の学習状況把握の指導・援助、⑤学習計画の指導・援助などをあげています。つまり、市川 (2004) も石隈 (1999) も、学力を多角的に捉えており、それに伴う教師の学習面における1次的援助サービスも多角的に行わなければならないことを指摘しています。

これらのことから、教師が行う学習面の援助サービスは、知的好奇心を刺激し、教科内容がよく理解できるような「楽しくわかりやすい授業」を準備し実施するだけでは不十分だと言えます。つまり、効果的な学習スキルの獲得や家庭学習の習慣の定着などをめざした教師の援助サービスも必要になります。「予習」→「授業」→「復習」という学習サイクルを視野に入れた多角的な学習面の援助サービスを教師は心がける必要があります。

2 対話のある授業——授業のなかでの「ルール」と「ふれあい」

　國分・大友（2001）▷6は，1次的援助サービスの基盤となる「対話のある授業」を提唱しています。そして，対話のある授業の特徴について，①おもしろくて，ためになり，学問的背景が取り入れられた授業，②児童生徒同士のシェアリング▷7が取り入れられた授業，③インフォームド・コンセント▷8が導入に用いられた授業，④ワークショップ▷9や体験学習が可能な限り取り入れられた授業，⑤時折，授業の内容・方法について児童生徒からのフィードバック▷10を求める授業の5点をあげています。①については，教師の深い学識が児童生徒の知的好奇心を刺激し，学習意欲を高める効果が期待できます。②については，児童生徒同士の話し合いを通してコミュニケーション能力や多角的な思考力が伸長することが期待でき，また話し合いのなかから新たな気づきが生まれ，学習内容の理解が深まる可能性があります。③については，授業とは一方的に教師が児童生徒に対して知識を注入することではなく，教師と児童生徒が双方向で互いの意見や考えを交換しあうなかで，より深い学びが成立することを意義づけることができるでしょう。④については，授業のなかで単なる知識や技能を習得するだけではなく，問題発見や問題解決能力，人間関係スキルやコミュニケーション能力も併せて培うことが期待できます。⑤については，教師が時々フィードバックのための用紙を準備しておき，児童生徒から自分の授業に関する意見や感想を書いてもらうことで，今後の自分の授業改善に活用することができます。

3 「総合的な学習の時間」の指導・援助

　1次的援助サービスの機会となる「総合的な学習の時間」は，学校教育にかなり定着した感があります。しかしながら，教科書があるわけではなく，学習内容が教師の専門領域とは異なっていることも多く，いまだに指導・援助に苦戦している教師も多いようです。このようななか，「総合的な学習の時間」の指導・援助に関する学校心理学的研究の成果も少しずつ報告されはじめています。たとえば，田村（2004）▷11は，児童生徒の「総合的な学習の時間」に関する学習意欲を高める要因を検討し，児童生徒が主体的にテーマや追究方法を決め，「実地調査」「体験学習」「作品づくり（学習成果の発表）」の楽しさが学習意欲を向上させると報告しています。また，飯田・石隈（2002）▷12は，「総合的な学習の時間」のように集団での学習場面が多い場合，学習能力に問題はなくても集団学習が苦手な児童生徒の場合には，苦戦する可能性があることを指摘しています。学習を効果的な心理教育的援助サービスにするためには，教師が問題解決学習や小集団学習の効果的な手法を知っておく必要があります。

（田村修一）

▷6　國分康孝・大友秀人（2001）．授業に生かすカウンセリング——エンカウンターを用いた心の教育　誠信書房

▷7　シェアリング
構成的グループエンカウンターの「エクササイズ」後に，グループ内で参加者が感じたことや考えたことを互いに言い合うこと。

▷8　インフォームド・コンセント
正しい情報を伝えられたうえでの合意のこと。たとえば，医者が患者に対して治療内容を丁寧に説明したうえで，患者が医者の治療方針に合意することなどの用語として使われる。

▷9　ワークショップ
ファシリテーターと呼ばれる進行役を中心に，参加者全員が自発的に作業したり発言をすることで，創造性や問題解決能力を育てる学びの形態のこと。

▷10　フィードバック
自分または第三者が相手をどう見ているかという情報を与えること。

▷11　田村修一（2004）．中学生の「総合的な学習」における教師の指導・援助に関する研究——学習動機とその関連要因に焦点をあてて　学校心理学研究，4, 27-35.

▷12　飯田順子・石隈利紀（2002）．中学生の学校生活スキルに関する研究——学校生活スキル尺度（中学生版）の開発　教育心理学研究，**50**, 225-236.

Ⅵ 3段階の心理教育的援助サービス

3 1次的援助サービス②
行事・課外活動づくり

1 「学校行事」や「課外活動」の教育的効果

　行事や課外活動はすべての子どもの成長を促進する1次的援助サービスです。筆者は，かつて中学校教師をしていた経験があります。時折，開かれる同窓会で卒業生たちが多く話題にするのは，運動会や文化祭にまつわる学校行事や部活動の思い出です。「学校行事や部活動の教育的効果は？」と問われた場合に，短期間では「このような効果がありました」と明確に示すことは難しいのですが，児童生徒たちに何らかの影響を与えているのは確かだと思われます。昨今，学校現場では，学力向上や学校のスリム化，行事の精選の名目で，学校行事が大幅に削減される傾向にあります。そのような状況のなかでも，学校行事の教育的効果の重要性を認識し，熱心に指導している教師も大勢います。教育行政は，学校行事や課外活動の教育的効果について，実証的な検討をする必要があります。そして，学校行事や課外活動を精力的に展開している学校や教師，また児童生徒にもっとサポートをしても良いのではないでしょうか。

2 学校レベルでの1次的援助サービスとしての「学校行事」

　すべての児童生徒が参加して行われる「学校行事」は，学校レベルで行われる1次的援助サービスと言えます。たとえば，文部科学省（2008）[1]の中学校学習指導要領解説・特別活動編によれば，学校行事は特別活動の1つとして示されており，その目標として「学校行事を通して，望ましい人間関係を形成し，集団への所属感や連帯感を深め，公共の精神を養い，協力してよりよい学校生活を築こうとする自主的，実践的な態度を育てる」と示されています。この目標は，まさしく学校心理学の心理・社会面における1次的援助サービスの内容と一致します。

　学校行事は，①「儀式的行事」：入学式，卒業式など，②「文化的行事」：文化祭，学芸会，合唱コンクール，伝統芸能・芸術の鑑賞会など，③「健康安全・体育的行事」：健康診断，避難訓練，運動会，球技大会など，④「旅行・集団宿泊的行事」：遠足，移動教室，修学旅行など，⑤「勤労生産・奉仕的行事」：職場見学，職場体験，校内の美化活動，地域のボランティア清掃などの5つに分類されています。このような「学校行事」を教師が効果的に指導・援助するポイントは何でしょうか。

▶ 1　文部科学省（2008）．中学校学習指導要領解説・特別活動編　ぎょうせい

表Ⅵ-1　係活動の集団体験の個人プロセスモデル

水　準	係集団の発展と担任教師の援助・介入
①導　入	学級集団として形成途中での係集団の導入。係集団の構成，リーダー選出，活動方針・計画の決定。
②不満足・葛藤	やがて思うとおりに作業が進まなかったり，メンバー同士の考え方に対立が生まれるグループが出現。その際，教師は不満足・葛藤を抱えたグループに注目。しかし，できるだけ自主性を重んじ，児童生徒自身での解決を待つ。グループの作業の進行状況を確認し，教師の援助が必要と判断した場合には，児童生徒の相談に応じるなどの援助・介入を行う。
③解決・協同	児童生徒たちは，不満足・葛藤場面を何とか克服。この時，児童生徒の認知の再構成（不満足・葛藤の原因となった出来事や班のメンバーに対する理解の変化）が行われる。
④終結・意味づけ	最終的に学級劇の一連の活動を自分なりに意味づけ，今後の活動への意欲を高めることが可能になる。

出所：樽木（2004），pp. 87-98 の記述内容を簡略化し表に改変した。

3　「学校行事」における教師の指導・援助サービスのポイント

　鹽谷ほか（1999）[2]は自分の学校で実施されている3つの学校行事である「文化祭」「旅行的行事」「合唱コンクール」が，生徒の人格形成に及ぼす効果を中学1年生～高校3年生を対象に検討しています。その結果，これらすべての学校行事が生徒の「責任感の育成」に影響を与え，旅行的行事は「友人との親密な関係づくり」「学級への所属感」に，文化祭は「学級集団の連帯感」に影響を与えていると報告しています。

　また，樽木（2004）[3]は，中学校の文化祭で生徒たちに学級劇活動に挑戦させ，学級集団や学級の成員がどのように変容していくのか，また，教師の児童生徒に対するどのような働きかけが有効なのかについて詳細に検討しています。その結果，学級劇活動（学級のすべての成員が，劇の成功という同じ目標をめざして，出演者・大道具係などの10人程度からなる係集団に分かれて「分業的協同」を中心とする活動）には，4つのプロセスがあると報告しています（表Ⅵ-1）。

　このように学校行事は，児童生徒の集団活動の場面が多くなります。日常の狭い仲間同士の集団から，さまざまな級友と一緒に活動しなければなりません。そこに，人間関係の葛藤や意見の対立が生まれます。そうなれば，学校行事の活動自体が楽しいものではなくなり，苦痛すら感じるかもしれません。このような場面に直面した時，教師のタイムリーで適切な援助が役に立ちます。教師の適切な指導・援助によって，葛藤場面や不満足な状態を克服する体験ができれば，児童生徒にとって大きな自信になります。また，自己理解と級友などに対する他者理解も深まります。逆に，不満足・葛藤場面に対して教師が適切な援助や介入を行わなかった場合には，負の自己理解や負の他者理解が深まる可能性があります。学校行事は，児童生徒の自主的な態度や活動を重視しますが，教師によるタイムリーで適切な指導・援助があってはじめて，その教育効果を上げることができます。

（田村修一）

[2] 鹽谷健・岡﨑勝博・入江友生ほか（1999）．学校行事が生徒の人格形成に及ぼす影響について（4）集計・課題　筑波大学附属駒場中・高等学校研究報告, 38, 209-221.

[3] 樽木靖夫（2004）．学級集団づくりへのコンサルテーション　学会連合資格「学校心理士」認定運営機構（企画・監修），岡田守弘ほか（編）学校心理士の実践——中学校・高等学校編（講座「学校心理士——理論と実践」第4巻）北大路書房　pp. 87-98.

VI 3段階の心理教育的援助サービス

4 1次的援助サービス③ 学校生活スキルを育む

1 学校生活スキルとは

不登校やいじめの問題に見られるように学校生活で苦戦している子どもは少なくありません。そのようななか，大きな問題の発生を未然に防ぐ予防的アプローチ（1次的援助サービス）の重要性が高まっています。学校生活スキルとそのトレーニングは，そのような予防的アプローチの1つです[1]。学校生活スキルは，子どもたちが学校生活を効果的に送るために必要となる具体的な行動のことです。飯田・石隈（2002）[2]は，中学生や中学校教師を対象にいくつかの調査を行い，学校生活スキルに含まれる具体的な行動を集めながら，それらが大きく5種類に分かれることを明らかにしました（表VI-2）。そして，これらのスキルが低い中学生は，自尊感情や自己効力感，学業成績が低い傾向にあること，高いストレス反応を示していること，不登校や引きこもり，反社会的な行動にもつながる可能性が示されています。つまり，学校生活スキルを育てることは，こうした問題の予防につながると考えられます。

現在では，小学生の学校生活スキル[3]，高校生の学校生活スキル[4]の内容も研究されています。

2 学校生活スキルを育てるには

学校生活スキルを育てるには，以下の4つのステップがあります[5]。

【ステップ1：スキルの提示】
これから学習するスキルがどんな場面で役に立つのか，その不足がどんな問題を引き起こすのかを説明して，学習に対する動機づけを高めます。

【ステップ2：モデリング】
これから学習するスキルのやり方を，先生が具体的にやって示し，その行動に含まれる，より細かい行動や実行の仕方を示します。

【ステップ3：行動リハーサル】
ロールプレイ，グループディスカッション，ワークシートなどを活用し，子どもにスキルを繰り返し練習する場を提供します。

【ステップ4：フィードバックと強化】
子どもが実行した行動に対して，うまく実行できた場合にはほめ，そうでない場合には具体的なアドバイスをします。ほめることは，学んだ行動を使って

▷1 予防的なアプローチの1つにライフスキル教育（WHO, 1994）がある。ライフスキルとは，「日常生活で生じるさまざまな問題や要求に対して，建設的かつ効果的に対処するために必要な能力」とされている。以下の基本的な5セット10スキルがある。
(1)意思決定・問題解決
(2)創造的思考・批判的思考
(3)効果的コミュニケーション・対人関係スキル
(4)自己意識・共感性
(5)情動への対処・ストレスへの対処
World Health Organization (1994). *Life skills education in schools.* University Microfilms International.

▷2 飯田順子・石隈利紀（2002）．中学生の学校生活スキルに関する研究──学校生活スキル尺度（中学生版）の開発 教育心理学研究, **50**, 225-236.

▷3 山口豊一・飯田順子・石隈利紀（2005）．小学校の学校生活スキルに関する研究──学校生活スキル尺度（小学生版）の開発 学校心理学研究, **5**, 49-58.

▷4 飯田順子・石隈利紀・山口豊一（2009）．高校生の学校生活スキルに関する研究──学校生活スキル尺度（高校生版）の開発 学校心理学研究, **9**, 25-36.

表Ⅵ-2　学校生活スキルの種類

スキルの種類	スキルの説明	具体的なスキルの例
自己学習スキル	自分で行う学習に関するスキル	・勉強をするために家で机にむかうことができる ・自分に合っていると思える勉強法がある
進路決定スキル	進路決定に必要な意思決定スキルや問題解決スキル	・将来役に立ちそうな、のばすべき自分の才能が何であるか考える ・どのような仕事につきたいか決めたなら、それにつくためにはどうしたら良いか調べる
集団活動スキル	人と関わるスキルのなかで、特に集団活動の際に必要となるスキル	・集団で行動する時、自分の番がくるまで待つことができる ・相手の立場にたって考えてみることができる
コミュニケーションスキル	人と関わるスキルのなかで、特に同年代の友人や異性とのコミュニケーションに関するスキル	・友達に自分の考えを打ち明けたい時、どう表現すればよいのかわかる ・友達が気持ちを打ち明けた時、何て言ってあげたらいいのかわかる
健康維持スキル	健康維持に関わる自己統制に関するスキル	・疲れを感じた時、しっかり休むことができる ・心とからだをリラックスさせる方法をいくつか知っている

みようという子どもの動機づけを高めます。

3 学校生活スキルトレーニングの実際

いくつかの学校生活スキルトレーニングの実践が行われています。たとえば、飯田・石隈 (2001)[6] は、中学1年生を対象に、アサーション・トレーニングを参考にした3種類のコミュニケーションの講義とロールプレイからなる授業を実施し、コミュニケーションスキルが有意に高まったことを報告しています。一方、授業前の自己効力感（自分に対する自信）が低い生徒は、授業のなかでの参加の程度が低く、授業後のアンケートでもスキル得点の上昇が見られませんでした。このことは、学級を対象にスキル学習を実践する際、援助者が最もスキルを学んでほしいと願う児童生徒は、グループ活動に参加できず効果が低いというパラドックスが生じていることを意味しています。あらかじめスキルが低い児童生徒を把握し、授業内で個別配慮をすることや、授業終了後別の機会を設けてさらにスキルの定着をはかることの重要性が示されています。

また、飯田 (2010)[7] は、中学1年生を対象に、欧米のスタディスキルの研究を参考に作成した「プラス15分学習」の授業を実施し、自己学習スキルが有意に上昇したことを報告しています。また、家庭での時間の過ごし方の変化や利用している勉強方法の記述数の増加も報告されています。さらに、参加者全体の半数近くが、勉強に対するイメージがポジティブに変化していました。ただし、予測された学業成績の向上が示されなかったことから、学習されたスキルが日常生活のいろいろな場面で実際に用いられること（スキルの般化）や長期にわたって活用されること（スキルの維持）を促す取り組みの重要性が示されています。

（飯田順子）

▷ 5　これら4つのステップに加え、スキルトレーニングで重要なステップとしてスキルの「般化」と「維持」を目的とした活動がある。般化とは、学習されたスキルが、トレーニング場面以外で活用されることを言う。維持とは、学習されたスキルが長時間子どもによって保持されることを言う。般化と維持を促進するため、宿題を出したり、フォローアップセッションを設け、日常生活で学習したスキルを使うことを励ますなどを行う。

▷ 6　飯田順子・石隈利紀 (2001). 中学校における学級集団を対象としたスキルトレーニング──自己効力感がスキル学習に与える影響　筑波大学心理学研究, 23, 179-185.

▷ 7　飯田順子 (2010). 中学生のスタディスキルの育成の試み　学校心理学研究, 10, 3-15.

Ⅵ 3段階の心理教育的援助サービス

5 1次的援助サービス④ 移行期の支援

1 移行期における児童生徒への支援の意義

学校生活では,「入学」「進級」「クラス替え」「班替え」「担任の交代」「卒業」など,さまざまな移行があります。それらの移行に伴い,児童生徒のなかには不安・混乱・怒りなどの感情がわき起こり,それが危機の引き金になることがあります。移行期での危機の予防は1次的援助サービスの柱となります。たとえば,幼稚園で比較的自由に過ごしていた子どもにとって,「小学校への入学」は挑戦的な課題となります。30人を超える学級集団のなかで45分間,教師の指示のもとに学習活動に参加しなければなりません。つまり,小学校の生活では,幼稚園や保育所で認められていた自発的な遊びや活動が押さえられ,集団的な活動を強制されます。「小1プロブレム」と呼ばれる授業が成立しない状況は,このような移行に伴う児童の危機が関連していることがあります。しかしながら,学校生活の移行期に上手く適応できない児童生徒に対して,どの程度の問題行動であるかを判断する時には,援助者としての教師の対処能力や寛大さ,耐性が影響します。児童生徒は困っていないが,授業を進める教師が困っている場合もあります。そのため,移行に伴う児童生徒の問題行動に対処する場合は,冷静なアセスメントに基づいた適切な教師の関わりが求められます。

2 「移行」に伴う危機と援助

昨今,「幼小連携」「小中連携」「中高連携」「高大連携」などのように,学校生活の移行に伴う児童生徒の危機を予防するために,隣接する段階の学校間連携が重要視されています。そのなかでも,とりわけ不登校やいじめなどの問題が多発している「中学校への入学」に焦点をあて,「小中連携」および生徒の危機に対する教師の望ましい援助について考えてみましょう(表Ⅵ-3)。

○中学校への入学に伴う不安

小学校と中学校の違いをあげてみると,①学校規模の相違(中学校は通学区域が広がり,生徒数も多くなる),②学級担任制から教科担任制へ,③学習内容の高度化,④単元ごとのテストから定期考査へ,⑤標準服の着用義務,⑥頭髪などの制限,⑦部活動への参加,⑧最上級生から最下級生へなど,学校生活のあり方が大きく変化します。このような学校環境の変化に対し,中学校に入学して

▷ 1 石隈利紀 (1999). 学校心理学——教師・スクールカウンセラー・保護者のチームによる心理教育的援助サービス 誠信書房

▷ 2 Ingraham, C. (1988). Self-esteem, crisis, and school performance. In J. Sandoval (Ed.) *Crisis counseling, intervention, and prevention in the schools.* Lawrence Erlbaum Associates.

▷ 3 小1プロブレム
入学したばかりの小学1年生が,集団行動ができなかったり,授業中にじっと座っていられなかったり,教師の話を集中して聞けないなどの状態が数か月継続する状態のこと。

▷ 4 Reynolds, C. R., Gutkin, T. B., Elliot, S. N. & Witt, J. C. (1984). *School Psychology: Essentials of Theory and Practice.* John Wiley & Sons.

表Ⅵ-3　「移行」に伴う危機の予防：入学予定者や保護者への援助の実践例

中学校の公開	入学予定者やその保護者に対して，授業参観・体育祭・文化祭・部活動の試合などを公開し，学校のありのままの姿を知ってもらう。
児童と生徒の交流会	中学校の生徒が小学校を訪問し，入学予定者に対して中学校生活の紹介をしたり，ゲームを通した「ふれあい体験」の場をつくる。
中学校教師の出前授業	中学校の教師に対する抵抗感の低減と中学校の教科学習に対する興味・関心を喚起するねらいで，中学校の教師が小学校で出前授業をする。
中学校入学後のガイダンスの充実	移行に伴う不適応を予防する目的で，入学後の早い時期に集中的に，新入生に対して中学校生活で必要な学習面，心理・社会面，進路面，健康面に関するトータルな情報を提供する。
全員対象の面談の実施	入学後2週間位が経過した時期に，新入生全員対象の個別面談を実施する。移行に伴う適応の様子を確認し，困った時にはいつでも相談に応じる体制であることを知らせる。

くる新入生は，期待半分，不安半分といったところでしょう。これらの学校環境の変化は，何らかの形で生徒の心身の発達にも影響を与えます。

○**不安は，どこから来るのか**

昨今，ほとんどの中学校では入学前に，入学予定者やその保護者を対象にした入学説明会を実施しています。そして，中学校の教育方針や教育内容，特色などの全体像を大まかに説明し，情報を提供することによって，入学者や保護者の安心や学校に対する理解を促しています。しかしながら，「〇〇中学は荒れている」とか「△△中学の部活はあまりさかんではない」など，入学予定者や保護者の耳には，さまざまな人から色々な情報が入ってきます。入学前のため，その情報の真偽を自分で確かめることはできません。そのため，良くない情報は，入学予定者やその保護者の不安をあおることになります。

○**「小中連携」：中学校入学前の情報交換のための連絡会**

小学校から中学校へ移行する時，生徒を送り出す小学校側と受け入れる中学校側の教師の情報交換のための連絡会が開かれます。その際，中学校側が求める情報は，学習指導や生徒指導で特に注意を要する生徒の情報です。また，中学校では運動会や合唱コンクールなどのクラス対抗行事が多いため，学習成績だけではなく，運動や音楽の得意な生徒の情報も得て，クラス編成に偏りがないように努めます。これらの情報は，すべての新入生の学校生活を支える学級運営や学校運営に活用されます。しかしながら，小泉（2004）は連絡会の問題点を次のように指摘しています。①情報交換はすべて口頭で行われるため情報量が少ない。②参加している中学校側の教師は新入生の担任とは限らない。③小学校と中学校の教師間には不信感がある（小学校側：中学校では先入観なく指導をしてほしい，中学校側：マイナス情報でも必要な情報は伝えてほしい）。これらの問題を解決するためには，小中の教師間の日常的な連携を深め，入学後にも連絡会を設けるなどの工夫が望まれます。

（田村修一）

▶ 5　小泉令三（2004）．小学校・中学校間連携に関するコンサルテーション　学会連合資格「学校心理士」認定運営機構（企画・監修），岡田守弘ほか（編）学校心理士の実践──中学校・高等学校編（講座「学校心理士──理論と実践」第4巻）　北大路書房　pp. 62-73.

Ⅵ　3段階の心理教育的援助サービス

6　1次的援助サービス⑤
学校づくり

1　環境としての学校

　今，教育現場では不登校・いじめ・学力不振・非行・特別支援教育などのさまざまな課題に取り組むなかで，問題行動の事後対応だけではなく問題行動に至らせないための事前の指導・援助の重要性が叫ばれています。また，学校心理学では「環境の中の子ども」という視点を重視しています。児童生徒の学校生活がどのように展開していくかは，個人の要因もありますが，環境としての学校の要因も大きな影響を与えます。そのため，学校はさまざまな状況の児童生徒に対して，多様な指導・援助サービスが提供できるシステムを構築しておく必要があります。また，このような学校総体としての1次的援助サービス・システムの成否は，管理職と教職員の共通理解を基盤としたさまざまな援助サービスが，年間の授業計画や行事計画のなかに効果的に組み込まれているかどうかが鍵をにぎっています。

　たとえば，学校レベルでの1次的援助サービスとして，運動会，文化祭，修学旅行，移動教室，遠足，入学式，卒業式などのさまざまな学校行事があります。これらの学校行事は，子どもの課題への取り組み（例：友人関係の促進，集団活動への適応，保護者からの自立など）を援助できる良い機会になります。つまり，さまざまな学校行事を1次的援助サービスの観点から，適切な時期に計画・実施するなど，日常的な教育実践に活かすことがとても重要です。

　また昨今，児童生徒の対人関係スキルの開発を援助することも学校教育の重要な役割になってきました。児童生徒の対人関係スキルは，自己理解と自己受容，不快・不安・怒りの対処などの心理面での発達課題と，自己表現，他者理解と他者受容，援助の活用などの社会面での発達課題への取り組みの鍵をにぎります。さらに，対人関係スキルの促進は，学校への適応など教育上の課題への取り組みも促進します。対人関係スキルの向上をめざした具体的な教育の進め方については，たとえば，道徳，特別活動，教科学習（例：国語・社会・保健体育など）を活用して，**構成的グループエンカウンター**や**アサーション・トレーニング**などの手法を取り入れた集団活動を実施するなどの方法があります。

2　学校の援助サービス・システムの改善のための視点

　学校教育を指導サービスと援助サービスに分けた場合，現在の学校では，指

▷1　石隈利紀（1999）．学校心理学——教師・スクールカウンセラー・保護者のチームによる心理教育的援助サービス　誠信書房

▷2　構成的グループエンカウンター
⇨ Ⅶ-11 参照。

▷3　アサーション・トレーニング
対人関係のなかで不本意に自分を押し殺して後悔してしまったり，反対に感情的，攻撃的になって後味の悪い思いをもたないように自己表現するにはどうしたらよいかを考え，身につけていくトレーニングのこと。
平木典子（1993）．アサーション・トレーニング——さわやかな自己表現のために　日本・精神技術研究所

導サービス中心の教育課程とそれをもとにした年間計画が立てられていることがほとんどでしょう。そのため，1次的援助サービスを学校のプログラムに取り入れる場合には，心理面の専門家である**学校心理士**[4]（教育相談担当教員やスクールカウンセラー）の視点を活用すれば，より充実した学校の援助サービス・システムができる可能性があります。たとえば，毎年行われている恒例の各種学校行事の機能の状況や問題点を，学校心理士に援助サービスの観点からアセスメントしてもらい，学校行事の改善に役立てることも1つのアイデアです。また，学校のすべての教師が，学校心理士に「授業における援助サービス」の観点から，教育心理学やカウンセリングの知見を提供してもらい，全教師がそれらを活用した授業改善を進めていくことも，学校の1次的援助サービスの向上につながるでしょう。

▷ 4　学校心理士
⇒ Ⅷ-1 参照。

③ 新しい学校づくりの取り組み──新タイプの単位制高校

横島(2009)[5]は，1次的援助サービスの充実をめざした新しい学校づくりの実践を報告しています。この単位制高校は，第1に，1次的援助サービスの位置づけで必修科目「心理学」を開設し，1年次の全生徒に履修を義務づけています。授業の内容は，実技（20時間）と講義（15時間）の2つの形態があり，実技は構成的グループエンカウンターを行い，講義では青年期の心理など高校生にも理解できるような内容を精選して実施しています。授業は，カウンセリング・コーディネーター（教科の授業を受けもたず，校内のあらゆる心理教育的援助サービスの中核となる学校心理士の資格を有する教諭）が担当します。第2に，達成・成就感の獲得や自己表現力の涵養，人間関係の形成などを目的に，体験的・情操的な学習を取り入れた多くの科目を開講しています。授業の担当者も教師だけではなく，地域のプロの陶芸家や外国人に講師を依頼し，協力を得ながら授業改善に努めています。第3に，地域の大学生・大学院生に協力を得て，生徒たちの話し相手となるキャンパス・エイド（メンタルフレンド活動を展開）の制度を創設しています。この試みは，週1回のみのスクールカウンセラーの援助サービス活動を補う役割を果たしています。第4に，人的環境以外の物理的な学校環境にも配慮し，授業のない時間帯に生徒同士がゆっくりとくつろいで談話できる居場所としての多目的ルームなども整備しています。このように，この高校では自助努力だけではなく，地域の力を援助資源として大いに活用しながら，新しい学校づくりに取り組んでいます。

このような実践は，全国的に見ても画期的な試みと言えます。しかし，どこの学校でも管理職をはじめとする教職員の「学校改善」への意欲があれば，さまざまな取り組みが可能です。まず，自分の学校の1次的援助サービス・システムを総点検し，実現できそうな取り組みからスタートすることが重要ではないでしょうか。

（田村修一）

▷ 5　横島義昭（2009）．心理教育的援助サービスの全面展開をめざした学校づくり　石隈利紀（監修），水野治久（編）　学校での効果的な援助をめざして──学校心理学の最前線　ナカニシヤ出版　pp. 15-22.

Ⅵ 3段階の心理教育的援助サービス

7 2次的援助サービス①
授業における援助

1 学習不適応とは

学習面で苦戦する子どもの早期発見とタイムリーな援助は2次的援助サービスです。三浦（1999）によれば，「学習不適応」とは，勉強ができない，勉強についていけない，勉強が嫌いなど，学校での学習活動に関する不適応を指した用語です。類似した用語に学校不適応がありますが，こちらは主として生徒指導・教育相談に密接に関連する学級経営の問題であるのに対して，「学習不適応」は，学習指導に密接に関連したものです。「学習不適応」は，学習課題が達成できていないという側面（学業不振）と，それに伴う学習活動への否定的で混乱した認知・態度という側面に分けて考えることができます。

学校の勉強がわからない，勉強する意欲がわかない，自分なりに努力をしてもテストの成績が向上しないなど，かなり多くの児童生徒が学習面で苦戦していますが，このような悩みの声の裏には，本当は勉強ができるようになりたいという児童生徒の願いがあります。児童生徒の生きる力としての基礎的な学力を育てることは，社会や大人の責任であり，教師の役目でもあります。それでは，学習面で苦戦している児童生徒に対して，教師としてどのような援助ができるのでしょうか。

2 学習面で苦戦している児童生徒に対する教師の援助の基本的な考え方

○多面的な援助の必要性

学習面での苦戦は，「児童生徒の要因」と「学習環境の要因」の相互作用で起こります。「児童生徒の要因」として認知面（自己評価の低さなど），情緒面（学習についての興味・関心・意欲の欠如など），行動面（学習習慣や学習スキルの欠如など）があります。一方，「学習環境の要因」としては，学級集団や教師の存在があります。つまり，学習面の苦戦は，児童生徒の要因についてだけ見ても多様なものが考えられます。加えて，児童生徒の要因だけで起こるものではなく，学習環境も大きな要因になります。そこで，教師は学習面だけに焦点づけられた援助だけでは不十分であり，児童生徒の学校生活全体への援助が必要になります。

○学校心理学を活用した援助の枠組み

児童生徒の援助をするためには，学習面だけではなく，心理・社会面，進路

▷ 1　三浦香苗（1999）．なぜ学習不適応がおこるか　三浦香苗（編）勉強嫌いの理解と教育　新曜社　pp. 1-14.

▷ 2　石隈利紀（1999）．学校心理学──教師・スクールカウンセラー・保護者のチームによる心理教育的援助サービス　誠信書房

面，健康面など，多面的に理解する必要があります。なぜならば，これらの側面は互いに影響し合っているからです。たとえば，英語のつまずきから自分に自信がもてなくなった中学生の場合は，学習面での苦戦が心理・社会面の苦戦につながったと見ることができます。また，集団活動が不得手な生徒が，「総合的な学習の時間」にグループで調べものをするような場合につらいと感じるのは，心理・社会面の苦戦が学習面の苦戦の要因になっていると考えることができます。このように児童生徒への学習面の援助は，心理・社会面や進路面，健康面を含めてトータルに考えていく必要があります。

③ 学習面に焦点を絞った援助

○学習面の援助でめざすこと

石隈（1999）は，学習面の援助を通して，児童生徒に身につけさせたい力として，①基本的な学力（将来の生活や生涯学習のために必要な，読み・書き・計算などの基礎的学力を獲得させること），②得意な学習スタイル（どのような学習の仕方が自分に合っているかを体験を通し発見させること），③他者と協力しながら学ぶ力（学習は個人の内的な活動として位置づけられやすいが，教えてもらう，教える，一緒に何かを考えながらなし遂げるなど，他者と関わりながら学習するスキルを身につけさせること），④学習に対するポジティブなイメージ（たとえ今は，それほど学習していなくても，学習することは意味があるという生涯学習につながるような学習に対する肯定的なイメージをもたせること）の4点をあげています。

○学習活動を通して，「勤勉性」を身につけさせる

エリクソン（Erikson E. H.）は，児童期の発達課題として，特に「**勤勉性**」を重視しています。「勤勉」とは，社会から期待される活動を自発的に，また習慣的に営むことです。子どもが属している文化のなかで，有用とされている知識や技能を獲得することが求められます。児童生徒は，学校や家庭での学習活動を通して，「学ぶ力」と「学習に対する適切な態度」を身につけることができます。これは，「勤勉性」を身につけることとも関連します。

つまり，学校生活を通して知識や技能を身につけ，仕事を完成させる喜びを知ることが「勤勉性」の発達の基盤になるからです。「勤勉性」を身につけさせる援助で大切なことは，児童生徒に嫌なことでも我慢してコツコツやらせることです。逆に，児童生徒は楽しいからこそコツコツと積み重ねられるという側面もあります。また，児童生徒が未来に対する時間的な展望をもっていれば，現在は自分にとって嫌なことであっても，何とか我慢しながら続けることができます。手応えを感じられるものであれば，強制ではなく自主的に続けられるのです。その意味では，児童生徒に「続ける楽しさ」や「手応え」を感じさせられるような教師の授業の工夫や，学習の援助が大変重要になります。

（田村修一）

▷ 3 勤勉性
勤勉性は，エリクソンが心理社会的発達段階における児童期の課題として提示したもの。社会における技術や道具の使用などに関する，外の世界に向かって集団のなかで発揮される知的技能のこと。他者と比較することにより確証されていくもので，有能感や自信を育むもの。逆に，この課題に失敗すると劣等感を生む。
Erikson, E. H. (1982). *The Life Cycle Completed.* W. W. Norton & Company. （エリクソン, E. H., 村瀬孝雄・近藤邦夫（訳）(1989). ライフ・サイクル，その完結　みすず書房）

Ⅵ 3段階の心理教育的援助サービス

8 2次的援助サービス②
SOS チェックリストの活用

1 SOS チェックリストとは

2次的援助サービスのキーワードは，苦戦している子どもの早期発見と早期介入です。そのために学校心理学で活用している道具の1つに，SOS チェックリストがあります。SOS チェックリストとは，学習面，心理・社会面，進路面，健康面，学校生活・家庭生活全般という領域ごとに援助ニーズが高くなりつつある子どもが示しがちな行動や状態があげられているチェックリストです。これには，小学生版と中学生・高校生版があります。チェック項目はいずれも観察可能な行動や状態からなっており，客観性があり，援助者間で共有できるという利点があります。一方，これらの項目からはその背後にある原因や子どもの内面の心の動きはわかりません。このチェックリストで気になった子どもには，直接話を聞いたり，子どもの内面をより反映すると考えられる描画法を実施してみたり，保護者から家庭の様子も聞いてみるなど，さらなるアセスメントを行う必要があります。

安達（2009）は，このチェックリストをもとに，茨城県教育研修センターが作成した名簿形式の SOS チェックリストを紹介しています（図Ⅵ-2）。名簿形式にすることによって，すべての児童生徒をもれなくチェックできること，定期的に実施しやすいこと，学級全体の様子が把握しやすいことが考えられます。一方で，名簿上のリストでは項目の内容がキーワードのみになっているため元の文章にもどり内容を確認することやチェックだけで終わらないようにするための工夫が求められます。安達（2009）は，このチェックリストを活用した子どもの援助の事例を報告し，これを学校全体で定期的に実施することによって，子どもの問題の早期発見，教師間の連携の強化，教師の観察力育成につながることを示しています。

2 SOS チェックリストを活かすには

○子どもに関わる複数の大人の目を活かす

日本の学校では，授業のみならず，学校行事や部活動，そうじや給食指導を通して，多くの大人が子どもに関わっています。教師によって，観察のするどさや子どもの援助を自分の役割とみなす程度には個人差があります。大切なことは，多くの大人の目を活かし，子どものサインを見逃さないことです。また，

▷1 石隈利紀（1999）. 学校心理学――教師・スクールカウンセラー・保護者のチームによる心理教育的援助サービス　誠信書房

▷2 小学生のSOSチェックリストの項目例
学習面：勉強への取り組みに変化はないか
心理・社会面：学校での表情が暗くなっていないか
進路面：好きなこと，楽しめることが減ってきていないか
健康面：食事の様子に変化はないか
学校生活・家庭生活全般：登校しぶりはないか

▷3 安達英明（2009）. SOS チェックリストを活用した教師の連携　石隈利紀（監修），水野治久（編）学校での効果的な援助をめざして――学校心理学の最前線　ナカニシヤ出版　pp. 83-94.

		学習面				心理・社会面					進路面			健康面			全般		合計
	チェック項目	勉強への取り組みの変化	テスト成績の急激な降下	授業中投げやりな態度	授業中ぼんやり	授業中眠ることの増加	自分への否定的イメージ	学校での暗い表情	イライラすることの増加	学級内での孤立	家族との関係の変化	教師に対する態度や言葉遣いの変化	服装や言葉遣いの変化	関心がもてる対象の減少	得意なことの減少	決心がつきにくい	進路についての態度変化	食事の様子の変化	けがや病気	頭痛や腹痛	眠そうな顔	遅刻・早退	理由の不明確な欠席	事件の発生	
No.	氏名																								
1																									
2																									
3																									
4																									
5																									
6																									
7																									

図Ⅵ-2　SOSチェックリスト（中学生用・名簿形式，Ver 1, 2001）

出所：安達（2009）より一部抜粋。

近年，スクールカウンセラーや特別支援教育コーディネーターの制度が導入され，こうしたSOSのサインの意味づけを得意とし専門的な援助をスタートできる人が学校という子どもの生活の場で活動できるようになりました。そのことにより，子どもの問題が大きくなる前に専門的な援助を開始できる可能性も高くなりました。また，保護者は子どもの変化に気がついていることが多いです。日頃から保護者と定期的に言葉を交わすなどして，両方向のコミュニケーションがとれる体制を築いておくことによって，保護者がキャッチしたSOSを早い段階で受け取れるようにしておくことも重要です。

○サインの意味を活かす

SOSチェックリストのサインにはそれぞれ意味があります。たとえば，学習面の項目「勉強への取り組みに変化はないか」は，うつなど精神疾患の前兆として勉強に集中できない場合，家庭や学校で何かが起きていて勉強に集中できない場合，学習内容が具体的なものから抽象的なものへと進み課題が難しくなってきてついていけなくなっている場合など，さまざまな背景要因が考えられます。サインが見られたら，次のステップとして，他の情報を集め仮説を確かめる必要があります。たとえば，うつの可能性を確かめる場合，「夜は眠れているか」「食欲は保たれているか」といったその他のうつのサインを確認します。また，家庭や学校におけるトラブルを確かめる場合，その子どもと周りの子どもの関わりを重点的に観察したり，その子どもが家庭について話す様子やサインに気をくばります。また，学習内容に困難を抱えている可能性を確認する場合，その子どもが得意・苦手とする学習内容を把握し，現在行われている学習課題の内容と照らし合わせて考えます。

SOSチェックリストは，1つの援助の入口です。サインが見られたら，援助サービスをスタートさせることが大切です。

（飯田順子）

Ⅵ　3段階の心理教育的援助サービス

9　2次的援助サービス③ 養護教諭の援助

1　子どもの援助ニーズを見出す

　体調不良を訴え保健室に来室した子どもの話を聞いていくと，その背景に学習や進路，対人関係などの多様な問題が浮かび上がってくることが多く見られます。
　文部科学省の調査では，心の健康を示す指標を「不安傾向」「自己効力感」「身体的訴え（頭痛・腹痛・下痢・吐き気など）」「行動（ストレスと関連する問題行動）」の4つと捉え，特に「身体的訴え」と他の3指標の関連が明らかにされました。身体症状の訴えが，単なる身体的訴えにとどまらず，心理面の問題と関係があることが示唆されます。
　一方，問題を抱えている子どもが，自ら訴えることのできないケースも多々あります。たとえば，小学校低学年の子どもは，自分の状態をうまく言語化できない，また高校生では，周囲が気になり悩みや問題を話すことへ抵抗感をもつなど，子どもの発達段階を踏まえた関わりが重要になります。
　これらのことから，養護教諭は，子どもの発達上の特徴に留意し，子どもの心身の状態から援助ニーズを見出すことが，援助の最初のステップになると考えられます。

2　必要な援助者につなぐ

　次の援助のステップとしては，子どもの援助ニーズから問題の全体像を捉え，必要な援助者につなぐことです。援助者の役割や専門性を尊重し，どの援助者につなぐのが適切か，見極めが必要となります。たとえば，小学校では，子どもが大半の時間をクラス（教室）で過ごすため，担任の役割が非常に大きくなります。中学や高校では，子どもの活動範囲も広がり，より多角的な情報の共有が求められ，教科担任や部活の顧問などがキーパーソンとなるケースも少なくありません。また，保護者と連絡を取り合い，学校と家庭が共通の方針のもとで子どもを見守り援助することが，問題の悪化を防ぐことにもつながります。
　このように，養護教諭は見出した子どもの援助ニーズから，援助者と連携をはかり，学校全体に援助を拡げていく重要な役割を担っています。子どもの問題が重症化する前の予防的な援助におけるコーディネーターの役割を担っているとも言えるでしょう。

▷ 1　文部科学省（2002）．児童生徒の心の健康と生活習慣に関する調査

表Ⅵ-4　各種保健調査の例

保健調査の種類	実施時期	主な内容
保健基礎調査	入学時	生育状況，既往症，基本的生活習慣，心身の障害，学校生活で配慮が必要なことなど
健康状態チェック票	進級時	心身の具体的症状の有無，気になること・相談したいことなど
宿泊を伴う行事（修学旅行・学年合宿・部活の合宿など）に際する健康調査	宿泊行事前	心身の不調やけがの状態，通院や治療の状況，使用している薬の種類と量，アレルギーに関すること，気になること・相談したいことなど
メンタルヘルスに関する調査	適宜（年1回程度）	心の症状（情緒の不安定・無気力・抑うつ），体の症状（だるい・つかれやすい・朝起きられない・たちくらみ・息苦しいなど）

❸ 保健調査を活用した2次的援助サービス

○保健調査の活用

　保健調査は，学校における健康診断の円滑な実施をはかるために，入学時や進級時，宿泊を伴う行事前など必要に応じて実施することが定められています。この保健調査を活用し，2次的援助サービスの対象者のスクリーニングを行うことができます（表Ⅵ-4）。

　スクリーニングした子どもについては，状態に応じたフォローアップを行います。具体的な介入方法として，①学校医による健康診断・健康相談，②養護教諭による健康相談，③担任や希望する職員との面接，④スクールカウンセラーとの面接，⑤外部の医療機関・相談機関の紹介などが考えられます。保健調査の結果を含めた複数の情報，さらに子どもの希望をあわせて方法を選択していきます。援助に対する子どもの抵抗を考慮し，担任や関係職員と情報を共有し，経過を観察することもあります。一方，普段から気になっている子どもについては，本人がチェックした項目を活用して本人と話をするなど，予防的な関わりとして活用することもできます。

○保健調査からフォローアップにつなげた事例の紹介：高校3年女子A子

【問題の概要】　4月に実施した保健調査票には，該当する身体症状が10項目あったため，5月の学校医による健康相談の対象としました。

【経過と対応】　A子は，学校医に，身体症状の原因であるクラスの対人関係の悩みについて話をしたとのことでした。その後，担任・養護教諭・学校医で話し合いをもち，A子が対人関係に自信をもてるような関わりについて検討しました。A子は「同年代は苦手だけど，年上の人と話をすることは好き」と話していたことから，A子の保健室来室時に養護教諭が話を聞くことに加え，学校医の健康相談，担任の進路相談を設定し，A子が話をする時間を確保することにしました。その後，A子は話し相手を担任，養護教諭，学校医から，クラスの生徒へと広げ，対人関係もスムーズにいっている様子がうかがえました。

（相樂直子）

▷2　保健調査の実施については，学校保健安全法施行規則に定められている。実施の意義として，①事前に個々の子どもの健康情報を得ることができる，②健康状態を総合的に評価する補助資料とする，③健康診断の的確かつ円滑な実施に向けて活用する，④日常の保健管理・保健指導などへ活用するの4点がある。

▷3　三木・徳山（2007）は，養護教諭の行う健康相談活動とは「養護教諭の特質や保健室の機能を十分に生かし，児童生徒の様々な訴えに対して，常に心的な要因や背景を念頭において，心身の観察，問題の背景の分析，解決のための支援，関係者との連携など心や体の両面への対応を行う活動」としている。

参考文献

　日本学校保健会（2006）．児童生徒の健康診断マニュアル（改訂版）

　三木とみ子・徳山美智子（2007）．健康相談活動の理論と実践　ぎょうせい

Ⅵ 3段階の心理教育的援助サービス

10 2次的援助サービス④
スクールカウンセラーによる自由来室活動を通した援助

1 スクールカウンセラーの自由来室活動

　2次的援助サービスの充実にとって，心理的援助の専門家であるスクールカウンセラーが学校という子どもの生活の場に入るようになった意義は大きいです。この意義を活かすには，従来教育相談所やクリニックなど，子どもの生活の場から離れた場所で行われていた援助モデルとは異なる，子どもの生活の場で行う援助活動の新たなモデルが必要になります◁1。この新たな援助活動の1つに，自由来室活動があります◁2。自由来室活動とは，休み時間や放課後などに児童生徒に自由に来室してもらい，自由に相談室で過ごしてもらう活動です。

2 スクールカウンセラーによる自由来室活動を通した援助

　自由来室活動を通してスクールカウンセラーが行う援助について，自由来室活動の研究や筆者のスクールカウンセラーとしての経験から整理します◁3。

○居場所の提供
　周りに気をつかって疲れる，休み時間の騒がしい音が苦手など，さまざまな理由から教室に居づらいことがあります。子どもにとって，教室以外の居場所は一時的な避難場所になります。半田（2003）が行った中学生を対象とした調査でも，おしゃべりや息抜き，何となく，ひまつぶしなど，居場所を求めてくる生徒が多い様子がうかがえます（図Ⅵ-3）。

○心理教育の場
　子どもたちは，人間関係について困った時に相談する相手，ぐちを言える相手など，スクールカウンセラーに対して教師とは異なるイメージをもっています。そのため，そうした援助ニーズをもつ子どもがふらっとやってくる場合も多いです。そんな時，子どものニーズに応じて，よく眠るためのコツ，ストレス解消法，勉強の時に使える記憶術，友達に気持ちを伝えるためのコツなど，アドバイスをすることもできます。

○援助資源を活用する力を伸ばす
　自分がいつ助けを必要とするのかを知り，必要な援助を求めることは社会に出てからも求められる大切なスキルの1つです◁4。一方，メンタルヘルスの専門家の援助を求めることは敷居が高いことも知られています。メンタルヘルスの専門家であるスクールカウンセラーと身近に接する機会は，子どもが将来，援

◁1　近藤邦夫（1994）．教師と子どもの関係づくり——学校の臨床心理学　東京大学出版会

◁2　半田一郎（2000）．学校における開かれたグループによる援助——自由来室活動による子どもへの直接的援助　カウンセリング研究，33，265-275.

◁3　自由来室活動に関する研究には，半田（2003）や瀬戸（2005）がある。
瀬戸（2005）は，自由来室活動の代わりに，オープンルームという用語を使っている。瀬戸（2005）は，オープンルームの機能を研究し，オープンルームには悩みを相談する場としての機能「問題解決機能」と学校の枠組みから自由な場を提供する「開放機能」の2つの機能があることを示している。
半田一郎（2003）．中学生がもつスクールカウンセラーへのイメージ——学校の日常生活での援助を重視するスクールカウンセラーに関連して　カウンセリング研究，36，140-149.
瀬戸瑠夏（2005）．オープンルームにおけるスクールカウンセリングルームの場の機能　心理臨床学研究，23，480-491.

Ⅵ-10 スクールカウンセラーによる自由来室活動を通した援助

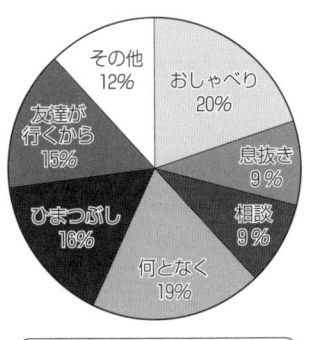

図Ⅵ-3 相談室への来室理由
- その他 12%
- おしゃべり 20%
- 息抜き 9%
- 相談 9%
- 何となく 19%
- ひまつぶし 16%
- 友達が行くから 15%

出所：半田（2003）より。

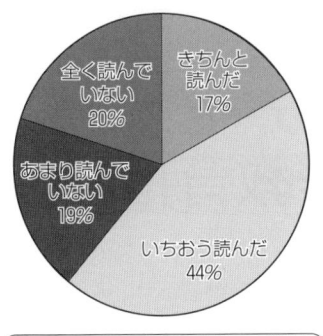

図Ⅵ-4 相談室便りを読んだ程度
- きちんと読んだ 17%
- いちおう読んだ 44%
- あまり読んでいない 19%
- 全く読んでいない 20%

出所：半田（2003）より。

▷4 石隈利紀（2006）．寅さんとハマちゃんに学ぶ助け方・助けられ方の心理学——やわらかく生きるための6つのレッスン　誠信書房

助資源を活用する力につながります。実際，中学生の時スクールカウンセラーがいたという現代の大学生世代は，以前よりもカウンセラーという存在を身近に感じていることがうかがえます。

○情報収集の場

スクールカウンセラーは教師とは異なる専門性をもっているため，教師とは別の子どもの側面に気がつくことがあります。また，子どももそれぞれの場面で別の顔を見せて生活しています。たとえば，過剰適応傾向があり親や教師の前でいつもにこにこしている生徒が，カウンセラー室に来て大きくため息をつき，「疲れた〜」とつぶやいて帰ることもあります。カウンセラーが得た情報のなかで，教師がもっていたほうが良いと思われる情報については，子どもの許可を得ながら教師に伝えたり，子どもが自ら教師に話せるようサポートします。

③ 自由来室活動を活性化するには

自由来室活動の大きな構成要素は，空間と人です。まずは，居心地の良い空間をつくること，これには，自分自身が思わず足を運びたくなる喫茶店をイメージすると良いかもしれません。次に，カウンセラー自身がもつ雰囲気やカウンセラーに対するイメージも重要です。半田・有賀（2002）が行った調査では，スクールカウンセラーに対するイメージには「家庭的イメージ」「社交的イメージ」「静的イメージ」があり，楽しい・明るいといった「社交的イメージ」がスクールカウンセラーへの相談ニーズにつながることが示されています。最後は，日々の広報活動です。自由来室活動の活性化には，児童生徒，教師，保護者にその存在や意義を理解してもらうことが欠かせません。そのためには，年度初めのあいさつや，学校行事への参加，お便りの発行といった方法があります。半田（2003）の調査によると，カウンセラーからのお便りは，「いちおう読んだ」も含めて目を通している生徒が多いことがうかがえます（図Ⅵ-4）。思わず足を運んでみたくなるような，素敵な招待状を送りたいものです。

▷5 半田一郎・有賀直美（2002）．自由来室活動を行うあるスクールカウンセラーに対する中学生の捉え方　学校心理学研究，**2**，61-69．

（飯田順子）

Ⅵ 3段階の心理教育的援助サービス

11 2次的援助サービス⑤
特別支援教育担当教員の援助

学習面や行動面など，さまざまな苦戦を抱えはじめた子どもたちを対象とする2次的援助サービスでは，子どものつまずきにいち早く気づく観察力，つまずきの要因を把握する分析力，子どもの援助資源を活用して援助を組み立てる対応力が必要となります。このような2次的援助サービスには，障害がある子どもたちを対象とする特別支援教育で培われてきたノウハウが役立ちます。

① 特別支援教育とは

子どもたちのなかには，知的障害や肢体不自由，視覚障害，聴覚障害，**発達障害**などさまざまな障害があり，生活面や学習面での苦戦を抱えている子どもたちがいます。特別支援教育は，このような障害がある子どもたちの自立や社会参加に向け，一人ひとりの障害に応じた適切な指導や援助を行い，子どもたちを支援する教育です。2007年度より制度化された特別支援教育では，障害がある子どもたちが在籍する**特別支援学校**や**特別支援学級**のみならず，通常の学級に在籍する障害がある子どもたちにも支援を行うことになりました。つまり，通常の学級で苦戦を抱えている子どもの存在に気づき，適切な対応を検討することも特別支援教育の重要な役割になったと言えます。学校心理学の心理教育的援助サービスの分類から考えると，特別支援教育は援助ニーズの高い特定の子どもを対象とする3次的援助サービスと考えられがちですが，2次的援助サービスにおいても貢献することが求められているのです。

② 特別支援教育担当教員が行う援助

特別支援教育を担当する教員には，小・中学校の特別支援学級担当教員，通級指導教室の担当教員，特別支援教育コーディネーターを担当する教員がいます。また，小・中学校の近隣の特別支援学校の教員もこれにあたります。

特別支援教育に携わる教員は，障害の特徴や基本的な対応方法についての知識を活かし，子どもの実態把握，目標設定，支援内容の検討・実践，評価という一連の流れで障害がある子どもの教育にあたっています（3次的援助サービス）。このような役割に加え，特別支援教育の専門性を活かし，つまずきはじめた子どもたちの援助にもあたります（2次的援助サービス）。

2次的援助サービスでは，つまずきはじめた子どもを担任する教員や保護者とともに子どもへの援助を具体化すること，すなわち**コンサルテーション**（間

▷ 1 発達障害
⇒ Ⅵ-14 参照。

▷ 2 特別支援学校・特別支援学級
⇒ Ⅵ-16 参照。

▷ 3 コンサルテーション
⇒ Ⅴ-4 参照。

接的援助）の機能を担うことが重要な役割となってきます。具体的には，①早期発見のための実態把握の視点を提供する，②行動観察や情報から子どもが何に，なぜ，どのようにつまずいているのかをともに検討する，③子どもの実態に応じた無理のない目標を設定する，④具体的な援助方法，援助内容を提案する，といった援助です。このような2次的援助サービスは，つまずきはじめた子どもを対象とするチーム援助の第一歩とも言えます。同時に，これらは，多様なニーズを有する子どもたちにとって援助資源となり得る人材を豊かにし，援助しやすい環境づくりに貢献する取り組みでもあります。この点で，特別支援教育担当教員が行う2次的援助サービスは，学校全体の援助力を高める機能も有すると考えることができるでしょう。

③ 特別支援教育コーディネーター

　子どもの多様なニーズに対応するには，学校内外の関係者による連携が不可欠です。特別支援教育コーディネーターは，この連携の調整役を担う教員です。小・中学校の特別支援教育コーディネーターは，校内の支援体制づくりの調整，**校内委員会**での推進役，保護者の相談窓口，医療や福祉等学外関係機関との連絡調整，担任への支援などの役割を担います。つまずきはじめた子どもの援助においても，特別支援教育コーディネーターが苦戦している子どもやその対応に苦慮している担任と関わりをもつことで，保護者や担任を含む複数のメンバーによるチーム援助をより円滑に展開することが可能となります。特別支援教育コーディネーターは，子どもを支える大人が1人で抱え込むことなく，それぞれの役割や専門性を活かし合うチーム援助のキーパーソンとも言えます。

　特別支援学校は，近隣の小・中学校の要請に応じて，障害がある児童生徒の指導に関する助言や相談，小・中学校等の教員に対する研修協力などを行います。このような役割を，**特別支援学校のセンター的機能**と呼びます。このセンター的機能の窓口となるのが，特別支援学校の特別支援教育コーディネーターです。特別支援学校が障害に関する知識や指導のノウハウといった専門性を活かして地域に貢献するには，特別支援学校に所属する多くの教員の多様な経験や知識を活用することも重要です。自校に所属する教員の特徴を把握し，地域とつなげるパイプ役となることも特別支援学校の特別支援教育コーディネーターの重要な役割です。

　以上のように，特別支援教育コーディネーターは連携の調整役としてチーム援助の鍵をにぎる存在です。しかし，特別支援教育コーディネーターは専門職ではありません。このため，十分な知識がないまま指名されたり，反対に特定の教員に任せっきりになったりするケースもあるようです。学校や地域で特別支援教育コーディネーターが安定的に機能するためには，コーディネーターの指名や養成のあり方など，組織的な整備が課題となっています。（上村惠津子）

▷ 4　校内委員会
学校内の全体的な支援体制を整備することを目的として学内の教員により組織される委員会。学習面，行動面で特別な配慮が必要な児童生徒への早期対応にむけて，学校全体での気づきを促進するとともに，保護者や関係機関と連携しながら実態把握，個別の教育支援計画，個別の指導計画の作成を推進する役割を担う。

▷ 5　特別支援学校のセンター的機能
小・中学校に在籍する障害がある児童生徒一人ひとりの教育的ニーズに応じた適切な教育を提供するために，特別支援学校の専門性を活かしながら地域の小・中学校を支援すること。
中央教育審議会（2004）．特別支援教育を推進するための制度の在り方について（答申）

Ⅵ 3段階の心理教育的援助サービス

12 3次的援助サービス①
不登校，ひきこもり，いじめに関する援助

▷1 文部科学省（2012）．平成23年度児童生徒の問題行動等生徒指導上の諸問題に関する調査

不登校の小中学生は2011年度では10万人を超え[1]，ひきこもりやいじめもいまだ社会的な大きな関心事となっています。問題状況が大きいため教師や保護者が専門家とチームを組んで援助をしていくことが求められています。不登校やひきこもりになるきっかけにいじめがあることも多いため，ここでは，このような大きな援助ニーズがある子どもへの援助について，学校や保護者が一緒に援助していくことに焦点をあてて説明します。

1 不登校，ひきこもり，いじめとは

不登校とは，「何らかの心理的，情緒的，身体的，あるいは社会的要因・背景により，児童生徒が登校しないあるいはしたくともできない状況にあるために年間30日以上欠席した者のうち，病気や経済的な理由による者を除いたもの」[1]を指します。この定義は，何らかの要因や背景があれば，だれもが不登校になり得ることを表しています。

▷2 三宅由子・立森久照（2004）．地域疫学調査による「ひきこもり」の実態調査 平成16年度厚生労働科学研究費補助金こころの健康科学研究事業

ひきこもりとは，「仕事や学校に行かず，かつ家族以外の人との交流をほとんどせずに，6か月以上続けて自宅にひきこもっている状態」[2]を指します。ひきこもりは，思春期から成人までを含み，いじめや家庭の不和などさまざまな複雑な要因が背景になって生じると言われています。背景に発達障害や精神疾患が疑われることもあります。

▷3 文部科学省（2007）．児童生徒の問題行動等生徒指導上の諸問題に関する調査（いじめ）

いじめとは，「一定の人間関係のある者から，心理的・物理的な攻撃を受けたことにより，精神的な苦痛を感じているもの。なお，起こった場所は学校の内外を問わない」[3]と定義されています。「一定の人間関係のある者から」とは，仲間や友達を指しています。また，いじめは4層構造[4]であることがわかっています。観衆と傍観者は，いじめを助長したり，いじめを抑止したりする重要な要因となります。いじめは，深刻な精神的，肉体的な苦痛を与えます。その結果，不登校やひきこもりになることもしばしばあります。また，発達障害がある子どもは，場の雰囲気が読めなかったり，コミュニケーションが苦手だったりするため，いじめの標的になりやすいことが指摘されています。さらに，いじめられても自己主張できなかったり援助を求められず，教師が気づいた時にはいじめが深刻になっていることもよくあるため注意を要します。最近ではネットいじめなど，顔を合わせなくてもいじめを継続することが可能となっています。自我が芽生え確立していく思春期にいじめにあうと，抑うつ，不安な

▷4 いじめの4層構造
被害者：いじめられている子。
加害者：いじめている子。
観　衆：いじめをはやし立ておもしろがっている子（いじめを強化する存在）。
傍観者：見て見ぬふりをしている子（いじめを支持する存在）。
森田洋司・清永賢二（1994）．いじめ――教室の病い　金子書房

ど強い苦痛を感じ PTSD（心的外傷後ストレス障害）となることもあります。さらに，成人してからも精神的に不安定となることもあり，子どもの頃のいじめは本人に深刻なダメージを与えることがわかっています。

② 不登校，ひきこもり，いじめへの3次的援助サービス

○心理教育的アセスメント

子どもの現状をより正確に把握するために，学習面，心理・社会面，進路面，健康面から多面的・生態学的に家庭や学校での子どもの情報を把握します。援助ニーズを把握する際のポイントは，表情や言動に着目することです。さらに学習意欲や目標の有無についても把握します。SOS チェックリストも開発されていますから，2次的援助サービスの時点でも活用すると予防になります。

○校内委員会の役割

コーディネーション委員会等を開き，心理教育的アセスメントに基づいて学校で行える援助方針や援助案を決めていきます。援助チームシートや援助資源チェックシートなどの項目を参考にして情報を収集していきます。子どもたちは，問題状況を抱え強いストレスにさらされています。「今，子どもは何を求めているのか」「今，子どもにとって何が必要か」と，常に子どもを中心に置く姿勢が必要となります。大きな援助ニーズがある子どもには自殺念慮（「消えてしまいたい」など）を伴うこともしばしばあるため十分注意を払います。いじめからの緊急避難として「学校に行かない」という選択を子どもがしても，保護者や教師がいじめに気づかず強引に登校を促し，ますます子どもを追い詰めてしまうこともあり注意を要します。校内での教職員間の連携や，保護者との連携は欠かせません。

○保護者をパートナーとするチーム援助

不登校やひきこもり，いじめは，子どもの心身のみならず家族にも深刻な影響を与えます。保護者のカウンセリングニーズに応えつつ，子どもに対し何をどうしたらいいのかについて保護者とともに話し合っていきます。保護者が安心することで子どもも心理的に安定します。家庭での子どもの様子がわかることは援助案の作成に役立ちます。

○援助資源の活用

援助資源を把握し連携をとりつつ，保護者と教師，援助者が一緒に考える姿勢をもつことが求められます。校内では，管理職等の判断による別室登校なども活用し，発達や成長の場を保障することも可能です。

学校外の援助資源には教育支援センター（適応指導教室），児童相談所，児童精神科，思春期外来，地域の保健福祉センター，親の会などがあります。必要に応じて保護者へ勧め，学校も保護者の了解を得て連携をとっていきます。

(田村節子)

▷ 5 PTSD (Post Traumatic Stress Disorder：心的外傷後ストレス障害)
事件や事故から1か月以上経っても衝撃的な出来事を心が受けつけることができない状態が引き続き起こってくる反応。反応としては，不眠などの過覚醒状態，突然出来事を明確に思い出すフラッシュバック，出来事を思い出させる物事等の極端な回避傾向等がある。

▷ 6 SOS チェックリスト
⇨ Ⅵ-8 参照。

Ⅵ　3段階の心理教育的援助サービス

13　3次的援助サービス②
非行に関する子どもへの援助

1　非行少年の定義

　非行少年とは，日本の少年保護手続における用語の1つであり，犯罪少年，触法少年，虞犯少年に分類されています。非行少年は，特別な援助ニーズをもっており3次的援助サービスの対象となります。

　犯罪少年は，刑事責任年齢である14歳以上20歳未満の犯罪行為を行った少年のことです。また，触法少年は，14歳未満の少年で刑罰法令に触れる行為をした少年です。基本的には犯罪少年と触法少年の犯罪は同じ内容ですが，その年齢の区分により，このように位置づけられています。さらに虞犯少年は，20歳未満の少年で，犯罪行為ではないが，このまま放置すれば将来罪を犯す可能性をもっており，刑罰法令に触れる行為をする恐れがあると認められる少年のことです。

　現在の法律では，18歳未満の少年については児童福祉法が適応され，14歳以上の少年には少年法が適応されます。そして，14歳以上18歳未満の少年に対しては，少年法と児童福祉法の両方の法律が適応される可能性があります（図Ⅵ-5）。少年法も児童福祉法も「少年の健全な（健やかな）育成」をめざしています。◁1

2　つきあい方のポイント

　筆者の児童自立支援施設の職員としての経験から非行の問題をもつ子どもとの関わり方についてのポイントについて述べます。

　児童自立支援施設は児童福祉施設ですので，非行の問題に加え，保護者の養育や監護が十分でないと認められた子どもが入所しています。つまり，子どもの非行の問題が，年齢的な未熟さ，保護者や家庭の事情に強く影響を受けていると判断されたことになります。そのため，これまでに子どもが行ってきた非行の矯正と，保護者の代わりに「育て直し」という視点から子どもに接することが必要になります。児童自立支援施設に入所している少年には，小さい頃から保護者による虐待を受けた可能性のある子どもが多くいます。このような子どもは，大人に対する不信感を強くもっていることが多く，自分に対して職員がどのような感情をもっているか，あるいは，自分の行動に対してどのような反応を示すかなどを非常に敏感に感じ取り，いわゆる「試し行動」を行います。◁2

▷1　関力（1987）．非行少年はこう扱われる──発見・調査・審判・処遇の実態　有信堂高文社

▷2　家近早苗（2004）．児童自立支援施設の職員の立場から　坂西友秀・岡本祐子（編）いじめ・いじめられる青少年の心　北大路書房　pp. 107-111.

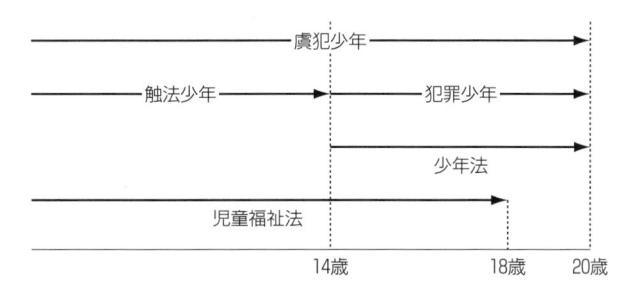

図Ⅵ-5 年齢による非行少年の分類

このような時は，子どもの行動のみに焦点をあてて修正します。これは，学校心理学における評価的サポートであると言えます。評価的サポートは，子どもの行動に焦点をあてて，評価することが必要であり，決して子ども自身を否定しないサポートの仕方です。子どもの行った行動に対して評価し，フィードバックすることは，子どもと関わるうえでのポイントの1つです。「この点については間違っていると思う」「そういうやり方じゃなくて，違うやり方はできないのですか」というように，子どもの行動に対して指導をします。「そういうことをするあなたは駄目な人間だと思う」というように存在を否定することは，教育上，何の効果もない指導の仕方です。また，これらのフィードバックは，常に，子どもの行動を見守り観察しながら行動が起こったらすぐに修正することが必要です。何分か経つと，自分のしたことをすっかり忘れて，正当化したくなるというのも彼らの特徴かもしれません。特に児童福祉施設では，子どもと大人との日常的な関わりは治療的な効果をもつことが指摘されています[3]。子どもの周囲の大人が子どもの行動の意味を理解し，教育することが重要であると言えます。

3 家族や地域を含めた支援

　児童自立支援施設に入所する子どもは，子どもだけでなく，その家族も困難さをもっている場合がほとんどです。子どもも家族も援助資源が少なく，地域でも孤立していることが少なくありません。また，その援助については，児童相談所のケースワーカーや，在籍していた学校，福祉事務所や警察関係者などと協力して行うことは欠かせません。そして，子どもが施設のなかで成長する間に家族の変容を促すように働きかけることが大切です。子どもが変わるだけでなく家族が変わるような働きかけも行わないと，施設から家庭に戻したとたんに，また同じことを繰り返す可能性が高くなるからです。特に，子どもが生活する地域で，子どもに関係する援助者（資源）が協力してのサポート体制をつくることは，子どもを支えることにつながります。

(家近早苗)

▷3 アルバート，E. T. 他，西澤哲（訳）(1992). 生活の中の治療——子どもと暮らすチャイルド・ケアワーカーのために　中央法規出版

Ⅵ 3段階の心理教育的援助サービス

14 3次的援助サービス③ 発達障害への援助

1 発達障害とは

　発達障害は，脳機能の障害（中枢神経系）があり，その症状が発達期（乳幼児期，あるいは小児期）に生じる障害です。広義には，認知，言語，運動，社会面等に全般的な障害を示す知的障害も発達障害に含まれます。狭義には，読む，書く，計算するなど学習面での特定の能力に困難を示す学習障害（Learning Disabilities：LD），不注意や多動性，衝動性といった特徴を示す注意欠陥多動性障害（Attention Deficit / Hyperactivity Disorder：ADHD），対人関係やコミュニケーションに質的な障害を示す広汎性発達障害などが発達障害と呼ばれています◀1。発達障害の子どものなかには，全般的な知的発達には遅れがない者もおり，これらの子どもの多くは，通常の学級に在籍しています。文部科学省の調査では，知的発達に遅れはないものの学習面や行動面で著しい困難を示す子どもたちが，小・中学校の通常の学級に6％程度の割合で在籍している可能性があることが明らかにされました◀2。しかし，発達障害がある子どもたちは，その特徴から通常の学級における一斉指導では十分に力を発揮することが難しい傾向を抱えています。むしろ，ある場面では力を発揮するのに，別の場面では困難を示すといった不安定な実態を示すことも多く，指導する教員や周囲の子どもたちの理解が得られにくい傾向もあるようです。このような場合，「わがまま」や「育て方の問題」と誤解され，その誤解が発達障害の子どもの自尊心を傷つけ，周囲の人との関係構築の困難さ，無気力や不登校，反社会的行動といった二次障害につながる可能性もあります。発達障害がある子どもの対応にあたっては，この二次障害への配慮が重要なポイントとなってきます。

2 発達障害がある子どもたちへの援助

　発達障害がある子どもたちは能力的なばらつきが大きいことから，その援助にあたっては子ども一人ひとりの特徴や実態を把握することが不可欠です。このような子どものニーズに応じた援助は，障害児教育で実践が蓄積されてきました。また，2007年度からは，知的障害や視覚障害，聴覚障害などこれまで特殊教育が対象としてきた障害に加え，発達障害がある子どもも特別支援教育の対象となりました。ここでは，発達障害がある子どもへの3次的援助サービスと関連が深い特別支援教育の制度を取り上げて説明します。

▶1　2004年に定められた発達障害者支援法による定義。発達障害者支援法では，従来の制度では教育や福祉の援助を受けることができずにいた者を対象に援助の充実をはかることを目的としている。このため，このような狭義の定義となっている。

▶2　文部科学省（2012）．通常の学級に在籍する発達障害の可能性のある特別な教育的支援を必要とする児童生徒に関する調査結果について

○通級による指導の活用

　通級による指導は，小・中学校の通常の学級に在籍する障害の軽い子どもが，ほとんどの授業を通常の学級で受けながら，障害に応じた特別の指導（通級による指導）を特別な場（通級指導教室）で受ける指導形態です。言語障害，情緒障害，難聴，弱視，肢体不自由，病弱・身体虚弱に加え，2006年度からはLD，ADHDもその対象となりました。発達障害がある子どもたちは能力的なばらつきが大きいので，得意な課題を通常の学級で学習することができても，苦手な課題は少人数や個別による指導が必要な場合もあります。通級による指導の活用は，子どもの実態に応じた柔軟な学習形態が可能になった点で大きな意義があります。しかし，通級指導教室が校内にない学校も多いうえに，通級指導教室の多くが言語障害の子どもたちを対象としていること，通級による指導を受けることができる時間に制限があることなど，制度上の課題も多く残されています。

○個別の教育支援計画と個別の指導計画

　個別の教育支援計画は，障害がある子どもに関わるさまざまな関係者が子どもの実態や目標を共有し，それぞれの役割分担を明確にすることを目的として策定されます。その特徴は，乳幼児期から卒業後に至るまでの長期的な視点で子どもへの適切な支援を検討する点です。また，子どもたちの多様なニーズに対応するには学校教育だけでは限界があるという視点から，医療や福祉，労働など多様な関係機関が連携することをめざしている点も大きな特徴です。さらには，支援を検討する際に当事者である保護者や本人の意見を取り入れることが欠かせないという視点から，その策定プロセスに保護者（可能な場合には本人）が参加する点も特徴と言えます。個別の教育支援計画は，これらの特徴を踏まえながら，実態把握（アセスメント），目標設定，実践，評価の4つのプロセスで策定され，このプロセスの繰り返しにより子どもの実態に即した教育的支援を可能にするツールとして機能します。発達障害がある子どもの場合にも，必要に応じて個別の教育支援計画を策定することが望ましいとされています。

　学校では，個別の教育支援計画に加えて「個別の指導計画」も作成します。これは，個別の教育支援計画を踏まえて個々のニーズに応じたきめ細かな指導を行うために個別に作成される指導計画です。一人ひとりの子どもについて，各授業や活動における目標（長期目標と短期目標），指導内容を具体的に検討し，明記します。

○援助のポイント

　発達障害がある子どもたちを援助する際には，子どもの実態や特徴を把握し，子どもの得意な力（自助資源）を活用すること，苦手さを補う配慮を行うことが不可欠です。同年齢の他の子どもと比較するのではなく，子どもにとってできそうでできないこと（芽生えスキル）から出発する姿勢が何より大切です。

（上村惠津子）

▷3　ハローワーク，ジョブカフェ，地域障害者職業センター，障害者就業・生活支援センターといった労働機関がある。

▷4　文部科学省（2004）.小・中学校におけるLD（学習障害），ADHD（注意欠陥多動性障害），高機能自閉症の児童生徒への教育支援体制の整備のためのガイドライン（試案）

▷5　佐々木正美（2008）.自閉症児のためのTEACCHハンドブック　学習研究社

Ⅵ 3段階の心理教育的援助サービス

15 3次的援助サービス④ 「別室登校」「保健室登校」などの校内での援助

友達関係のトラブルやいじめ，学習の遅れなどから教室で学ぶことを苦痛に感じる子どもがいます。また，不登校の子どもが学級へ復帰する前段階として，別室や保健室への登校から復帰の練習をはじめる場合などがあります。

ここでは，「別室登校」「保健室登校」（以下，「別室登校等」と略記）を行うために，学校で行えることは何か，誰が何を行うのかなどについて説明します。

1 学校全体の合意と協力の必要性

別室登校等が必要な援助ニーズが高い子どもに対しては，**コーディネーション委員会**を開き，最初に心理教育的アセスメントを行います。コーディネーション委員会へは，別室登校等を許可するかどうかの権限をもつ管理職の他に学年主任，学級担任，養護教諭，スクールカウンセラーなどが参加します。

▷ コーディネーション委員会
⇨ Ⅴ-7 参照。

コーディネーション委員会の主な目的は，①現在の子どもの様子の把握（きっかけとこれまでの経緯），②現在の子どもの学習面，心理・社会面，進路面，健康面における強いところや弱いところの把握，③これまでやってみたこととその結果の把握，④子どもに援助的に働きかけられる援助資源の把握，⑤別室登校等が子どもの成長と発達に役に立つかどうかの判断です。子どもに別室登校等が必要との援助方針が決定したら，必ず保護者への説明と同意を得ます。さらに，学校全体で合意と協力を得る手続きをとります。

○保護者の同意と協力

別室などへの登校の場合，登校時間帯などを考慮することも多いため（朝の登校時間を遅らせる，放課後に登校する，早退するなど），教員間の共通理解の他に保護者の同意や協力も必要となります。コーディネーション委員会でのアセスメントの結果を保護者へ伝え，保護者を含むコア援助チームを並行して立ち上げ，保護者への説明と同意を得ながら援助を行っていきます。

○学校全体の合意と協力

別室登校等を行う際には必ず校内の教職員へ説明を行い合意をとります。別室での自習のほかに個別の補習が必要と判断される場合もあり，教科担当である教員の協力も欠かせないため，十分にアセスメントの結果を伝えておきます。さらに，給食を別室でとる場合や授業時間中に登校する場合もあるため，栄養士，事務職員などにも別室登校等を判断したアセスメントの結果について伝えます。

2 「別室登校」「保健室登校」から学級復帰へのステップ

校内では具体的には，以下のステップで援助を進めていきます。

○ステップ1：心理面や健康面への援助（1対1）

人目を避けて学校に来る子どもの気持ちを理解することがポイントです。

○ステップ2：心理面や社会面への援助

別室へ登校することに安心感をもてるようになってきたら，他の子どもや教師との接点をもてるように配慮していきます。

○ステップ3：学習面への援助

子どもの心に学習に取り組む余裕が生まれてきたら，子どものペースに合わせて学習面への援助を行います。最初は，学習への劣等感や抵抗感が強いので，和やかな雰囲気のなかで子どもからの質問に答える形での支援が有効です。

○ステップ4：ルールづくり

この頃になると子どもたちの表情も明るくなり元気が出てきます。別室に慣れてくると，コントロールがきかなくなることがあります（例：おしゃべりばかりしているなど）。教室復帰の準備として，子どもと先生とが話し合いルールをつくります。一方的にルールを押しつけるのではなく子どもが困っていることは何か，先生方が困っていることは何かを率直に話し合って決めます。話し合いの過程で子どもは折り合いをつけていくことを学びます。

○ステップ5：教室へのチャレンジ

この時期になると，一見すると教室に戻れそうな様子を見せはじめます。しかし，この時期は「戻れるかのように」見えている時期です。教室に入れそうな雰囲気が出はじめたら，「席の配慮（出入りしやすい一番後ろや廊下側の席など）」「席の近くの子どもの配慮（その子といい関係の子ども）」「うわさをしないこと」などの受け入れ態勢を整えます。「友達がいない」ことは「居場所がない」ことを表すため，教室の子どもとの関係はとても重要です。ここでペースを焦ると，欠席したりするようになるため，一番気をつけなければならない時期でもあります。学校でも家でも背中を押されると居場所がなくなり，追いつめられて突飛な行動に出ることがあるので注意します。

○ステップ6：学級活動への一部参加，ないしは学級復帰

受け入れ態勢が整ったらその子が好きな授業に一部参加してみます。グループ学習よりは，全員が前を向いている一斉授業の方が負担が少ないことが多いようです。教室復帰への道のりは援助者が思っている以上に子どもへの精神的なストレスが大きいことを常に頭に置いておきます。「1時間授業を受けられたから次は午前中すべて」などの急なレベルアップは避けます。小さなステップを確実に進めていき，子どもの自信や自尊心を高めていくことがポイントです。

(田村節子)

Ⅵ 3段階の心理教育的援助サービス

16 3次的援助サービス⑤
特別支援学級・特別支援学校での援助

▷ 1 個別の教育支援計画
⇨ Ⅵ-14 参照。

▷ 2 個別の指導計画
⇨ Ⅵ-14 参照。

▷ 3 特別支援学校で認められている特例
特別支援学校では、児童生徒の障害の状態に応じて、自立活動を主とした指導を行ったり、各教科の目標および内容を当該児童生徒の年齢よりも下の学年や学部に替えたりするといった特例が認められている。

▷ 4 コンサルテーション
⇨ Ⅴ-4 参照。

▷ 5 特別支援教育コーディネーター
⇨ Ⅵ-11 参照。

特別支援学級や特別支援学校は、障害のある子どもたちが在籍し教育を受ける学級、学校です。いずれにおいても、一人ひとりの子どもの実態に応じた適切な支援を行うため、**個別の教育支援計画**や**個別の指導計画**を作成し、保護者や校内外の関係機関と連携をはかることが欠かせません。それぞれの概要と特徴について説明します。

1 特別支援学級

特別支援学級は、障害の程度が比較的軽い子どもたちのために、小・中学校等に障害種別に設置されている学級です。知的障害、肢体不自由、病弱・身体虚弱、弱視、難聴、言語障害、情緒障害の子どもを対象としています。特別支援学級では、障害による困難を改善・克服するための「自立活動」を行うとともに、必要に応じて**特別支援学校で認められている特例**を適用することができます。これにより、特別支援学級は、小・中学校内にありながらも個々の子どものニーズに応じた柔軟な教育活動を行うことができるのです。

特別支援学級での援助を、在籍する子どもへの援助と学校全体への援助の2つの視点で説明します。

○在籍する子どもへの援助

特別支援学級に在籍する子ども一人ひとりの実態に応じた教育を行うために、「個別の教育支援計画」や「個別の指導計画」を作成し指導を展開します。特別支援学級は小・中学校等に設置されているので、①子どもの実態に応じて通常の学級との交流による学習を取り入れやすい、②居住する地域とのつながりを維持しやすい、③通学の負担が少ない、といった特徴があります。

○学校全体への援助

特別支援学級は、校内の特別支援教育の拠点として学校全体を援助する機能を担っています。具体的には、特別支援教育に関する情報を学校全体へ発信したり、通常の学級に在籍する障害のある子どもへの援助について学級担任の相談にのったり（**コンサルテーション**）、**特別支援教育コーディネーター**と連携し校内支援体制を整えたりする役割を果たします。また、弾力的な運用により、通常の学級に在籍する障害のある子どもの個別指導や小集団による指導を行ったりすることもあります。

② 特別支援学校

　特別支援学校は、「障害の程度が比較的重い子どもを対象として、専門性の高い教育を行う学校」です。視覚障害、聴覚障害、知的障害、肢体不自由、病弱・身体虚弱の子どもたちを対象としています。多くの特別支援学校は特定の障害種に対応した学校ですが、2007年度からは複数の障害種に対応した特別支援学校を設置することが可能になりました。たとえば、聴覚障害の子ども、視覚障害の子ども、知的障害や肢体不自由の子どもたちが障害種にかかわらず同じ学校に在籍する特別支援学校がこれにあたります。特別支援学校には、幼稚部・小学部・中学部・高等部があり、在籍する子どもたちはそれぞれの年齢に応じた学部で教育を受けています。また、通学が困難な子どもには、教員が自宅や病院を訪問して教育を行う「訪問教育」も行っています。

　特別支援学校の教育は、幼稚園・小・中・高等学校に準ずる教育を行う「各教科」「道徳」「特別活動」「総合的な学習の時間」と、障害による困難を改善したり克服したりする教育を行う「自立活動」で構成されています。特別支援学校の教育の大きな特徴は、子どもの障害の状態等に応じて柔軟な教育が行える点です。具体的には、各教科を合わせた指導や**領域・教科を合わせた指導**、**自立活動**を主とした指導を行ったり、各教科の目標や内容を実際の年齢よりも下の学年のものに替えて指導を行ったりすることができます。

　特別支援学校での援助を、在籍する子どもへの援助と地域への援助の2つの視点で説明します。

○在籍する子どもへの援助

　特別支援学校では、専門性の高い教員が少人数の学級で子ども一人ひとりの実態に応じた教育を行います。指導にあたっては、「個別の教育支援計画」や「個別の指導計画」を作成します。特別支援学校には、①障害に応じた専門性の高いきめ細かな指導が受けやすい、②社会的な自立に向けた職業教育や進路指導のノウハウが蓄積されている、③同じ障害種の子どもおよび保護者のネットワークをつくりやすい、といった特徴があります。

○地域への援助

　特別支援学校は、地域の特別支援教育の拠点として地域の小・中学校を援助する機能を担っています。これを特別支援学校のセンター的機能と呼びます。具体的には、地域の幼稚園や小・中学校に在籍する子どもの保護者や教員の相談に応じたり、これらの児童生徒を対象に**通級による指導**を行ったり、医療、福祉、労働などの関係機関等との連絡・調整を行ったりしています。このような活動により、地域の小・中学校に在籍する障害のある子どもが適切な支援を受けることができるようになることをめざしています。

（上村惠津子）

▷6　文部科学省　パンフレット「特別支援教育」（http://www.mext.go.jp/a_menu/shotou/tokubetu/main/004.htm）

▷7　領域・教科を合わせた指導
「各教科」「道徳」「特別活動」「自立活動」を合わせて指導を行うこと。知的障害を対象とする特別支援学校で認められている授業形態で、「作業学習」「生活単元学習」「遊びの指導」「日常生活の指導」といった学習活動がこれにあたる。

▷8　自立活動
障害がある児童生徒の個々の障害による学習上、生活上の困難を改善・克服するための指導として、特別支援学校の学習指導要領に位置づけられている領域で、以下の6つの柱で構成されている。
1．健康の保持
2．心理的な安定
3．人間関係の形成
4．環境の把握
5．身体の動き
6．コミュニケーション

▷9　通級による指導
⇨VI-14参照。

VII 学校心理学の4つの援助領域

1 学習面での援助①
子どもの学習スタイルと教授スタイルのマッチング

1 子どもの「学び」を規定する学習スタイル

学習スタイルは、学びの主体である子どもが好んで利用する刺激の種類や程度によって決まります。すなわち、音や明るさのなどの環境的刺激、意欲などを引き出す情緒的刺激、他者との関係などの社会的刺激、知覚などの身体的刺激が学習スタイルを形成します。

子どもが授業内容を理解する時、一定の知識を記憶しておくことが重要ですが、この記憶に関する学習スタイルの代表的なものとして表象型があります。これは思考の道具となる表象、つまり心内における記号や言語、イメージなどがどのような感覚器官（知覚）を通した時つくられやすいかという観点から視覚型、聴覚型、運動型、混合型に分類したものと言えます。

たとえば、視覚型は紙に書いてあるものを見る時に表象がつくられやすい傾向があります。同様に、聴覚型は紙に書いてあるものを誰かに読んでもらう時、運動型は自分で読んだり書いたりする時、混合型はこれらの方法を組み合わせて利用する時に表象がつくられやすい傾向があります。

この表象型も含めて、人間が環境から情報を受け取る際に見られる個人差は「認知スタイル」と呼ばれ、心理学実験の対象とされてきました。

また、新たに記憶したことを既存の知識と関連づける働きを思考と呼びますが、これに関する学習スタイルには演繹型と帰納型があります。たとえば、前者は原理法則を理解してから具体的事例を思い浮かべ関連づけるのが得意ですが、後者は具体的事例から原理法則を関連づけるのが得意、と言われています。

2 児童生徒の学習スタイルへの対応と課題

前述のように、学習スタイルにはいくつかの型が見られます。ところが、こうした研究成果は実際の授業での教師の対応、すなわち「教授スタイル」に活かされていないことが多いようです。このことに関連して、筆者が小・中学校の教師を対象に実施した「教え方に関する悩み」の調査で「個人差に関する悩み」を尋ねたところ、「学習の習熟度に大きな差がある」「子どもの能力差により、時間の予想がつかない」のような回答が多く見られました。

教師は習熟度や能力など授業場面で見られる子どもの個人差を主観的には認識していても、その理解と対応の仕方については困難を感じていました。この

▷ 1 小野瀬雅人 (2000). 学校週5日制に対応した学習指導を援助する学校心理学的サービスに関する研究——不登校・LD（学習障害）等を中心に 文部省 平成9年度～平成11年度科学研究費補助金（基盤研究C(1)研究成果報告書（課題番号：09610125)）

ことから，子どもの学習スタイルと教授スタイルとのマッチングがうまくいっていないことがわかります。

③ 学習スタイルの活かし方——最適な教授スタイルとのマッチング

サロモン（Salomon, G.）は，「学習スタイル」と「教授スタイル」の組み合わせ方に関連する「適性処遇交互作用（ATI：Aptitude Treatment Interaction）」の研究のなかで3つのモデルを指摘しています。これらを要約すると次のようになります。

①学習者の得意なスタイルを活かす（特恵モデル）
②学習者の不得意な能力を他の何かで補う（補償モデル）
③学習者の能力の足りない部分を治療する（治療モデル）

たとえば，前述の思考に関する学習スタイルで演繹型と帰納型を取り上げましたが，特恵モデルの考え方に立てば，次のようなマッチングが考えられます。すなわち，演繹型の子どもに対しては教師による説明中心の授業を教科書，参考資料，視聴覚教材などを利用して行い，場合によっては討論，レポートなども併用するのが良いマッチングとなります。他方，帰納型の子どもに対しては，子ども中心の発見型の授業を行い，子ども自らが資料を集め，それを総合しながら知識を身につけられるようにするのが良いマッチングとなります。この時，教師は資料や図書教材についての情報をインターネットなどから集められるよう支援すると良い成果につながります。

また，各教科の基礎・基本となる内容の修得が目標となる時，あまり深く考えずに即答する傾向の子ども（衝動型）に対しては治療モデルに従い，じっくり考えてから答えを出すよう「言葉かけ」を行ったり，ワークシートなどでじっくり考える作業をサポートしたりする補償モデルに従った授業スタイルが考えられます。その一方で，個性化も重視されているので，発展的目標では子どもの得意なスタイルを活かした特恵モデルに従った個別指導を行うとよいでしょう。

ローゼンシャイン（Rosenshine, B.）の研究によれば，アメリカの小学校の授業における1人学習の割合は50～70％になると言われています。日本でも同様で，教師が説明した後は，子どもが1人で本を読んだり作業をすることが多いようです。その際，教師は机間指導で個別に対応することも多いのですが，特に学習上の困難を示す子どもに対しては，その子の学習スタイルを見極め，それに合った教授スタイルを考えることが2次的援助サービスになります。それでも指導がうまくいかない時は，3次的援助サービスとして，当該の子どもに対してより精緻なアセスメントを行い，個別の指導計画を作成して指導します。

（小野瀬雅人）

▷ 2 近藤邦夫（1994）．教師と子どもの関係づくり——学校の臨床心理学　東京大学出版会

▷ 3 Salomon, G. (1972). Heuristic models for the generation of aptitude-treatment interaction hypotheses. *Review of Educational Research*, **42**, 327-343.

▷ 4 Rosenshine, B. (1980). How time is spent in elementary classrooms. In C. Denham & A. Lieberman (Eds.) *Time to learn*. National Institute of Educaiton.

VII 学校心理学の4つの援助領域

2 学習面での援助②
学習意欲を高める援助

1 「学習意欲」が高まるメカニズム

「学習意欲」は、これまで、「動機づけ」と呼ばれる研究領域で研究が進められてきました。桜井（1997）[1]は「学習意欲の構造」を図VII-1のようなモデルで説明しています。このモデルによると、子どもは過去に、ある学習活動をして「うれしかった・楽しかった」という経験があり、さらにその際、この活動が「まわりの親・教師・友達から認められ受け入れられる」（他者受容感）と、「自分もやればできるんだ」（有能感）、「だから次も自分でやる」（自己決定感）につながり、その結果として知的好奇心や、達成したい、挑戦したいという心情につながっていくことが考えられます。このことから、子どもの学習意欲を高めるためには、クラスのなかで教師や仲間から受容されること、子ども一人ひとりが自分の意思で学ぶことを決定することが重要です。

また、新井（1995）[2]は「やる気はどこから生まれるか」に関して「学習意欲の相対的強さの変化」の発達モデルを示しています（図VII-2）。要約すると、①自己目標実現のための学習意欲（社会化された内発的学習意欲）は発達とともに高まる、②規範意識による学習意欲（成績的学習意欲）は小学校中高学年でピークになり、その後下がる、③内発的学習意欲（興味的学習意欲）は最初高いが次第に下がる、④賞罰による学習意欲（対人的学習意欲）は最初高いが次第に下がる、となります。このモデルに従えば、人は、自立するとともに自己目標実現のための学習意欲に支配されるようになります。そこで、子どもが学習意欲をもち、それを持続するためには、自己の目標をもつことが大切になります。

2 子どもの「学習意欲」を高める条件

○「興味・関心をもつ心」を育てる

渡辺（2002）[3]は、子どもが学習意欲を高めるうえで、「興味・関心をもつ心」を育てることの重要性を指摘しています。渡辺によれば、「好き・嫌いは経験しないともてない感情」です。つまり、教科の好き嫌いや面白い面白くない、にしてもその教科の授業を受けてみなければわかりません。子どもは色々な教科の勉強を経験することによって、興味をもてる教科かもてない教科かを判断する力を身につけていきます。したがって、学校では、興味・関心の幅を広げることを意図した授業を保障することが大切です。

---

[1] 桜井茂男（1997）. 学習意欲の心理学――自ら学ぶ子どもを育てる 誠信書房

[2] 新井邦二郎（1995）.「やる気」はどこから生まれるか――学習意欲の心理 児童心理、2月号臨時増刊, 3-11.

[3] 渡辺三枝子（2002）. キャリア発達の視点 日本学校心理学研究会・研修会資料

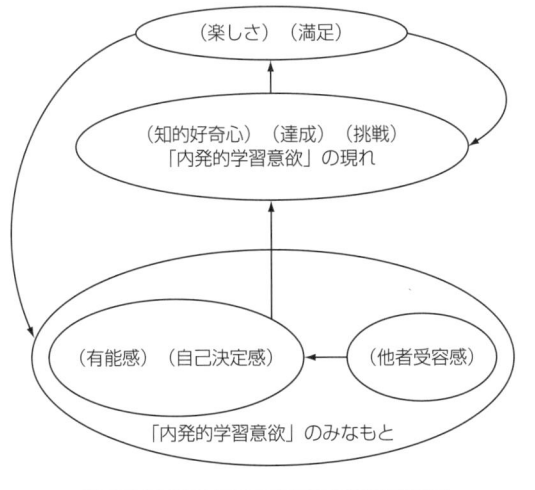

図Ⅶ-1 内発的学習意欲の発現プロセス
出所:桜井 (1997) より。

図Ⅶ-2 学習意欲の相対的強さの変化
出所:新井 (1995) より。

また，そのためには子どもにとって未経験のことを経験することが不可欠で，経験したことのないことに勇気をもって挑戦してみることによって，興味がもてるかどうかを判断する力が育つといっても過言ではありません。

○将来に目を向ける機会をもつ

前述の新井のモデルにある自己目標実現と関連して，職業意識を育てることも大切です。そこで，教師や保護者が子どもの能力や適性との関係で自分に合った将来の仕事を思い描く機会を意図的につくることも，勉強へのやる気をもち続けるうえで大切です。

3 子どもにとって魅力ある授業づくりを考える

子どもたちの「興味・関心をもつ心」を育て，それをもとに「学習意欲」を高めるために，教師は次のことを心がけ「授業づくり」をすると良いでしょう。

○授業の雰囲気を盛り上げる「対話技法」

教師が，子どもと積極的に対話を行うためには，言葉のキャッチボールを行うと良いでしょう。これが「対話技法」で，たとえば「○○についてどう思うか」のような「**開かれた質問**」が有効です。

○やる気を引き出すリレーション

リレーション（人間関係）が形成されると，他者受容感が生まれます。そのためには，学級の成員間の信頼感が大切で，それを高めるためには，定期的に**構成的グループエンカウンター**を取り入れることも有効です。

以上のことを心がけると，学級の仲間や教師との人間関係が築かれ，信頼をもてるようになります。それが「自分が周囲からも受け入れられている」という感情（自己肯定感）と「自分も周囲の仲間を受け入れている」という感情（他者肯定感）をもつことにつながり，「学ぶ意欲」が育っていきます。（小野瀬雅人）

▷4 開かれた質問
答える人の関心により，たとえば「学校はどうですか」のように，自由に返答できる質問を指す。それに対して，「はい」「いいえ」あるいは数語でしか返答できない質問を「閉ざされた質問」と呼ぶ。

▷5 構成的グループエンカウンター
⇒Ⅶ-11参照。

Ⅶ 学校心理学の4つの援助領域

3 学習面での援助③ 学習スキルの育成

1 学習スキルとは何か

「学習スキル」とは，児童生徒等の学習者が，たとえば，学校での教科内容を学ぶ際に実際に用いる方法に関する知識と技能を指します。これには，その有効性がエビデンス（実証的研究の成果：証拠）として確かめられているもの，それがないものが含まれています。

他方，認知心理学や学習心理学の研究領域では，「学習方略」と呼ばれ，実証的研究が進められてきました。学習方略には，理解や記憶の方法に関する「認知的方略」と学習者自身が自分の理解状態をモニター（監視）したり，当該の問題解決にどんな知識や方法が有効かを考え，行動をコントロールする「メタ認知的方略」があります。[1]

北尾（1991）は，「学習スキル」を，「学び方」に関する行動面の特徴を表す概念であるとし，頭の働き方に関する認知面の特徴を表す「学習方略」と区別しています。たとえば，「実験を行う前に仮説を立てる」「算数の問題を解いた後で必ず検算を行う」などがあります。したがって，学習者である児童生徒等が学習スキルを有効に利用するためには，エビデンスとして有効性が確認されている「学習方略」との関連に配慮し，習慣化することが大切です。[2]

2 学習方略の種類と方法

学習スキルを育成するためには，各教科の授業におけるさまざまな課題を通して学習方略を試みることが大切です。

○学習方略

代表的なものとして，表Ⅶ-1に示すようなものがあります。[3]これらは前述の「認知的方略」に関連します。

リハーサルは，復唱とも呼ばれます。記憶する必要がある教材を示し，その後，それを見ないで繰り返すことを意味します。リハーサルは，これまで感覚記憶を経て短期記憶（作業記憶）に進んだ情報を維持するため反復する維持リハーサルと，同様に短期記憶に進んだ情報を，すでに知識として長期記憶に貯蔵されている情報を用いて体制化（まとめ）したり，有意味化（変換）する精緻化リハーサルに区分されてきましたが，表Ⅶ-1ではそれらを分けて考えています。[4]

学校の授業場面では，学習内容を一時的に覚えておくには維持リハーサルで

▷ 1 市川伸一（2003）．学習方略 今野喜清・新井郁男・児島邦宏（編）学校教育辞典 教育出版 p. 93.

▷ 2 北尾倫彦（1991）．学習指導の心理学 有斐閣

▷ 3 Weinstein, C. E. & Mayer, R. (1986). The teaching of learning strategies. In M. C. Wittrock (Ed.) Handbook of research on teaching. 3rd. ed. Macmillan.
辰野千寿（1997）．学習方略の心理学――賢い学習者の育て方 図書文化

▷ 4 記憶については Ⅱ-7 参照。

表Ⅶ-1 学習方略のタイプ

カテゴリー	具体的な方法
リハーサル	逐語的に反復する，模写，下線を引く，明暗をつけるなど
精緻化	イメージあるいは文をつくる，言い換える，要約するなど 質問する，ノートをとる，類推する，記憶術を用いるなど
体制化	グループに分ける，順々に並べる，図表をつくる，概括する，階層化する，記憶術を用いるなど
理解監視	理解の失敗を自己監視する，自問する，一貫性をチェックする，再読する，言い換えるなど
情緒的 (動機づけ)	不安を処理する，注意散漫を減らす，積極的信念をもつ（自己効力感，結果期待），生産的環境をつくる，時間を管理するなど

出所：Weinstein & Mayer (1986) および辰野 (1997) をもとに作成。

も十分ですが，学習内容の理解と記憶の保持のためには精緻化リハーサルを用いるよう指導することが大切です。そのためには，表Ⅶ-1に示す「具体的な方法」を学校での授業や家庭での学習（宿題など）で積極的に用いるよう児童生徒に指導し，習慣化するとよいでしょう。そのことが「学習スキル」の育成につながります。

○ 自己制御学習

学習者が学習スキルを習慣化し，有効に活用できるようにするためには，前述の「メタ認知的方略」を修得する必要があります。その1つが自己制御学習です。

自己制御学習では4つの下位過程，すなわち，「目標設定」「自己監視」「自己評価」「自己強化」を含みます。「目標設定」は，学習者が自分で目標を立てることで，たとえば「今日はこの問題を解こう」のように自分なりの達成基準をつくることです。「自己監視」は，学習者が自分自身の行動・思考・感情がどのようになっているかを観察・内省することです。自分の行動を記録することがその例です。「自己評価」は，自分の定めた目標の達成基準に到達したかを判断することです。自己採点がこれにあたります。「自己強化」では，自己評価の結果，目標を達成していたら自分自身にとって満足をもたらす強化（例：休憩など）を，達成していなかったら罰（例：自分で決めた課題）を与えることが大切です。

3 学習スキルを育成する際の留意点

学習スキルは，Ⅶ-1で取り上げた学習スタイルと関連しています。学習スタイルに個人差があるように，学習スキルにも個人差があります。たとえば，認知スタイルとしてウィトキン（Witkin, H. A.）の**場独立—場依存型**がありますが，場依存型の子どものように周囲の場（状況）の影響を受けやすい子どもに対して，精緻化の学習方略でイメージ化のスキルを指導する際，子どもをリラックスさせる等のカウンセリング技法の活用も必要になります。　（小野瀬雅人）

▷ 5　場独立—場依存型
四角の枠の中にある垂直線が枠の角度により影響を受けるかをみるロッド・アンド・フレーム・テストで，傾斜枠の影響を受けにくい人が場独立型，受けやすい人が場依存型とされる。
Witkin, H. A. (1962). Origins of cognitive style. In G. Murphy et al. (Eds.) *Cognition, theory, & research dromise*. Harper & Row.

▷ 6　Griggs, S. A. (1993). Counseling gifted adolescents through learning style. In R. M. Milgram, R. Dunn & G. E. Price (Eds.) *Teaching and counseling gifted and talented adolescents: An international learning style perspective*. Praeger Publishers pp. 69-86.
小野瀬雅人 (2010). カウンセリングと授業　高垣マユミ（編）授業デザインの最前線Ⅱ　北大路書房 pp. 212-223.

Ⅶ 学校心理学の4つの援助領域

4 学習面での援助④
学習が困難な子どもの援助

▷ 1 特別支援教育の在り方に関する調査研究協力者会議（2003）．今後の特別支援教育の在り方について（最終報告）

障害がある子どもを対象に作成する「個別の教育支援計画」では，支援の手順として以下に示す4つのプロセスが示されています。[1]①障害のある児童生徒の実態把握，②実態に即した指導目標の設定，③具体的な教育的支援内容の明確化，④評価です。学習が困難な子どもを援助する際にもこのプロセスが参考になります。以下，4つのプロセスに沿って学習が困難な子どもの援助を考えてみます。

1 実態把握

○発達的な視点から子どもの特徴（個人的要因）を把握する

▷ 2 WISC-Ⅳ
⇨ Ⅱ-4 参照。

▷ 3 KABC-Ⅱ
⇨ Ⅱ-4 参照。

学習が困難な子どものなかには，認知の発達に部分的な遅れや偏りがある子どもがいます。このような能力のばらつきは，個別式知能検査（例：WISC-Ⅳ[2]，KABC-Ⅱ[3]）により把握することができます。知能検査の結果や日常生活における行動観察に基づき，子どもの得意な課題と苦手な課題を分析することができます。

○関係性の視点から環境の要因（環境的要因）を探る

▷ 4 子どもの問題状況を子ども自身の要因と環境要因の相互作用の結果と捉えるこのような考え方を「生態学的モデル（ecological model）」と呼ぶ（石隈利紀（1999）．学校心理学——教師・スクールカウンセラー・保護者のチームによる心理教育的援助サービス 誠信書房）。

学習場面の行動観察や子どもに関する情報から，問題の要因を探ることも重要です。問題は，能力的なばらつきといった子どもの個人的要因のみならず，子どもを取り巻く環境との相互作用で生じていることが多いからです。[4]学習の取り組みに影響を及ぼす環境要因を探ることで，困難さを助長している環境を変え，より学習しやすい環境をつくる援助が可能となります。

○子どもの気持ち，感情を理解する

学習への取り組みには，子どもの意欲が大きな影響を及ぼします。個人的要因と環境的要因により生じるさまざまな困難さが子どもの自己肯定感や自己効力感，自尊心を低下させてしまうこともあります。子どもが抱える学習面の困難さが子どもの気持ちにどのような影響を与えているかを把握し，自己肯定感や自尊心，意欲を高める配慮を検討することも重要です。

2 目標の設定

目標は，概ね1年後の達成レベルを示す長期目標と，2～3か月後の達成レベルを示す短期目標で構成されます。目標は援助者の願望ではありません。あくまでも子どもの実態に応じて，達成可能で無理のない目標を設定することが

表Ⅶ-2 応用行動分析における長期目標・短期目標設定上の留意点

長期目標（教育目標）	短期目標（行動目標）
・観察可能で測定可能な用語で示す	・対象の生徒を明らかにする ・行動目標を明らかにする ・その行動が実行される時の状況を明らかにする ・達成基準を明らかにする

出所：佐久間・谷（2002）を参考に筆者作成。

重要です。なお，**応用行動分析**で示されている目標設定上の留意点をまとめると，表Ⅶ-2のようになります。これらは，子どもに何を達成してほしいかを明確にするだけでなく，援助者同士で援助方針や援助内容を共有し，一貫性のある援助を可能にするための留意点と言えます。

3　援助内容の具体化

援助内容の具体化にあたっては，子どもの強い能力（自助資源）と環境の資源（援助資源）を活用する3次的援助サービスの方略が参考になります。

○自助資源の活用により得意を活かす

学習が困難になっている子どもに対応する時，できない部分ばかりに注目しがちですが，これらの子どもたちにも得意な情報処理や方略が必ずあります。「言葉での説明よりも図やモデルの方が理解しやすいので，絵や図で示す」「一度に全部を示されるより，順番を追って示される方が理解しやすいので，1問ずつめくりながら進めるプリントを準備する」など，子どもの得意を積極的に活用して援助内容を検討します。

○援助資源の活用により苦手を補う

子どもにとって援助的な機能をもつ人や物を活用する援助です。先生が声をかけやすいように子どもの机を先生の近くにするなどの援助が，これにあたります。この他，子どもの苦手を助長しないように環境を調整する援助もあります。教材が小さすぎて手間取る場合に，教材の数を減らしたり，大きいサイズの教材を準備するといった援助がこれにあたります。

○意欲への配慮

学習が困難になっている子どもは，学習への苦手意識が高くなりがちです。子どもにとって取り組みやすい難易度の課題や興味関心をもちやすい題材を選ぶなど，学習する楽しさ，達成感が得られやすくすることも重要な援助です。

4　評　価

上記のように計画した援助内容が必ずしも効果的に作用するとは限りません。援助を実践した結果，子どもがどのように変容したか，あるいは変化は見られなかったかを評価し，その結果をもとに次の援助内容をさらに検討することが欠かせません。

（上村惠津子）

▷ 5　応用行動分析
応用行動分析は，環境と個人との相互作用に注目し，行動を増減させる原因を捉える行動分析学を背景として問題解決をはかる理論的枠組みである。行動に先立つ先行刺激，行動，行動の後に生じる結果刺激の3つの要素（三項随伴性）を分析し，行動を増やしたり減らしたりする方法を検討する「機能的アセスメント」といった手法がある。

▷ 6　Alberto, P. A. & Troutman, A. C. (1986). *Applied Behavior Analysis for Teachers.* 2nd ed. Bell & Howell Company.（佐久間徹・谷晋二（監訳）(2002). はじめての応用行動分析　二瓶社）

Ⅶ 学校心理学の4つの援助領域

5 学習面での援助⑤
授業のペースを乱す子どもへの援助

1 「授業のペースを乱す子ども」とは——身体の「落ち着かなさ」と不安

　「授業のペースを乱す子ども」とは，教師の授業展開のプランと，他の児童生徒の集中を妨げる子どものことを意味しています。つまりそれは，教師の側から見た姿であると言えます。このような固定的な視点から見ていると，その子どもは「問題児」として定着してしまうことになります。まず，「（周囲の）授業のペースを乱す子ども」本人の側から見える世界を捉えなおしてみましょう。

　「授業のペースを乱す子ども」は，身体が落ち着いて安心しているという身体感覚を教室のなかでもつことができないでいる子です。「落ち着きのなさ」ではなく「落ち着かなさ」です。これは身体の安心感が欠如している状態です。落ち着いて学習に集中するためには，身体が安心して落ち着いている状態にあることが，絶対的に必要なのです。まず，なぜ「落ち着かなさ」を抱えているのか考えてみます。家庭の事情で，安心して過ごすことができない何らかの事情があるのかもしれません（虐待やDVなどの養育環境，家族の介護や病気など）。あるいは，クラスのなかの人間関係はどうでしょうか。休み時間に仲間はずれにされていれば，授業がはじまったところで落ち着かなくなるのは当然です。

　また，学習についていけない，わからない，何をすればいいかわからないという状況は子どもにとって大きな不安と「落ち着かなさ」を生み出します。勉強がよくできる子どもであっても，家庭で常に100点を求められていれば，95点であっても不安になりますので，学習に不安を感じるか感じないかは，客観的・相対的にできているかどうかということと一致するものではありません。LD（学習障害）がある場合，特定の苦手な状況でのみ，周囲についていけないという事態に陥るので，急に不安が喚起されるということもあります。このように，身体の「落ち着かなさ」と不安を抱えた子どもは，教師に対するSOSのサインとして，ちょっかいを出します。それは時に，暴言や授業妨害の形をとるために，教師の叱責といらだちの対象になります（図Ⅶ-3）。

2 学級のなかで生じる悪循環

○不安の対処の仕方としての問題行動

　教師からの叱責やいらだちを受けると，その子どもにとって，教室のなかは安全な場ではなくなりますので，ますます身体は落ち着かなくなります。その

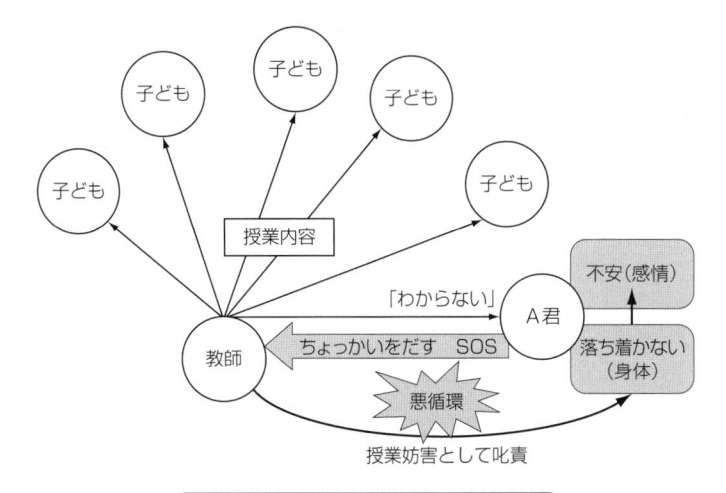

図Ⅶ-3 「問題」と問題をめぐるシステム

結果，問題行動はさらにエスカレートします。周囲の子どもたちからも浮いた存在となり，「問題児」という視線が向けられ，学級のなかでの安定した地位を築くことができません。そのため，劣等感を刺激されると，きれたり，教室から飛び出してしまうという問題行動へと発展します。しかしながら，教室からの飛び出しは，子ども自身がそれ以上教室にとどまっていると何をするかわからないほどに追いつめられていて，自分の身を守るためにその場から立ち去っているという側面もあります。したがって，重要なのは，単に「飛び出し」をやめさせようとするのではなく，教室のなかでの悪循環を改善することです。

○「問題行動」のきっかけに注目する

支援にあたっては，まず，いつどのようなきっかけで，どのような発言や行動により，問題行動に至るのかを注意深く観察します。毎日同じようなことが続いて，「問題児」としての固定的なものの見方が定着してしまうと，教師は「理由は何にもないんです」「自分がおもしろくないと騒ぎはじめるんです」と語ります。しかし実際には，不安が喚起されるきっかけがあります。その子が授業に集中できているのはいつか，授業妨害する時としない時の違いは何かなどを考えます。休み時間に友達ともめた後に，必ず授業妨害するのであれば，友達とのトラブルにおける怒りや悲しみを聞いてあげることで安心を得られるように支援することが効果的です。計算をやっていた時には問題はなかったけれど，図形にはいったら授業妨害をするようになったのであれば，LD傾向のある子どもが図形を学ぶにあたって不得手な認知特性があり，不安が喚起されているのかもしれません。このように，子どもの不安に着目して，安心を与える支援を行い，学級システムのなかの悪循環を改善することが重要です。

（大河原美以）

VII 学校心理学の4つの援助領域

6 学習面での援助⑥
学級崩壊への対応

1 学級崩壊を構成する3つの側面

　学級崩壊は，教師の側の問題と子どもの側の問題，そしてそれまでの学級の担任歴という継続性の問題という3つの側面の相互作用によって生じます。教師の側の問題は，教師のリーダーシップ力の問題であり，子どもの側の問題は，不快感情制御の問題（ VII-10 参照）です。学級担任歴は，子どもたちの不快感情制御の問題に関係します（図VII-4）。

　○教師の側の問題

　子どもが育つためには，学級が秩序のある安全な組織であることが必要です。安全と秩序が維持されている学級では，子どもは自主性を発揮し，自由な自己表現が保障されます。学級経営は，子どもが教師を信頼し教師に従おうとする関係性を軸にして，教師がどこに価値をおきどんな能力を育てたいのかという方向性のもとに展開されます。ところが，教師自身の精神的な健康が保たれず，抑うつ状態等に陥っている場合や，教師が自分に自信をもてず子どもに拒絶されることを恐れて叱ることができない場合など，教師がリーダーシップを発揮することができないと，子どもは教師を信頼することができなくなります。子どもが教師に従おうとする関係性が崩れると，学級崩壊が生じます。

　○子どもの側の問題

　多くの子どもたちが，自分の身体のなかからあふれてくる不快感情を安全に抱え，言語的に適切に表現することができない状態に陥っています（ VII-10 参照）。不快感情は「くやしい」「悲しい」「腹がたった」という適切な日本語で表現されず，「死ね！」「殺す！」「うざい！」といった暴言で表現されます。その時に教師が，暴言のもとにある「本当は悲しい気持ち」や「正当な怒りの感情」を汲み取ることができず，子どもが「（教師に）否定された，拒絶された」と思うような叱責を繰り返すと，子どもは激しく反抗するようになります。このような悪循環が，以下に述べるような過去の担任歴との関係で，集団の欲求不満と連動すると，あっという間に学級崩壊に至ります。

　○学級の担任歴の問題

　学級崩壊が起こると，その時の担任教師が全責任を感じることになりがちですが，前年度までに，どのような学級経営のなかで育ってきたのかということが，重要な影響を与えています。典型的な例としては，前年度「非常に厳しい

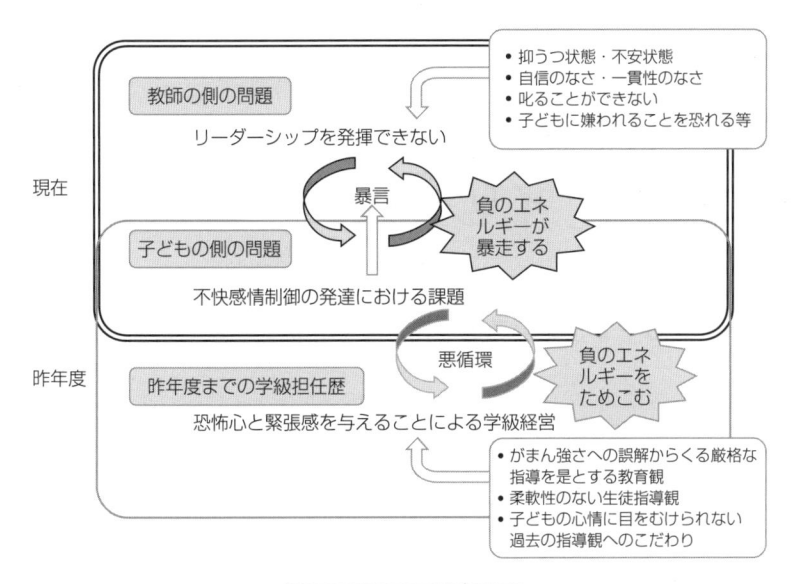

図Ⅶ-4　学級崩壊の構造

（図の内容）
- 現在
  - 教師の側の問題：リーダーシップを発揮できない
    - 抑うつ状態・不安状態
    - 自信のなさ・一貫性のなさ
    - 叱ることができない
    - 子どもに嫌われることを恐れる等
  - 子どもの側の問題：不快感情制御の発達における課題
  - 暴言 → 負のエネルギーが暴走する
- 昨年度
  - 昨年度までの学級担任歴：恐怖心と緊張感を与えることによる学級経営
  - 悪循環 → 負のエネルギーをためこむ
    - がまん強さへの誤解からくる厳格な指導を是とする教育観
    - 柔軟性のない生徒指導観
    - 子どもの心情に目をむけられない過去の指導観へのこだわり

教師」が，「恐怖と緊張」により学級を統制してきた場合，翌年「やさしい教師」が担任になると，すぐに学級崩壊状態に陥ることになります。感情制御の発達に課題を抱える子どもたち（Ⅶ-10 参照）が，「恐怖と緊張」で統制された場合，不快感情は一時的に押さえ込まれますが，「恐怖と緊張」から解かれたとたんに，統制できないエネルギーとして暴走することになります。学級崩壊を予防するためには「恐怖と緊張」により統制する学級経営を行わないことが重要です。

❷ 学級崩壊を立て直す

　学級崩壊を立て直すためには，子どもが教師を信頼し，教師に従おうとする関係性を構築することが重要です。そのためには，学級の秩序と安全を回復することです。最初に大事なことは，給食が全員に平等にいきわたり，安心して自分の食事が確保できるという状況を教師のリーダーシップのもとに実現すること。そして，教室における明確なルールを呈示すること。そのうえで，教師に従おうとする意思のある子どもたちをメインに据えて，この子どもたちが満足する授業を展開します。通常，学級をマイナスの方向に扇動する数名の子どもの問題行動の改善に，教師は8割のエネルギーを注いでおり，周囲の子どもはそのために不満足な状態を余儀なくされています。立て直す時には，周囲の子どもに8割のエネルギーを注ぎ，問題行動の中心にいる子どもには2割程度で関わるようにします。教師に従おうとする意思のある子どもが満足することにより，学級としての機能が回復します。秩序と安全のある学級が集団としての機能を発揮できるようになれば，特定の問題を抱えている子どもの暴言の下にある「悲しみ」に教師が注目していくことで，全体的な落ち着きを取り戻すことができるようになります。

（大河原美以）

Ⅶ 学校心理学の4つの援助領域

7 心理・社会面での援助①
アイデンティティの発達

1 アイデンティティの発達を援助するとはどういうことか

心理面での援助の1つに，子どものアイデンティティの発達を援助することがあります。アイデンティティとは，精神分析家エリクソン（Erikson, E. H.）が提唱した8段階の発達課題からなる心理社会的発達理論の5段階目の課題にあたり，思春期・青年期の発達課題の中核とされています。それは，「自分とは何者か」という問いに対する自分なりの答えを見つけ，自分は自分であるという確かな感覚を獲得することを言います。

マーシャ（Marcia, J. E.）は，このエリクソンの考え方を発展させ，アイデンティティの問いに積極的に悩んだ時期があったかどうか（危機・探究の有無）と，自分が選んだ職業や活動に対して専心しているかどうか（コミットメントの有無）という2つの基準で，アイデンティティの状態を4つに分類しています（表Ⅶ-3）。アイデンティティ達成段階にある人とは，すでにアイデンティティの危機を経験し，積極的な問いかけを行い自己を明確にする時期を通過している人を言います。早期完了は，親や教師など重要な他者の価値観や意見を自分のものとして取り入れ，アイデンティティを確立している状態を言います。モラトリアムは，現在危機の真っ只中にいて，まだ確固たるアイデンティティが定まっていない状態を言います。アイデンティティ拡散は，過去に危機を経験した人としていない人がいますが，いずれにせよまだに自分自身についての統合的な感覚をもっていない人を言います。

2 アイデンティティの発達を援助するには

○発達段階の達成度という縦の視点で援助する

アイデンティティの獲得の困難さは，それ以前の発達課題の達成度によって違ってきます。アイデンティティ獲得以前の発達課題を順調に獲得できるように援助することが，アイデンティティの獲得につながります。そして，どこかの段階で大きなつまずきがある場合，その段階の課題がもちこされ，次の段階の課題と合わせて取り組まなければならず，子どもにとってつらい状態となります。たとえば，アイデンティティの獲得前段階は学齢期の子どもの発達課題の「勤勉性」の獲得です。不登校状態が長く学習習慣が築かれていない子どもは，働く習慣ができていない自分は社会に出てやっていけないのではないかと

▷1 エリクソンの心理社会的発達理論については，Ⅱ-4 参照。
Erikson, E. H. (1950). *Childhood and society.* Norton.（仁科弥生（訳）(1977). 幼児期と社会 みすず書房）

▷2 谷（2001）は，このエリクソンの理論に基づき，アイデンティティの感覚には以下の4つの下位概念があることを指摘し，各下位概念を測定できる尺度の作成を試みている。
①自己斉一性・連続性：自己の不変性および時間的連続性についての感覚。
②対自的同一性：自分自身がめざすべきもの，望んでいるものなどが明確に意識されている感覚。
③対他的同一性：他者から見られているであろう自分自身が本来の自分自身と一致しているという感覚。
④心理社会的同一性：現実の社会のなかで自分自身を意味づけられるという自分と社会との適切な結びつきの感覚。
谷冬彦（2001）．青年期における同一性の感覚の構造――多次元自我同一性尺度（MEIS）の作成　教育心理学研究, 49, 265-273.

表Ⅶ-3 2基準の組み合わせによるアイデンティティ地位の定義

		コミットメント（積極的関与・傾倒）	
		している	していない
危機・探求	経験した	アイデンティティ達成 (identity achievement)	モラトリアム (moratorium)
	経験していない	早期完了 (foreclosure)	アイデンティティ拡散 (identity diffusion)

出所：Marcia (1966) をもとに作成。

不安に感じます。このような悩みが勤勉性とアイデンティティの課題に同時に取り組まなくてはならなくなった場合に生じます。援助者は，子どものそれまでの発達段階の達成度という縦の視点で子どものアイデンティティの発達の援助を行う必要があります。

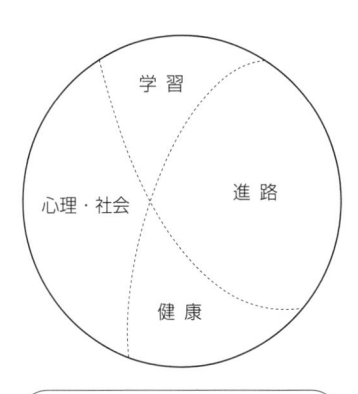

図Ⅶ-5 トータルな存在である子どもたちとその4つの側面

出所：石隈 (1999), p. 86 より。

○「トータルな存在としての子ども」という横の視点で援助する

学校心理学では成長しつつある1人の子どもが援助を必要とする「面」として，学習面，心理・社会面，進路面，健康面という区分を使います。一方，子どもにとっては，悩みは1つの複合体であり（図Ⅶ-5），その悩みの中核に，「ひとりの人間としての核」にある実存としての悩みや苦しみが存在します。アイデンティティの発達の援助は心理面の援助にとどまるものではありません。生活のあらゆる経験が，アイデンティティの発達に結びついています。たとえば，学習面で苦戦している子どもは，日々の学校生活のなかで劣等感を感じ，将来の展望を描きにくくなったり，友達との関わりを避けてしまうかもしれません。また，友達ができにくいという社会面の課題をもつ子どもは，そのことで自信を失い勉強のやる気が低下してしまうかもしれません。子どもが今どんな状況にあるのか，全体として捉える必要があります。

○グループを利用して援助する

アイデンティティの課題は，一見，個人の課題に見えるかもしれません。しかし，人は1人では自分の特徴に気がつくことはできません。人と出会うことによって，人とは違う自分の価値観や個性に気がつきます。学校生活のなかのさまざまな出会いのなかで，アイデンティティの発達は促されていくと言えます。また，グループ活動を活用してアイデンティティの発達を積極的に援助する試みもあります。武蔵・河村（2009）は，大学生22名を対象として，**構成的グループエンカウンター**を実施した結果，①対人関係づくりを意図した活動を行うことによって，アイデンティティの発達が促進されること，②「自己に関連する領域」「他者との関係性に関連する領域」「その他の領域」において肯定的経験と否定的経験を含めさまざまな気づきを得ることを示しています。グループを利用して積極的にアイデンティティの発達を促す活動を行うことも，学校だからこそできる援助の1つです。

（飯田順子）

▷ 3　Marcia, J. E. (1966). Development and validation of ego-identity status. *Journal of Personality and Social Psychology*, **3**, 551-558.

▷ 4　石隈利紀 (1999). 学校心理学――教師・スクールカウンセラー・保護者のチームによる心理教育的援助サービス　誠信書房

▷ 5　武蔵由佳・河村茂雄 (2009). アイデンティティ形成を促進するための心理教育的援助――構成的グループ・エンカウンターの実践から　カウンセリング研究, **42**, 11-21.

▷ 6　構成的グループエンカウンター
⇨ Ⅶ-11 参照。

VII 学校心理学の4つの援助領域

8 心理・社会面での援助②
子どもと場の折り合い

① 子どもの成長発達における環境の重要性

　子どもの成長や問題行動は，学校のなかで，学級のなかで，あるいは教師との関係のなかで発生します[1]。学校心理学では，「個人としての子ども」を見ると同時に，「環境（社会）のなかの子ども」を見ます。つまり，「人間の行動は，個人の要因と環境の要因の相互作用によって生じる」という生態学的なモデルを重視します。そして，子どもと環境が適合した状況になり，子どもの発達課題や教育課題への取り組みが促進されることが望まれます。子どもと環境の適合が上手くいかない時，子どもは不登校や暴力などの行動に出ます。つまり，**心理教育的アセスメント**[2]においては，子どもと環境の適合が重要な焦点となります。

② 子どもと場の折り合い

　子どもと環境の適合を理解する場合，田上（1999）[3]が行動論の立場から述べている「子どもと環境の折り合い」という概念が参考になります。たとえば，不登校の子どもを援助する時には，子どもと環境の折り合いに注目します。つまり，折り合いのアセスメントにおいて，①子どもが自分にとって意味のある行動ができているか，②楽しい時間を過ごしているか，③人間関係をもっているか，という3つのポイントをあげています。そして，不登校の子どもの援助において，子どもの学級での折り合い，学校の学級以外の場所での折り合いについてアセスメントを行い，地域で折り合いの良い場所を探します（表VII-4）。

③ 子どもと教師のマッチング

　近藤（1994）は子どもの学習スタイルと教師の教授スタイル，また子どもの行動スタイルと学級や学校での要請行動（教師が子どもに求める行動）の折り合い（マッチング）に焦点をあてます。その際，子どものスタイルだけではなく，教師などの援助者自身のスタイルや要請行動の把握が重要になります。

　〇学習スタイルのマッチング
　子どもの学習スタイルは多様です。代表的なものに，①言語型（言葉のやりとりで学習する）―操作型（絵・図を使ったり，物を操作して学習する），②聴覚型（耳で聞いて学習する）―視覚型（目で見て学習する），③継次処理型（情報を1つず

▷ 1 近藤邦夫（1994）．教師と子どもの関係づくり――学校の臨床心理学　東京大学出版会

▷ 2 心理教育的アセスメント
心理教育的援助サービスの対象である，子どもの学習面，心理・社会面，進路面，健康面における課題の取り組みや問題の状況，学級・家庭の環境，そして子どもと環境の関係について，情報を収集し，分析するプロセスのこと。子どものあらゆる援助サービスの計画の基盤となる。

▷ 3 田上不二夫（1999）．実践スクール・カウンセリング――学級担任ができる不登校児童・生徒への援助　金子書房

表Ⅶ-4 子どもと環境の折り合い

学校生活の必要性	担任との関係	環境と折り合っている場			
		家庭	学校外の施設	学級以外の学校施設	学級
ある	ある				
ある	ない				
ない	ある/ない				

出所：田上（1999），p. 114 より改変。

つ順番に処理する）―同時処理型（情報を全体的にまとめて処理する）があります。それぞれの子どもには，自分の得意な学習スタイルがあります。また，教師は自分の得意な学習スタイルで教える傾向があります。

クロンバック（Cronbach, L. J.）は，「学習活動の成果は，学習者の学習課題や学習活動に対してもっている特性・適性と，学習者に施された教授方法の交互作用の結果である（適性処遇交互作用）」と述べています。たとえば，操作型の学習を得意とする子どもの場合，同じ操作型の授業をする教師の場合には相性が良いですが，逆に，言語型の授業をする教師の場合には相性が悪いことになります。つまり，教師の教え方と子どもの学び方にミスマッチが起こり，子どもは学習で苦戦します。そのような時には，子どもの得意な学習スタイルと教師の教授スタイルのマッチング（折り合い）のアセスメントが必要になります。

▷ 4 Cronbach, L. J. (1957). The disciplines of scientific psychology. *American Psychologist*, **12**, 671-684.

▷ 5 学習スタイルと教授スタイルのマッチングについてはⅦ-1参照。

○**行動スタイルのマッチング**

子どもには，友達や先生とのつきあい方，休み時間の過ごし方，自己表現の仕方など，自分なりの行動スタイルがあります。一方，教師も子どもに求める行動（要請行動）があります。たとえば，自主性がなく大人から指示を受けなければ行動できないタイプの子どもの場合は，てきぱきと指示を出し，やや強引ですが指示通り動くことを求めるタイプの担任教師とは，相性が良いでしょう。しかし，子どもの自主性を尊重する民主的な手法の学級経営をするタイプの学級担任とは，おそらく相性が悪いでしょう。つまり，教師の要請行動と子どもの行動スタイルにミスマッチが起こっていることになり，子どもは学級生活で苦戦することになります。

4 子どもと環境の折り合いへの援助

心理教育的援助サービスでは，子どもが環境に折り合う力を伸ばすという側面と，環境が子どもに折り合うように柔軟に対応するという側面があります。子ども自身の感情やスキルに焦点をあてると同時に，子どもの行動や学習のスタイルを活かす環境づくりが非常に大切です。

（田村修一）

参考文献

石隈利紀（1999）．学校心理学――教師・スクールカウンセラー・保護者のチームによる心理教育的援助サービス　誠信書房

Ⅶ 学校心理学の4つの援助領域

9 心理・社会面での援助③ ストレスマネジメント教育

1 ストレスマネジメント教育とは

　学校でストレスに対処する力を育てる活動を，ストレスマネジメント教育と呼びます。「マネジメント」という言葉に表されるように，ストレスマネジメント教育で大切にすることは，ストレスを取り除くことではなく，子どもたちが自分のストレスに気がつきストレスとうまくつきあっていけるようその方法を教えることです。適度なストレスは，集中力を高めたり，やる気を引き出すのに役立つと言われています。オリンピックや世界選手権など大きな大会で好記録がでることも，その結果の1つです。一方，ストレスは放っておくと，さまざまなストレス性疾患やネガティブな心理的反応・生理的反応を引き起こします。[1] 大切なことは，子どもが社会にでた時に，ストレスに気がつき，対処する力を育てることです。学校心理学では子どものストレスが大きすぎる時，子どもと一緒に問題解決をはかること（危機介入）とあわせて，子どもが適度なストレスを経験しながらストレスに気づき対処する力を育てること（心理教育）の両方を重視しています。

2 ストレスマネジメント教育の構成要素

○ストレスの概念を知る

　ストレスの概念については，ラザルスとフォルクマン（Lazarus, R. S. & Folkman, S.）のストレスモデルが有名です。[2] 彼らのモデルでは，ストレスを引き起こす要因を「ストレッサー」と呼び，それによって引き起こされる反応を「ストレス反応」と呼びます。ストレッサーが必ずしもストレス反応を引き起こすのではなく，ストレスをどう捉えるか（認知的評価）やストレッサーにどのように対処するか（コーピング）によって，ストレッサーの影響は異なります。また，友達や家族からのサポートや子どもがもっているソーシャルスキルもストレス反応の緩和に役立つことが知られています。こうしたストレスに関する知識やストレスに対処する技術を，子どものうちからわかりやすく具体的に教えていくことが，将来のメンタルヘルスの問題の予防につながります。

○生活のなかのストレッサーに気づく

　ホームズとレイ（Holmes, T. H. & Rahe, R. H.）は生活に変化をもたらすことはどんなものでもストレスになると述べています。[3] そのように考えると，すべて

▷1 ストレス反応の例
心理的反応：不安，怒りと攻撃性，無力感と抑うつ感，認知的障害。
生理的反応：基礎代謝率の上昇，心拍数の上昇，瞳孔の拡大，血圧の上昇，呼吸数増加，筋緊張。

▷2 Lazarus, R. S. & Folkman, S. (1984). *Stress, appraisal, and coping.* Springer.

▷3 Holmes, T. H. & Rahe, R. H. (1967). The social readjustment rating scale. *Journal of Psychosomatic Research*, **11**, 213-218.

表Ⅶ-5　ストレスに対処するスキルの紹介

リラクセーション	呼吸法，ストレッチ，イメージトレーニング，筋肉弛緩訓練法，音楽リラクセーション
運動	ジョギング，サイクリング，水泳，ダンス，野球，サッカー
趣味を楽しむ	読書，絵画，庭いじり，自然体験，ゲーム，楽器演奏，喜怒哀楽の感情の会話や作文，映画鑑賞
考え方への働きかけ	自分への語りかけ，良い方向に考える
人に話す	友人に話す，親に相談する，先生に相談する，カウンセラーに相談する

出所：皆川（1999）を参考に作成。

の子どもが通る道にも進学・進級，進路選択，定期試験，受験，クラス替え，班替え，友人とのけんかなどたくさんのストレッサーがあります。それに加え，転校，親の離婚・別居，病気やけがといったストレッサーを経験する場合もあります。ブレインストーミング（批判しあうことなく自由に述べる）などの手法を使って，グループで日常のなかのストレッサーをできるだけたくさんあげさせるなどのエクササイズは，ストレッサーについての理解を促進します。

○ 自分のストレス反応に気づく

　今の子どもは，習い事や塾などで忙しく，睡眠不足や休息不足が当たり前になっていて，自分が疲れていることや身体に負担がかかっていることに気がつきにくくなっています。また，子どもは自分の内面に起こっていること（感情や身体感覚）を言語化することになれていません。自分の内的感覚に目を向け，ストレス反応に気がつく練習が必要です。これには，身体の状態を色や表情で表現するなど，イメージを使った方法が有効です。

○ ストレス対処法を習得する

　ストレスコーピングには，積極的対処，情動中心型対処，認知的対処など，さまざまなものがあります（表Ⅶ-5）。大切なことは，ストレスを感じた時，実際にそれらの対処方法を使えるように普段から練習（リハーサル）しておくことや対処法のレパートリーを増やすことです。

▶4　皆川興栄（1999）．総合的学習でするライフスキルトレーニング　明治図書

3　学校におけるストレスマネジメント教育の実際

　飯田・宮村（2002）は，ストレスモデルに関する講義，日常生活のなかのストレッサーやストレス反応に気づくエクササイズ，呼吸法の実習を取り入れた授業を中学1年生に実施し，ストレス対処スキルが向上したことを示しています。また事前アンケートでは，ストレスを抱えた時どうするかという問いに対して，「対処方法がない」「自分にあたる（自分を傷つける）」「人や物にあたる」という回答が見られましたが，事後アンケートではそうした回答がなくなり「呼吸法を実践する」「人に相談する」といった回答が増加しました。ただし，このプログラムによるストレス反応の低下という効果は見られませんでした。ストレスマネジメント教育を導入する際には，一定期間の試みで終わらせず，学校全体で継続的に取り組むことが重要と思われます。

（飯田順子）

▶5　飯田順子・宮村まり子（2002）．中学生のストレス対処スキルの育成の試み　学校心理学研究，2，27-37．

Ⅶ 学校心理学の4つの援助領域

10 心理・社会面での援助④ 感情の発達

1 感情についての誤解

　感情には,「うれしい」「たのしい」「わくわくする」「やる気がいっぱい」といったポジティヴな感情もあれば,「怒り」「悲しみ」「不安」「恐怖」といったネガティヴな感情もあります。教育者も保護者もともに,子どもたちには「豊かな感情」を育てたいと願っていますが,そこで語られる「豊かな感情」には,ネガティヴな感情は含まれていません。明るくて元気で意欲的という意味での豊かな感情を期待しますが,怒りや悲しみや不安や恐怖はないほうが良いと認識されています。しかしながら,ちゃんと「怒り」や「悲しみ」や「恐怖」や「不安」を感じることができる力を育てることは,実はとても重要なのです。[1]

2 感情はどのようにして育つのか

　具体的な例をあげてみます。ドッジボールをしている時に,小1のA君の顔にボールがあたってしまいました。するとA君は,すごい剣幕で「てめぇ,ぶっ殺すぞ」と相手の児童に殴りかかりました。教師は「わざとじゃないんだよ」と説得し,A君の怒りをおさめようとしますがおさまりません。

　この時,A君は「痛かった」のです。痛くて痛くて不快で,くやしくてかっこわるくて「ぐちゃぐちゃな」気持ちだったのです。このような時,「痛いよぉ……」と涙がでるのが,当然の反応です。しかし,A君はそれができないので,暴言をはき,怒りをコントロールできない状態に陥っています。

3 感情を司る脳の機能と大人の役割

○感情制御のメカニズム

　不快なネガティヴ感情を制御する感情制御の機能は,脳のなかにあります。不快な感情(情動)は身体を守る生体防御反応として,大脳辺縁系(主として扁桃体)から生じ(図Ⅶ-6の①),その感情(情動)の評価を行う大脳皮質(前頭前野)(図Ⅶ-6の②)との間の神経回路を通して情報処理されます。

　人は,危険な場所にいる時,恐怖心が身体から喚起されることによって,そこを危険だと判断し,安全な場所に移動し,安心を感じることにより,自分の安全を守ります。つまり感情は,認知や思考(大脳皮質の前頭前野部分による働き)に先行する生体防御反応であり,生きる力の基本であると言えます。

▷1 大河原美以(2004). 怒りをコントロールできない子の理解と援助——教師と親のかかわり　金子書房

```
バランスのよい感情制御＝適応
           皮質（前頭前野）        辺縁系（扁桃体）
親や教師            ④認知による情報        身体からの情報
からのメッセージ       ②適切な不快の評価  神経回路  （情動＝生体防御反応）
（情報入力）③                          ①不快
              過去の体験     ⑤共感
              から学習した            ⑥安　心
              記憶⑧       ⑦学習      安　全
```

図Ⅶ-6　感情制御のメカニズム

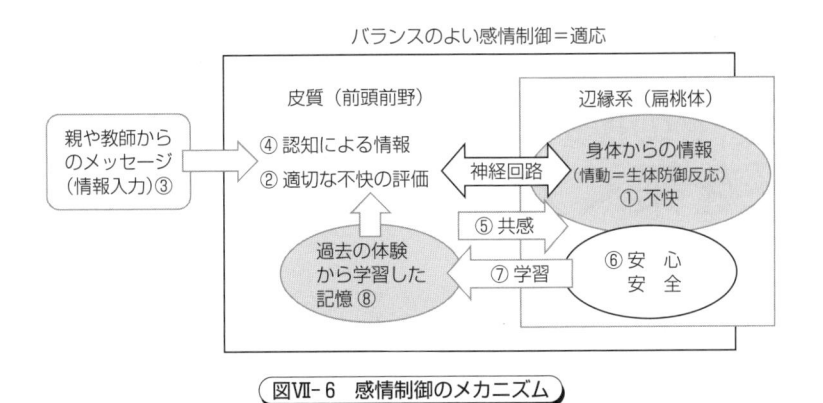

出所：大河原（2010）より。

　子どもは，認知機能が未熟であるため，②の適切な不快の評価にあたって，親や教師などの大人の判断を必要とします。つまり，親や教師が子どもの感情をどのように評価するのかというメッセージが，そのまま子どもの脳への入力情報となり，それに基づいて，子どもの脳は情報処理を行います。

○感情制御の力を育てる関わり

　A君の例で説明します。A君の身体が①「痛くてぐちゃぐちゃな気持ち」を感じている時に，③大人がどのようなコミュニケーションをするのかということがこの感情制御の機能を育てるために重要になります。②③④「痛かったねぇ。くやしかったね。よしよし」と⑤共感してもらえると，それは身体からわいてくる感情についての②適切な評価となり，⑥安心・安全感が生まれ，不快がおさまっていくことを身体で⑦学習し，⑧記憶として蓄積されることになります。そのようなコミュニケーションのなかで育つと，成長とともに，①「痛くてぐちゃぐちゃな気持ち」になった時に，⑦⑧過去に学習した記憶を参照することで，「痛かった」「くやしかった」と④適切な言語で感情を表現することができるようになり，⑥安心感が喚起され，耐性が育っていきます。つまり，感情制御の力を育て，耐性を身につけさせるためには，自分の身体感覚とネガティヴ感情を，大人から承認され共感してもらうことが何より重要だということになります。A君のような状態にある子どもは，「わざとじゃない」と状況を理性的に理解することにより，身体の不快感情を制御できる状態まで，まだ成長していないということを知ることが必要です。

4 本当の「よい子」とは

　泣いたり怒ったりして大人を困らせたりしない子どもを「よい子」と評価する現代社会のなかでは，感情の発達が困難になり，感情のコントロールができない子どもが増えてしまいます。他者への思いやりという感情も，自分のなかにあるネガティヴ感情とそれに伴う身体感覚を，大人から承認されることによって，つまり思いやりを受けることによって，育つのです。　　　　（大河原美以）

▷2　大河原美以（2006）．ちゃんと泣ける子に育てよう──親には子どもの感情を育てる義務がある　河出書房新社

(参考文献)

大河原美以（2010）．感情制御の発達不全とその回復──嘔吐経験がトラウマとなった小学生事例の治療経過から　週刊医学のあゆみ，232 (1)，33-37.

VII 学校心理学の4つの援助領域

11 心理・社会面での援助⑤ 友達関係を築く力

▷ 1 心理的離乳
乳児が乳離れする過程になぞらえて、青年期に親への依存から独立し自我を確立させていく過程を心理的離乳と言う。

▷ 2 子どもの友達関係の変化について、発達心理学では、ギャンググループ、チャムグループ、ピアグループという段階が知られている。ギャンググループは、学童期の中・後期頃に見られる特殊な仲良し集団のことを意味し、通常5、6名くらいの同性で構成され、仲間内だけに通用するルールや隠語をつくり、排他的で強い団結を示すとされている。チャムグループは、通常女子の間で構成され、趣味や価値観が合うもの同士が集まり、異なる価値観を排除する傾向がある。一方、ピアグループは、異なる意見や趣味をもっていても互いの違いを尊重し合うことのできるグループで、青年期の友達関係を特徴づけるものである。ギャンググループやチャムグループを適切に経験することによって、青年期にピアグループの関係を築くことができると言われている。

▷ 3 学級のアセスメントには、Q-Uや学級風土質問紙などがある。詳しくは、Ⅳ-2 参照。

1 なぜ友達関係を築く力を育てるのか

　社会面での援助の1つに、子どもの友達関係を築く力や技術を育てるということがあります。子どもは友達関係を通して、親や教師とは異なる対等な人間関係の築き方を学びます。また、友達関係は子どもが思春期に、親に対する依存欲求と自立欲求の葛藤を乗り越え、親から**心理的離乳**を果たしていくために欠かせないものです。さらに、友達関係は子どもの発達段階に応じて変化していきます。各段階で友達関係を経験することによって、さらに成熟した人間関係がもてるようになっていきます。長い人生において、自分を理解し支えてくれるソーシャルサポートとしての友達の存在は大きいです。学校は、自分に合った友達を探し、友達関係を維持し、深いものにしていく練習をするのに適した場所と言えます。それがうまくいかない時、子どもは学校をつらく感じたり、行く意味を見出せなくなることもあります。友達関係を築く力を育てることは学校心理学における大事な援助の側面の1つです。

2 友達関係を築く力を育てるには

　友達関係を築く力を育てることは、子どもの友達関係の援助ニーズのアセスメント（情報収集）からはじまります。子どもの苦戦は、子どもの要因が大きくて起きている場合と、学級や環境の要因による場合があります。子どもの要因には、全般的に元気がなく人と関わるエネルギーが少ない状況にある、同級生や先生あるいは異性といった特定の人といる時に過度に緊張してしまって話せないという不安や緊張の問題、また一方的に自分の話をして相手の話が聞けないあるいはいつも相手に質問ばかりしていて自分のことをオープンに話せないといったコミュニケーションの問題などが考えられます。学級の要因には、クラス全体に活気がない、グループが完全にできあがっていて入れないなどが考えられます。こうした子どもや集団の状況に応じて友達関係を築く力を援助するため、以下のような方法が開発されています。

○構成的グループエンカウンター

　國分（1992）が開発した「Encounter（出会い）」を軸としたグループ活動です。ロジャーズ（Rogers, C.）の人間性中心カウンセリングのベーシックエンカウンターと呼ばれるグループ体験の流れをくみながら、日本の文化に合うよう

決まったエクササイズを行いながら他者とふれあい，自己理解・自己成長を促進します。「エンカウンターで学級が変わる」シリーズ▷5など，たくさんの書籍が出版されています。

○ソーシャルスキルトレーニング

ソーシャルスキルとは，人と効果的に関わっていくうえで必要な行動・技術（こつ）を言います。また，それらのスキルをロールプレイ，グループディスカッション，ワークシート課題などを通して，子どもに繰り返し練習する場を提供し，それらの技術を教える方法をソーシャルスキルトレーニング（以下，SST）やソーシャルスキル教育（SSE）と言います。学級集団を対象としたSST▷6やLDやADHDの子どもを対象としたSST▷7があります。

○対人関係ゲーム

対人関係ゲームとは，田上（2003）▷8が行動療法の視点に基づき開発した，不安や緊張を低減するグループワークであり，人と人とのつながりがあり楽しい活動を一緒に行うことによって質の高い集団（群れ）をつくるカウンセリング技法を言います。学級集団の人間関係づくりに適した技法です。▷9

3　友達関係を築く力を育てる際の留意点

○子どもの友達関係の援助ニーズに応じた支援

前述のように，子どもの友達関係の苦戦や援助ニーズはさまざまです。紹介したグループ活動は活動そのものは似ているものもありますが，背景にある理論やねらいが異なります。子どもの友達関係の援助ニーズに応じて，プログラムを選択・実施することが重要です。

○発達段階と個人差を考慮する

どの時期にどういう友達関係の経験が必要かは異なっています。最近は，子どもたちの人間関係の体験の不足から，チャムグループやピアグループを築く時期が遅くなっている印象を受けます。筆者自身，大学生と日々接するなか，まだまだチャムグループの段階にあるグループに出会うことがよくあります。学校では，発達段階や個人差に応じた友達関係の援助を工夫すること，それぞれの友達関係を十分に体験する機会を確保することが重要です。

○援助者の価値観を押しつけない

集団を大事にする日本の文化では，友達をつくらなければいけない，友達を思いやらなければいけないという価値観が強調されることが多いです。子どもによっては，ある時期友達関係が負担になったり，人と関わるエネルギーが少ない時期もあります。「友達なんてほしくない」「1人で居たい」と子どもが言う時，その背景にある想いや体験を尊重することも大切です。

(飯田順子)

▷4　國分康孝（編）(1992).　構成的グループ・エンカウンター　誠信書房

▷5　岡田弘・國分康孝(1996).　エンカウンターで学級が変わる（小学校編）――グループ体験を生かした楽しい学級づくり　図書文化

▷6　佐藤正二・相川充（編）(2005).　実践！ソーシャルスキル教育　図書文化

▷7　小貫悟・名越斉子・三和彩(2004).　LD・ADHDへのソーシャルスキルトレーニング　日本文化科学社

▷8　田上不二夫（編）(2003).　対人関係ゲームによる仲間づくり――学級担任にできるカウンセリング　金子書房

▷9　田上不二夫・岸田優代・今田里佳（編）(2007).　特別支援教育コーディネーターのための対人関係ゲーム活用マニュアル　東洋館出版

VII 学校心理学の4つの援助領域

12 心理・社会面での援助⑥ 外国に関係する子ども

1 外国に関係する子ども

外国に関係する子どもには，外国籍で日本に暮らす子ども，日本の国籍をもちながらも外国での生活が長く日本語の指導，援助が必要な子どもが含まれます。ここでは近年，課題が指摘されている日本における外国人児童生徒について解説します。

2010年現在の小学校，中学校，高等学校などで日本語指導が必要な外国人児童生徒は2万8,511名で，ポルトガル語，中国語，フィリピノ語，スペイン語を母語とする子どもたちが，全体の8割以上を占めます。詳細は表Ⅶ-6の通りです。

2 外国人児童生徒の援助の課題

相磯・太田（2003）は，千葉県内の小学校を対象とした質問紙調査や参与観察から外国人児童生徒の教育的ニーズとして，日本語学習への支援ニーズ，教科学習への支援ニーズ，アイデンティティ・母語・人間関係調整への支援ニーズが示唆されたと報告しています。

外国人児童生徒を援助する場合，日本語指導が最も重要かつ緊急の課題となります。外国人児童生徒が在籍している学校では、日本語教育が実施されています。本間ほか（2005）も指摘するように日本語教育を提供している場所が外国人児童生徒にとって安心する居場所となります。一口に日本語を教えると言っても，生活する場所で，生活のための日本語を教えるので，日本語教育そのものが日本の学校への同化モデルによる適応援助となります。たとえば，日本の学校には「参観日」「個人懇談」「弁当」「クラブ活動」など，独特の意味をもつ用語があります。「参観日」は，保護者が子どもの授業の様子を参観することが目的ですが，この活動を通して保護者と学校側の共通理解がはかられ，小学校においては「個人懇談」と密接に関連しています。また，学校のなかには弁当を持参するところがありますが，毎日の弁当は日常の食事の意味合いが強いのですが，遠足や運動会のお弁当となると多くの子どもは少し豪華なお弁当を持参します。しかし，外国人児童生徒の保護者には，毎日の弁当と遠足の弁当の意味を理解することは難しいのです。ですから，「弁当」の実物を見せるような取り組みも報告されています。また，日本の学校は，自分のもち物，たとえば，鉛筆1本1本に名前を書いたり，ゼッケンや名札を着けたりします。

▷ 1 神奈川県の支援教育
神奈川県では，特別の支援が必要な「支援教育」の対象として，発達障害等のある子どもだけでなく，不登校やいじめ，そして外国に関係する子どもをあげている。
神奈川県立総合教育センター（2009）．支援を必要とする児童・生徒の教育のために

▷ 2 文部科学省（2010）．日本語指導が必要な外国人児童生徒の受け入れ状況等に関する調査（平成22年度）の結果

▷ 3 相磯友子・太田俊己（2003）．特別な教育的ニーズのある外国人児童生徒の教育支援に関する研究 千葉大学教育実践研究, 10, 1-8.

▷ 4 本間友巳・竹内伸宜・山本彰子ほか（2005）．「日本語教室」における来日・帰国外国人児童生徒への支援の現状と課題――日本語教室担当者への聞き取り調査を通して 京都教育大学紀要, 106, 1-20.

表Ⅶ-6　日本語指導が必要な外国人児童生徒		
母　語	人数（人）	割合（％）
ポルトガル語	9,477	33.2
中国語	6,154	21.6
フィリピノ語	4,350	15.3
スペイン語	3,547	12.4
ベトナム語	1,151	4.0
韓国・朝鮮語	751	2.6
英　語	717	2.5
その他	2,364	8.4

出所：文部科学省（2010）をもとに筆者が作成。

表Ⅶ-7　異文化受容態度モデル		
自分の特徴と文化的アイデンティティの維持 相手集団との関係の維持	重視する	重視しない
重視する	統　合	同　化
重視しない	分　離	周辺化

出所：Berry（1997）より。

　こうしたことは明文化されているわけではありません。日本人の保護者は子どもの幼稚園までの経験，自分の小学校時代を思い出し，保護者同士で情報を交換しながら通学準備をします。外国人の保護者は，経験の違い，ネットワークの不足により適切な情報が得られず，準備不足となります。外国人児童生徒を担当する日本語教室の教師は，日本語を教えるだけではなく保護者に日本の学校文化を理解してもらったり，子どもに違いを説明することが求められます。このような関わりを可能にするためには，日本語教育と異文化間カウンセリングの専門知識・技法が必要です。しかし，残念なことに，外国人児童生徒の援助担当者，日本語教育担当者に対する研修や処遇などのシステムが体系化されておらず，まだまだ個人の努力に頼るところが大きいのが現状です。

3　日本社会への同化を迫らない援助の必要性

　外国人児童生徒を日本の文化様式に適応させるような援助は必要ですが，完全に，日本の文化に同化させる必要があるのでしょうか。異文化適応モデルには，ベリー（Berry, J. W.）の異文化受容態度の類型モデルがあります[5]（表Ⅶ-7）。このモデルに従えば，外国人児童生徒に対して日本語教育をし，日本人と全く同じように行動させるのが「同化モデル」です。しかしこれでは，子どもの本当の意味でのアイデンティティの確立ができないと思います。やはりめざすべきは，自分の国の文化も尊重し，またそのアイデンティティを維持しながらも，相手（つまり日本）との関係性も重視する「統合モデル」です。

　また，外国人児童生徒を受け入れることで，マジョリティである日本人の児童生徒の国際化にも影響を与えます。単に，個人としての外国人児童生徒を受け入れるのではなく，多様な文化を尊重しながら生活していくということはどういうことなのかを教師，児童生徒，保護者が考えていくことが必要だと思います。その意味で，外国人児童生徒の受け入れは，地球市民としての私たちの生き方そのものと関わっていると言えます。

（水野治久）

▷ 5　Berry J. W. (1997). Immigration, acculturation and adaptation. *Applied Psychology: An International Review*, **46**, 5-68.

Ⅶ 学校心理学の4つの援助領域

13 進路面での援助①
キャリア教育の考え方

1 キャリア教育の意義とねらい

　キャリア教育は,「一人一人の社会的・職業的自立に向け，必要な基盤となる能力や態度を育てることを通して，**キャリア発達**を促す教育」と定義されています。キャリア教育において重視されているのが,「子どもたちが『生きる力』を身に付け，社会の激しい変化に流されることなく，それぞれが直面するであろう様々な課題に柔軟にかつたくましく対応し，社会人・職業人として自立していくことができるようにする教育の推進」です。中学校あるいは高等学校の卒業時の進路選択に偏りがちな従来の進路指導を見直し，一人ひとりのキャリア発達や社会的・職業的自立を促していく視点から今までの学校における教育を見直し，改革していくことにキャリア教育のねらいがあると言えます。

2 学校心理学の4つの援助領域とキャリア教育とのつながり

　では，学校心理学の観点からキャリア教育はどのように捉えることができるのでしょうか。

　学校心理学においては，学習面での援助，心理・社会面での援助，進路面での援助，健康面での援助という4つの援助領域がありますが，進路面での援助だけがキャリア教育に該当すると考えると一面的な捉え方にとどまってしまいます。石隈（1999）は，進路面での援助を「進学先や就職先の決定そのものではなく，この決定の基盤になる，生き方，生きる方向の選択の援助」と定義し，4つの援助領域は，援助サービスにおける1つの面であり，1つの面の援助が他の面へも影響すると指摘しています。

　また,「今後の学校におけるキャリア教育・職業教育の在り方について（答申）」によると，社会的・職業的自立，学校から社会・職業への円滑な移行に必要な力に含まれる要素の1つとして,(ｱ)人間関係形成・社会形成能力,(ｲ)自己理解・自己管理能力,(ｳ)課題対応能力,(ｴ)キャリアプランニング能力といった4つの基礎的・汎用的能力が提起されています。これらを学校心理学の4つの援助領域と対照すると,(ｱ)(ｲ)は心理・社会面,(ｳ)は学習面,(ｴ)は進路面に関連してくると考えられます。そこで，学校心理学の立場からキャリア教育を考えるためには，4つの援助領域を含んだ援助サービス全体のなかで進路面への援助をどのように位置づけていくかという視点が重要になってきます。

▷ 1　キャリア発達
キャリア発達とは「社会の中で自分の役割を果たしながら，自分らしい生き方を実現していく過程」のこと。また，キャリアとは「人が，生涯の中で様々な役割を果たす過程で，自らの役割の価値や自分と役割との関係を見いだしていく連なりや積み重ね」のこと。
文部科学省（2011）．小学校キャリア教育の手引き（改訂版）

▷ 2　中央教育審議会（2011）．今後の学校におけるキャリア教育・職業教育の在り方について（答申）

▷ 3　文部科学省（2002）．キャリア教育推進の手引き

▷ 4　石隈利紀（1999）．学校心理学——教師・スクールカウンセラー・保護者のチームによる心理教育的援助サービス　誠信書房

図Ⅶ-7は，学校心理学の4つの援助領域の観点からキャリア教育を見た時の援助のイメージです。ここでは，健康面での援助がすべての援助の土台にあり，進路面での援助を中心として心理・社会面と学習面の両側面での援助が相補的に関わってくると考えられます。

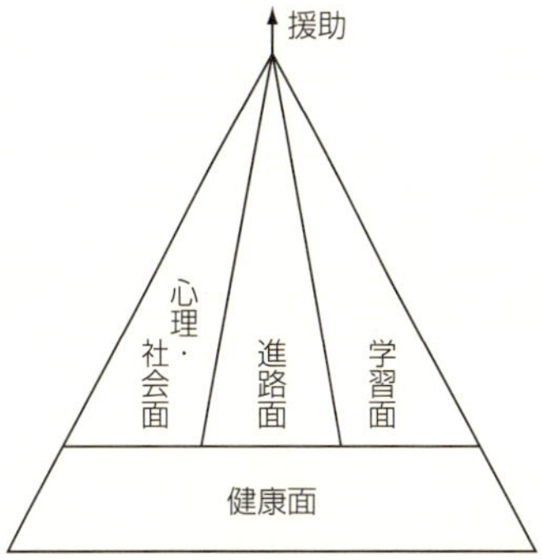

3　1次的援助サービスを中心としたキャリア教育

学校心理学では，子どもの援助ニーズを3段階に整理してそれに即した援助サービスを設定しています。進路面についての心理教育的援助サービスを整理すると表Ⅶ-8のようになります。

学校心理学の援助サービスの視点から考えると，すべての子どもを対象とするキャリア教育は主に1次的援助サービスにあたると考えられます。ただ，1次的な援助サービスを充実させていくためには，2次的・3次的援助サービスも含めた包括的な視点が必要になります。たとえば，子どもが何らかの理由で生きづらさを感じている時にはその理由や子どもの状態に応じた2次的援助サービスが必要でしょうし，突然の事故や病気等によってそれまでの進路希望を実現していくことが困難になった場合や保護者の失業等によって子どもの家庭が経済的に厳しい状況になった場合には3次的な援助サービスが必要になるでしょう。

また，キャリア発達を促すためには学校適応の問題についても考える必要があります。たとえば，入学時に子ども全員を対象として人間関係づくりを行うことは1次的援助サービス，不安定になりがちな子どもを早期に発見して早期に対応することは2次的援助サービス，学校の環境に適応できず不登校になった子どもに対しては3次的援助サービスが必要になります。このように，学校心理学からキャリア教育を見たとき，4領域・3段階を含めた包括的な視点から，進路面での援助サービスを考えていくことができます。

(今西一仁)

図Ⅶ-7　キャリア教育における4つの援助領域
出所：今西 (2010), p. 141.

▷ 5　今西一仁 (2010). 学校心理学に関する研究の動向——学校における進路面の援助に関する研究を中心に　教育心理学年報, **49**, 140-149.

▷ 6　今西一仁 (2004). 進路指導に関するコンサルテーション　学会連合資格「学校心理士」認定運営機構（企画・監修），岡田守弘ほか（編）学校心理士の実践——中学校・高等学校編（講座「学校心理士——理論と実践」第4巻）　北大路書房　pp. 99-111.

表Ⅶ-8　進路面の援助をめぐる3段階の援助サービス

段　階	心理教育的援助サービスの主な内容
1次的	すべての子どものキャリア発達を促進するとともに，発達課題に取り組む過程で多くの子どもが出会う問題の予防のために，主に集団を対象とした援助サービスを行う。
2次的	配慮を要する一部の子どもについて，子どもの直面している問題がキャリア発達を阻害することを防ぐために，子どもが自律的に問題解決を図ることができるよう，予防的な援助サービスを行う。
3次的	キャリア発達が阻害されたり，進路選択をめぐって危機や大きな混乱に直面したりしている特定の子どもについて，支援方針を立ててチームによる支援や危機介入を行う。

出所：今西 (2004), p. 103 を一部改変。

Ⅶ 学校心理学の4つの援助領域

14 進路面での援助②　小学校でのキャリア教育

1 キャリア発達という視点から見た小学校のキャリア教育

▷1　たとえば，福岡県教育センター「学びをつくり出すキャリア教育　研究紀要169」（2009）の研究では，キャリア発達にかかわる諸能力を学ぶ意欲の基盤と位置づけ，小・中学校生を対象にこれらの能力を高めることで，児童生徒が自らの成長を価値づけして次の学びに活かすことをめざした。児童生徒の実態把握のアセスメントを取り入れ，児童生徒の実態に即した実践を工夫している。

キャリア教育を行うにあたっては，表Ⅶ-9のように小・中・高等学校のそれぞれの時期に応じたキャリア発達という視点が欠かせません。小学校におけるキャリア発達の段階は，「進路の探索・選択にかかる基盤形成の時期」です。小学校では，中学受験をする子どもが一部にはいますが，中・高等学校のように全員が何らかの進路選択に臨む機会はありません。その点，この段階では，自己イメージの形成や自他との関係性，関心・意欲，勤勉性等，進路の現実的探索に向けて重要な基本的態度を育てていくことが求められます。また，小学校の学年段階については表Ⅶ-10のようなキャリア発達課題のモデルが作成されています。表Ⅶ-10の発達課題を4つの援助領域の視点から見ると，自分や他者とのつき合い方，集団のなかで自分の役割や行動を中心とした心理・社会

表Ⅶ-9　キャリア発達の段階を踏まえた目標設定

	小学校	中学校	高等学校	
	〈キャリア発達段階〉			大学・専門学校・社会人
就学前	進路の探索・選択にかかる基盤形成の時期	現実的探索と暫定的選択の時期	現実的探索・試行と社会的移行準備の時期	
	・自己及び他者への積極的関心の形成・発展 ・身のまわりの仕事や環境への関心・意欲の向上 ・夢や希望，憧れる自己のイメージの獲得 ・勤労を重んじ目標に向かって努力する態度の育成	・肯定的自己理解と自己有用感の獲得 ・興味・関心等に基づく勤労観・職業観の形成 ・進路計画の立案と暫定的選択 ・生き方や進路に関する現実的探索	・自己理解の深化と自己受容 ・選択基準としての勤労観，職業観の確立 ・将来設計の立案と社会的移行の準備 ・進路の現実吟味と試行的参加	

出所：文部科学省（2011）より。

表Ⅶ-10　小学校におけるキャリア発達課題

低学年	中学年	高学年
①小学校生活に適応する ②身の回りの事象への関心を高める ③自分の好きなことを見つけてのびのびと活動する	①友だちと協力して活動する中でかかわりを深める ②自分の持ち味を発揮し役割を自覚する	①自分の役割や責任を果たし，役立つ喜びを体得する ②集団の中で自己を生かす

出所：文部科学省（2011）より。

面の領域の内容が中心になっています。

② キャリア教育の教育課程への位置づけ

小学校のキャリア教育において心理・社会面の援助と並んで重視されているのが学習面への援助です。教科の内容に即したキャリア教育を行うことにより，学習の広がりや自己の生き方に関する子どもたちの考えの深まりを促すことにそのねらいがあります。図Ⅶ-8のように，特別活動や道徳教育といった教科外の取り組みだけでなく，各教科，総合的な学習の時間における学習や活動等も含め，学校の教育活動全体のなかでキャリア教育を進めることが求められています。たとえば，社会科授業の職場見学を通して職業観を育てるといった学習内容の工夫だけでなく，授業でのグループ活動や話し合い活動を充実していくことは自己イメージや自他の関係性を育てていくことにつながり，学級の係活動や行事での役割を果たすことは社会的な役割意識の形成につながります。

最近の都道府県立教育センター・教育研究所の研究を見ると，キャリア教育に向けたカリキュラムやプログラムの開発・検証が主な研究主題として取り上げられており，都道府県の実態に即したカリキュラムや教育プログラムが作成されています。なお，これらの研究の成果は，各都道府県の教育センターのホームページから閲覧できます。

③ 家庭・地域との連携

キャリア教育においては，地域や家庭との連携の重要性が強調されています。特に，周囲の大人の影響を強く受ける小学校時代において，子どもたちのキャリア発達を促すためには，家庭や地域との連携が欠かせません。進路を選択することは社会のなかでの役割を選択することでもあります。その点実際の進路選択の前段階にある小学校においては，家庭や地域のなかでの役割を意識してそれを果たしていくように促していくことが，社会人としての役割意識や進路選択につながっていきます。また，家族や友達，身近な地域の人々への関心や信頼感を高め，多角的な視野から他者を理解するための基礎となる力を養い，人々が自らの責任を果たしながら相互に支え合ってさまざまな集団や社会を築いている事実に気づかせることも小学校のキャリア教育では期待されています。

こうした視点から，お店体験や工場見学，施設見学，地域の人を招くゲストティーチャー，地域の清掃などのボランティア活動，地域の特色を調べる地域教材の活用など，特別活動や総合的な学習の時間を用いて，計画的・継続的に取り組むことが求められています。

（今西一仁）

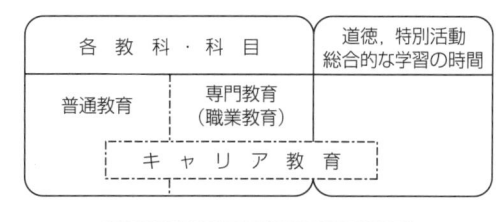

図Ⅶ-8 各教科等とキャリア教育

出所：キャリア教育の推進に関する総合的調査研究協力者会議（2004）より。

▷ 2 茨城県教育研修センター「キャリア教育に関する研究　キャリア教育を推進するためのカリキュラムの開発　平成19・20年度研究報告書65」（2009）では，キャリア教育を推進するためのカリキュラム開発のステップとして，①組織づくり，②共通理解の形成，③「学習プログラムの枠組み（例）」の自校化，④全体計画の作成，⑤年間指導計画の作成，⑥学習指導案の作成という6つのステップを作成した。それをもとに小・中・高等学校を対象としてキャリア教育についてのカリキュラム開発を行い，その効果について検証している。

（参考文献）
文部科学省（2011）．小学校キャリア教育の手引き（改訂版）

キャリア教育の推進に関する総合的調査研究協力者会議（2004）．キャリア教育の推進に関する総合的調査研究協力者会議報告書——児童生徒一人一人の勤労観，職業観を育てるために

VII 学校心理学の4つの援助領域

15 進路面での援助③
中学校・高等学校でのキャリア教育

1 中学校・高等学校におけるキャリア発達の課題と学校適応の問題

小学校のキャリア発達段階が，進路の探索・選択にかかる基盤形成の時期とすると，中学校は現実的探索と暫定的選択の時期，高等学校は現実的探索・試行と社会的移行準備の時期とされています。中学校・高等学校では具体的な進路選択の機会があり，何をどのように選択していくかが課題となります。学校心理学の4領域から考えると進路面での援助が重要になる時期と言えます。

一方，学校適応も重要な課題です。実際，「中1ギャップ」のように小学校から中学校へ，中学校から高等学校へといった進学時期には不登校や高校中退といった学校不適応の問題が生じやすくなります（図Ⅶ-9）。特に高等学校の中途退学は高校1年段階に集中しがちで，「中1ギャップ」に対して「高1クライシス」とも言える状況があります。不登校も高校中退もその後の進路に大きく影響してくるという点で，ともにキャリア発達上の問題です。その点，中学校・高等学校においては，学校適応への対応も視野に入れ，1次的な援助だけでなく2次的・3次的な援助も含めて，校内支援体制の枠組みのなかでどのように子どもたちのキャリア発達を支援していくかという視点が必要になります。

2 体験学習とキャリア教育

現在，ほとんどの中学校において，職場体験等の啓発的体験学習が取り入れられています。中学校で行われるキャリア教育は，職場見学や調べ学習などの事前学習を行ったうえで，だいたい2年次に職場体験学習を行い，3年次には高校進学に向けた学校見学や学校調べに進むというように，職場体験学習を軸とした取り組みが多く見られます。表Ⅶ-11のように，2013年3月卒業生においては，その98.4%が高等学校に進学し，中学卒業後就職する卒業生は0.4%にすぎません。このような現状では，職場体験学習と高校進学をどのように結びつけていくのか，3年間を通した計画的な取り組みが必要になります。

高等学校（なかでも商業高校・工業高校等の専門高校）においては職業教育の一貫としてインターンシップや**デュアルシステム**等の体験学習が取り入れられています。一方，表Ⅶ-11のように2013年3月卒業生については，高卒後の就職率が17.0%であるのに対して大学等進学率は53.2%と年々増加傾向にあり，高卒時に職業選択が行われる機会は次第に減少し，大学，短大，専門学校といっ

▷1 キャリア発達段階と目標設定について詳しくはⅦ-14の表Ⅶ-9参照。

▷2 文部科学省（2012）．平成23年度問題行動等生徒指導上の諸問題に関する調査において，学年別の中退者数は，1年生が2万3,346人（2.3%），2年生が1万4,154人（1.4%），3年生が4,321人（0.5%），4年生が158人（2.3%），単位制が1万1,958人（3.1%）となっている（（ ）内の数値は中途退学率）。

▷3 デュアルシステム 学校での学びと職場実習を組み合わせて行う取り組み。

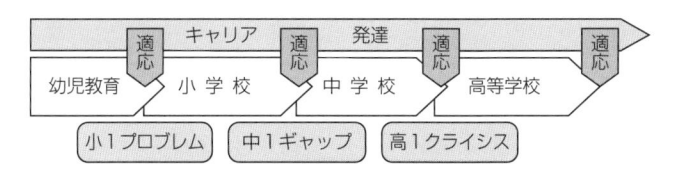

図Ⅶ-9 学校間の接続と学校不適応との関連

表Ⅶ-11 卒業後の就職率と進学率

	中学校卒業時	高校卒業時	大学卒業時
卒業後の就職率	0.4%	16.9%	67.3%
卒業後の上級学校への進学率	98.4%	53.2%	11.3%
卒業後進学も就職もしない者の率	0.9%	4.9%	13.6%

（注） 中学校・高校・大学ともに2013年3月卒業生のデータ。
出所：文部科学省（2013）. 平成25年度学校基本調査より。

た上級学校への進学者が増加しつつあります。

そこで，普通高校では，大学教員を招いての講義や大学・専門学校見学など進学先の選択を目的とした取り組みをキャリア教育とする学校が多くあります。こうした取り組みは進学希望者が多い高等学校では有効ですが，多様な進路希望をもった子どもが在籍する高校では成立しにくくなります。そのため，子どものニーズ調査などのアセスメントを行ったうえで，その実態に応じて援助を行う，アセスメントと援助サービスを一体化した取り組みが必要になります。▷4

▷4 文部科学省（2006）. 高等学校におけるキャリア教育の推進に関する調査研究協力者会議報告書――普通科におけるキャリア教育の推進を参照。

3 進路指導とキャリア教育のつながり

キャリア教育の重要性が唱えられた要因の1つに，従来の進路指導が，子どもの学校卒業時の進路選択に焦点をあてた，いわゆる「出口指導」に偏りがちであったことへの反省がありました。しかし，現在，中学校・高校卒業時の「出口」が社会への安定した「入口」につながるとは言えない状況があります。

高校進学率が100％に迫り，高校卒業時の上級学校への進学率が50％を超える（表Ⅶ-11）一方，学校卒業後の就職者のうち3年以内に離職する者が，中卒で7割，高卒で5割，大卒で3割になるというデータ▷5もあります。

▷5 城繁幸（2006）. 若者はなぜ3年で辞めるのか？――年功序列が奪う日本の未来　光文社

こうした状況のなかで，これからの中学生・高校生のキャリア発達を考える時，卒業時の進路選択を重視する従来からの進路指導は今後もキャリア教育の中核になると思われますが，私たちは生涯にわたってキャリア発達を続けていく存在であるという立場に立つ生涯キャリア教育の視点が欠かせません。

キャリア教育の意義は，まず，一人ひとりのキャリア発達を促すために学校の教育活動全体を見直すことにあります。その対象は進路指導の問題だけにとどまらず，学校教育全般に関わってきます。その点，キャリア教育を行うにあたっては，1次的援助から3次的援助までの3次元の援助と進路を含む4領域を含んだ包括的なアプローチが必要になると考えられます。　　（今西一仁）

第2部　実践編：子どもと学校の援助

Ⅶ　学校心理学の4つの援助領域

16 進路面での援助④
進路指導としてのキャリアカウンセリングの実際

1 キャリアカウンセリングとは

　学校におけるキャリアカウンセリングは，子どもたち一人ひとりの生き方や進路，教科・科目等の選択に関する悩みや迷いなどを受け止め，自己の可能性や適性についての自覚を深めさせたり，適切な情報を提供したりしながら，子どもたちが自らの意志と責任で進路を選択することができるようにするための，個別またはグループ別に行う指導援助です。「個別またはグループ別」に行う形態をとっていたとしても，その対象となるのは一部の子どもではなく全員の子どもであり，また子どものもっている本来の力を引き出して課題解決を行っていくという点で，1次的・2次的援助サービスにあたります。

2 キャリアカウンセリングのプロセス

　キャリアカウンセリングでは，カウンセラーと相談者が協働して課題検討から目標設定を行い，その目標を達成するための方法を実行に移し，その効果を検討して改善していくという一連の援助サイクルをもっています。

　たとえば，表Ⅶ-12はある高等学校で行われていたキャリアカウンセリングの援助サイクルです。ここでは，**RVPDCAサイクル**で整理されています。

　また，図Ⅶ-10は，カウンセリングのプロセスを図に表したものです。学校におけるキャリアカウンセリングでは，主に進路情報・資料の提供や助言がなされますが，これらが有効に行われるためには，援助的介入だけでなく，アセスメントや目標設定といった対応が必要です。特に，子どもとの人間関係づくりはカウンセリングの初めから終わりまで重要な要素となります。

▷1　キャリア教育の推進に関する総合的調査研究協力者会議（2004）．キャリア教育の推進に関する総合的調査研究協力者会議報告書――児童生徒一人一人の勤労観，職業観を育てるために

▷2　RVPDCAサイクル
R（Research：調査・検査），V（Vision：方針立案），P（Plan：計画作成），D（Do：実行），C（Check：評価），A（Action：改善）という6段階のマネジメントサイクル。

▷3　進路適性検査・職業興味検査
進路適性検査では，将来それぞれの進路先に進んだ場合そこで求められる課題をどの程度達成できるかという潜在的な可能性について個人の特性を把握する。職業興味検査では，個人がどのような職業に興味をもっているか捉える。両者とも個人の経験や学習によってその結果が変化していくものと考えられている。

表Ⅶ-12　キャリアカウンセリングのプロセス

	プロセス	内　容
R	調査・検査	生徒の状態に応じて調査・検査を実施し課題を検討する。
V	方針立案	発見された課題をもとに今後の方針を立てる。
P	計画作成	方針にそって生徒が実行可能な行動計画を立てる。
D	実　行	方針と計画に従って子どもが自ら実行してみる。
C	評　価	1週間後に再度話し合い，方針と計画にそって実行できたか振り返って自己評価する。
A	改　善	自己評価に基づいてこれからの方針や行動計画を検討する。

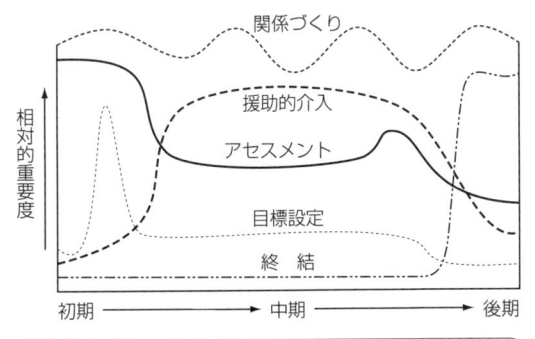

図Ⅶ-10　援助サービスにおける同時的プロセスモデル

出所：原典は，Walter & Lenox (1994)。大野精一 (1997). 学校教育相談——具体化の試み（ほんの森出版）p. 42, 石隈 (1999). 学校心理学（誠信書房）で紹介されている。本図は石隈 (1999) を用いた。

3 アセスメントと援助サービス

　キャリアカウンセリングで行われる援助サービスにおいて重要な点がアセスメント（表Ⅶ-12で言えば調査・検査の部分）の段階です。どこに焦点をあててアセスメントを行うかによって援助サービスの方向性は変わってきます。

　この段階では，日常の観察，学校の成績，進路希望調査，保護者の意見，進学先・就職先の情報などがよく利用されます。こうした通常のアセスメントとあわせて用いられている質問紙法の検査が，**進路適性検査**や**職業興味検査**[3]です。ただ，これらのアセスメントは，進学先や就職先として何を選択するのかといった進路選択の結果に焦点があてられています。

　一方，学校心理学の進路面の援助では，進学先や就職先の決定そのものだけでなく，この決定の基盤となる生き方・生きる方向の選択過程への援助をめざします。こうした視点に立って子どもたちのキャリア発達にそった援助を行っていくためには，進路適性検査・職業興味検査といった進路先についてのアセスメントだけでなく，**進路成熟・進路発達**[4]，**進路選択に対する自己効力感**[5]，**進路不決断**[6]のように，子どもがどのようにして進路を選択していくかという進路選択の過程についてのアセスメントも必要になります。

　たとえば，卒業後の進路が決められない子どものなかには，進路成熟・進路発達が不十分な子どもがいます。進路選択に対する自己効力感が低い子どもがいることもあります。こうした子どもたちに進路選択を促すだけの援助を行っていると不安や混乱を強くすることにつながります。また，進路が決まっている子どものなかには未熟さから安直に選択したり進路選択への不安からとりあえず進路選択したりするなど進路不決断の傾向が強い子どもがいることもあります。

　このように，子どもへのキャリアカウンセリングを行うにあたっては，進路選択だけをその目標とするのではなく，進路選択の過程にも目を向けたアセスメントを行うことが必要です。

（今西一仁）

▷ 4　進路成熟・進路発達
職業情報や職業選択についての意思決定のスキルなど，職業の選択に必要となる能力やスキルを子どもがどの程度身につけているかを表すもの。

▷ 5　進路選択に対する自己効力感
進路を選択できるという見通しがどの程度もてているかを表すもの。これが高いものは，進路選択についての行動をより自発的，積極的に行うことが予想されるのに対して，低いものは進路選択に対して消極的で回避しがちになると考えられる。ただ，進路選択に対する自己効力感が高くても現実検討能力が低い場合があり，自己効力感が高まったからといって必ずしも適切な進路選択がなされているとは限らない。

▷ 6　進路不決断
進路がまだ決まっていない状態を表す。進路が決まっていない状態の子どもに対しては情報提供などの認知的な側面からの援助だけでなく，その背景に不安や混乱などの問題がないか情緒的な側面から援助していくための視点が必要となる。

参考文献
石隈利紀 (1999). 学校心理学——教師・スクールカウンセラー・保護者のチームによる心理教育的援助サービス　誠信書房

第2部　実践編：子どもと学校の援助

Ⅶ　学校心理学の4つの援助領域

17　進路面での援助⑤
地域との連携におけるキャリア教育

1　援助資源としての地域

　キャリア教育は、一人ひとりの生き方に関わる教育です。キャリアの形成には一人ひとりの成長・発達の過程におけるさまざまな経験や人との触れ合いなどが総合的に関わってきます。その点、図Ⅶ-11のように、学校だけではなく、学校を取り巻く地域が重要な援助資源になります。

2　1次的援助サービスとしての職場体験学習

　地域との連携において重視されているのが体験学習です。これは、学校心理学の援助サービスの枠組みのなかで捉えると、子ども全員を対象とした1次的援助サービスにあたります。具体的には、学校段階に応じて表Ⅶ-13のような取り組みが考えられます。

　職場体験学習では単発的なイベントに終わらせないために、3年間の系統的な計画と意図的な事前事後の指導を組み合わせていくことが必要です。事前学習では、調べ学習だけでなく**ソーシャルスキルトレーニング**など、体験学習に取り組む過程で子どもたちが出会う問題についての予防教育的な取り組みが必要です。また、事後学習では、体験学習の感想や振り返りだけでなく、職場体

▷1　ソーシャルスキルトレーニング
良好な対人関係を築き、それを維持していくために必要な行動スキルを身につけるための訓練。

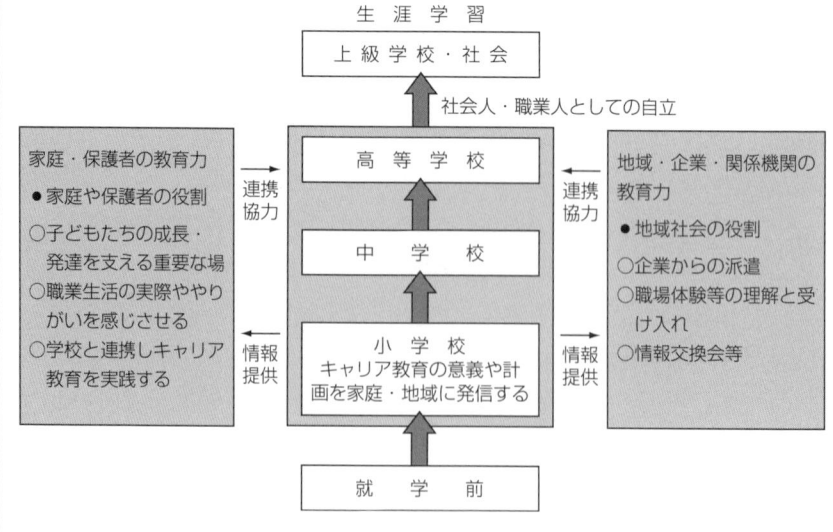

図Ⅶ-11　小学校・中学校・高等学校の連携と家庭・地域との連携

出所：文部科学省（2010）．小学校キャリア教育の手引より．

表Ⅶ-13 小・中・高等学校におけるキャリア発達と職場体験等の関連（例）

小学校	中学校	高等学校
〈キャリア発達段階〉		
進路の探索・選択にかかる基盤形成の時期	現実的探索と暫定的選択の時期	現実的探索・試行と社会的移行準備の時期
体験的活動（例）		
・地域の探検 ・家族や身近な人の仕事調べ・見学 ・インタビュー ・商店街の職場見学 ・中学校への体験入学	・家族や身近な人の職業聞き取り調査 ・連続した5日間の職場体験 ・子ども参観日（家族や身近な人の職場へ） ・職場の人と行動を共にするジョブシャドウイング ・上級学校への体験入学	・インターンシップ（事業所, 大学, 行政, 研究所等における就業体験） ・学校での学びと職場実習を組み合わせて行うデュアルシステム ・上級学校での体験授業 ・企業訪問・見学

出所：文部科学省（2006）. キャリア教育推進の手引より一部改変。

験でのさまざまな成果が，日常的な学習活動への意欲の向上，進路選択に向けての動機づけ，新たな学習課題の発見等に発展していけるよう，通常の進路学習はもとより，各教科など日常の教育活動と意識的に関連づけながら活用していきます。[2]

3　2次的・3次的援助サービスとしての地域の関係機関との連携

地域をキャリア教育の援助資源として考える時には，1次的援助サービスだけでなく，2次的・3次的援助サービスとしても考えていく必要があります。キャリア教育は，職業選択を促すだけのものではなく，一人ひとりのキャリア発達を促す目的で行われますが，子どものキャリア発達が進む過程では，さまざまな発達上の問題が生じてくるからです。たとえば，不登校やひきこもりの問題はまさにキャリアに関わってくる問題ですし，**発達障害**[3]の問題についても，発達障害のある子どもが自分の特性を抱え，周囲とどのように折り合いをつけながら生きていくのかが重要な課題になってくるという点でキャリアの問題と言えます。

不登校の子どもへの支援としては，地域には**教育支援センター（適応指導教室）**[4]があります。また，ひきこもりの子どもを対象とした支援機関には**地域若者サポートステーション**[5]，発達障害のある子どもへの支援機関には**発達障害者支援センター**[6]などがあります。

これらの関係機関では，問題を抱える特定の子どもに対して継続的に支援を行うという点で3次的援助の援助資源と考えられますが，すでに不登校になった子どもだけが対象となるのではなく，こうした関係機関と連携することによって，予防教育的な支援としてソーシャルスキルやビジネススキルの習得をはかることができます。そういった点で，地域の関係機関をリストアップして支援マップをつくっておくことも進路支援につながると言えます。　　（今西一仁）

▷ 2　文部科学省（2005）. 中学校職場体験学習ガイド（http://www.mext.go.jp/a_menu/shotou/career/05010502/026.htm）を参照。

▷ 3　発達障害
⇒ Ⅵ-14 参照。

▷ 4　教育支援センター（適応指導教室）
⇒ Ⅵ-1 参照。

▷ 5　地域若者サポートステーション
厚生労働省の「地域における若者自立支援ネットワーク整備モデル事業」により実施された事業および同事業により開設された若者の相談窓口の名称。厚生労働省から委託を受けた団体が実施する。2008年度以降は一般事業として継続されている。

▷ 6　発達障害者支援センター
発達障害者支援法によって，各都道府県に設置を定められた機関。発達障害の早期発見，早期発達支援等に向けて発達障害者およびその家族に対して専門的な発達支援および就労の支援を行うとともに，関係機関および民間団体に対し発達障害についての情報提供や研修，連絡調整を行う。

VII 学校心理学の4つの援助領域

18 進路面での援助⑥ 援助ニーズの大きい子どものキャリア支援

1 キャリア支援としての個別の教育支援計画

　援助のニーズの大きい子どものキャリア支援には不登校や虐待を受けた子どもの支援も考えられますが，ここでは主に特別支援教育について述べます。
　特別支援教育においては，子どもの実態に応じた長期的・継続的な一貫した援助を行うために，数年にわたる個別の教育支援計画，より具体的な指導内容や方法を記した個別の指導計画を作成することが求められています。[1] 個別の教育支援計画を作成するにあたっては，次のような留意点が考えられます。

- 地域社会のなかで子どもたちを支援していくために，地域社会のなかでどのような資源を活用できるのか，連携できる関係機関先を把握すること。
- これからの人生の段階を見通して，今の段階から次の段階へと引き継がれる支援の移行や連携を行うこと。
- 子ども本人や保護者の願いをもとに立てた長期・短期の目標に向けて，個別の教育支援計画と個別の指導計画を作成し，指導の具体化をはかること。

　このように，特別支援教育においては，個別の教育支援計画や個別の指導計画を作成すること自体が，キャリア支援につながってきます。
　また，特別支援学校以外の小・中・高等学校において発達障害等のある子どもへの支援を考える場合，個別の教育支援計画を立てるだけでなく，それを校内で共有し支援に活かしていくためにも，支援体制づくりが欠かせません。

2 就労支援——教育的支援と福祉的支援

　障害のある子どもなど支援ニーズの大きい子どもへのキャリア支援については，福祉制度についての理解や情報収集が欠かせません。たとえば，福祉の現場では，身体障害・知的障害・精神障害の3つの障害のある人は，それぞれ身体障害者手帳・療育手帳・精神障害者保健福祉手帳を取得することによって障害者福祉サービスを受けることができます。また，近年教育現場での課題となっている発達障害のある子どもについては，2005年の**発達障害者支援法**[2]の施行によって特別支援教育の対象になり，2010年の障害者自立支援法の改正により精神障害に含まれ，障害者手帳の交付対象となりました。その結果，障害者枠での雇用といった障害者福祉サービスを受けることができるようになりました。
　図VII-12は，特別支援学校在学中から離職時支援まで受けられる福祉サービ

▷ 1　個別の教育支援計画，個別の指導計画の様式については，国立特別支援教育総合研究所（2009）．小・中学校の特別支援教育を支えるための情報ガイドを参照。

▷ 2　**発達障害者支援法**
自閉症，アスペルガー症候群，その他の広汎性発達障害，学習障害，注意欠陥多動性障害などの発達障害がある者の，自立および社会参加に向けてその生活全般にわたって支援し，その福祉の増進を目的とする法。

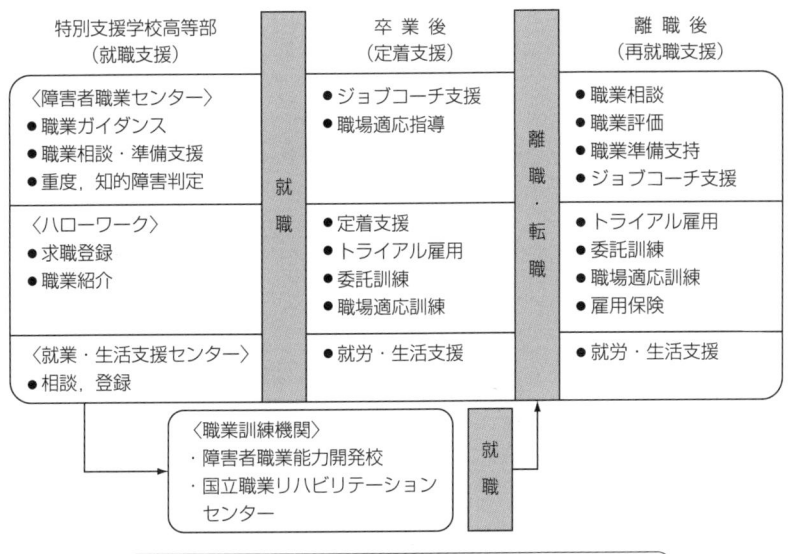

特別支援学校高等部 (就職支援)	卒業後 (定着支援)	離職後 (再就職支援)
〈障害者職業センター〉 ● 職業ガイダンス ● 職業相談・準備支援 ● 重度,知的障害判定	● ジョブコーチ支援 ● 職場適応指導	● 職業相談 ● 職業評価 ● 職業準備支持 ● ジョブコーチ支援
〈ハローワーク〉 ● 求職登録 ● 職業紹介	● 定着支援 ● トライアル雇用 ● 委託訓練 ● 職場適応訓練	● トライアル雇用 ● 委託訓練 ● 職場適応訓練 ● 雇用保険
〈就業・生活支援センター〉 ● 相談,登録	● 就労・生活支援	● 就労・生活支援
	〈職業訓練機関〉 ・障害者職業能力開発校 ・国立職業リハビリテーションセンター	

図Ⅶ-12 障害者の就労支援に関する制度と支援サービス例

出所：石塚 (2009) より。

ス例です。学校における教育的支援は，制度の利用と地域の援助資源の活用といった福祉的支援とをつなげることによって，支援ニーズの大きい子どもへの効果的なキャリア支援へとつながっていくのです。

3 キャリア支援としてのインターンシップ

在学中に行う就業体験や現場実習をインターンシップと言います。これまでは大学生を対象としたものが中心でしたが，近年，障害のある子どもを対象としたキャリア支援についてもその重要性が高まっています。[3]

まず，障害者の社会参加については，「障害者の雇用の促進等に関する法律」の改正などによって就労支援の充実と地域社会への移行が重視されるようになってきました。また，産業構造の変化によって障害のある人の就職先が製造業から流通・サービスおよび事務補助へと変わってきた点も，特別支援学校および中学校・高等学校のインターンシップへの取り組みを促しています。[4]

また，**障害者就業・生活支援センター**[5]や**ハローワーク**[6]などの地域の関係機関の協力を得ながら，子どもの在学中からインターンシップを実施していく過程が，子どもや保護者を支援するための地域ネットワークをつくり上げていくことにもつながってくるという視点も必要です。そのためには，個別の教育支援計画を活用し，在学中から支援機関と計画的につながることができるような取り組みを考えていきます。たとえば，地域の企業や関係機関とインターンシップについて事前の打ち合わせや事後の反省会を行っていく過程において，子どもへの支援についてのそれぞれの役割分担や支援内容を明確にしていきます。このようにインターンシップは子どもだけでなく，受け入れ先の企業や関係機関にとっても，障害についての学習機会の場になるのです。 (今西一仁)

▷ 3 たとえば，広島県教育委員会の「職場実習の手引――障害のある生徒の職業的自立を目指して」(http://ns1.pref.hiroshima.jp/ site/ kyouiku/ 07 challenge- syokubajissyuu-top.html) を参照。また，広島県教育センター (2009). 知的障害特別支援学校におけるキャリア教育充実に向けたカリキュラムの研究――職業的自立に必要な力に関する意識調査とキャリア発達の分析を通して 研究紀要, 36, 21-39では，就業体験受け入れ事業所への意識調査を実施し，知的障害特別支援学校におけるキャリア教育充実に向けたカリキュラムの開発を行っている。

▷ 4 石塚謙二 (編著) (2009). 特別支援教育×キャリア教育 東洋館出版社を参照。各学校におけるインターンシップの実践例も取り上げられている。

▷ 5 **障害者就業・生活支援センター**
障害者就業・生活支援センターは，「障害者の雇用の促進等に関する法律」に基づく支援機関で，地域の関係機関と連携してさまざまな支援制度を利用しながら，障害者に対して就職と生活への支援を一体的に提供する。

▷ 6 **ハローワーク**
公共職業安定所。ハローワークはその愛称。国民に安定した雇用機会を確保することを目的として，厚生労働省により設置された行政機関。

Ⅶ 学校心理学の4つの援助領域

19 健康面での援助① 健康教育の実践

▷ 1 小児生活習慣病
小児期から大人に至るまで管理・治療を継続しなければならない疾患。食事や運動など生活習慣の改善によって予防できる高血圧，糖尿病，高脂血症，肥満などがある。

▷ 2 アレルギー疾患に関する調査研究報告書によると，児童生徒のアレルギー疾患の有病率は，気管支喘息5.7％，アトピー性皮膚炎5.5％，アレルギー性鼻炎9.2％，アレルギー性結膜炎3.5％，食物アレルギー2.6％，アナフィラキシー0.14％となっている。アレルギー疾患の子どもに対する取り組みの強化がはかられている。
文部科学省（2007）．アレルギー疾患に関する調査研究報告書

▷ 3 メンタルヘルス
メンタルヘルスとは，精神的健康の回復・保持・増進に関わる事柄を総称する言葉である。具体的には，心理的ストレスや心の悩み，虐待や家庭内暴力，発達障害や精神疾患など，健常な精神活動にとって障害となる問題とその治療に関するすべての事柄が含まれる。

▷ 4 養護教諭がメンタルヘルスに関する問題で支援した子どもの1校あたりの平均人数は，小学校14.8人，中学校34.8人，高等学校31

1 健康面の援助とは

　学校心理学では，子どもが援助を求めている側面を学習面，心理・社会面，進路面，健康面の4つの領域から捉え，トータルに子どもを理解し援助することをめざしています。子どもは発達的に未成熟な状態にあり，心身の異常やストレスを，心や身体の症状として表出することが少なくありません。健康面からのアセスメントを切り口に，他の3領域との関連をみながら，子どもの全体像を理解し，援助することができます。

2 近年の健康問題から

　子どもたちの健康問題は，日常的な生活習慣が影響する**小児生活習慣病**[1]や**アレルギー疾患**[2]の増加，**メンタルヘルス**[3]の深刻化など，多岐にわたっています。また，これまで長期入院が必要であった気管支喘息や心疾患・腎疾患など慢性疾患の多くは，通院と入院を組み合わせた治療が一般的となり，子どもが治療を続けながら登校するケースが増えています。学校では，一人ひとりの健康状態に応じたQOLの向上をめざし，子どもたちが主体的に学校生活を送ることが求められていると言えるでしょう。

　さらに，子どもたちの忙しさが，健康状態にも影響を与えていることが考えられます。2009年にベネッセが行った「第2回子ども生活実態基本調査」[6]では，習い事や部活動，さらに高校生ではアルバイトなど，一定の時間を要する活動が恒常的にスケジュールに組み込まれており，子どもたちの放課後が多忙化していることが明らかにされています。学校の保健室でも，子どもが「頭が痛いけど部活は休めない」「熱があるけどテストが近いから塾に行く」など，日々のスケジュールをこなすことで精一杯という場面を目にします。忙しさに追われ，自分の健康を顧みるゆとりもないというのが現状ではないでしょうか。すべての活動の基盤をなす「心身の健康」への意識や関心を高めること，自分で主体的に健康を管理するための能力やスキルを育成することが，今後の重要な課題となっています。

3 1次的援助サービスとしての健康教育の実践

○健康教育の内容

表Ⅶ-14　心理学講習会のテーマとタイトル

テーマ	タイトル
対人関係	HAPPYになるカウンセリング 人と楽しむ心理学～対人関係ゲーム入門～ 脱○○キャラは可能か？～あいつとうまく付き合うために～ 人見知りを克服しよう～対人関係ゲーム入門編～
プレッシャーと緊張	追い込まれた時の心理 メンタルトレーニング プレッシャーとの付き合い方～本番に強くなろう～ プレッシャーに打ち勝つ～不安に say goodbye！～
学習・進路	「やる気」の心理学～やる気がないってどういうこと～ テスト不安対策～テスト前の誘惑に打ち勝て～ 心理学ガイダンス～大学の心理学で学ぶこと～
恋愛	恋愛の心理学 失恋からの脱出法 縁結び神社へようこそ～あいつとうまく付き合っちゃおう～

出所：筑波大学附属高校保健委員会 (2008). 心理学講習会 2001年─2007年の実践 (未公刊)

健康教育の内容は，教科としての「保健体育」，喫煙・飲酒・薬物乱用教育，歯・口の健康教育，食育・栄養教育，安全教育，心の健康教育，性教育・エイズ教育など，多岐にわたっています。これらは，すべての子どもたちが共有している援助ニーズに応える1次的援助サービスでもあり，各分野の専門家を活用しながら，促進的・開発的な援助として実践していきます。

○**具体的な取り組みの紹介**

【中学校における薬物乱用防止教室の実践】　A中学では，全生徒を対象に薬物乱用防止教室を実施しています。内容は2部構成とし，まず1部では，外部講師として薬物依存更生施設の関係者を招き，薬物依存症の実態や恐ろしさについて，ご自身の実体験をもとに話をしてもらいます。2部では，**薬物乱用防止キャラバンカー**[7]の派遣を依頼し，薬物に関する展示コーナーや映像コーナーを生徒が自由に見学し，学習する機会としています。薬物教育の専門員の方が，質問に対しても丁寧に説明してくださいます。

【高校における心理学講習会の実践】[8]　A高校では，生徒保健委員と教育相談室（カウンセラー）との連携をもとに心理学講習会を行っています。実施は年間2～4回程度，参加形態は一般生徒の自主参加とし，放課後や昼休みの時間を使って行います。内容は，取り上げてほしい心理学のテーマを生徒から募集し，得られた「対人関係」「プレッシャーと緊張」「学習・進路」「恋愛」の4つのキーワードをもとに，その時々に合った話題を選びます（表Ⅶ-14）。講師は，主にカウンセラーの先生にお願いしますが，内容によっては，テーマに詳しい専門家の方をお呼びすることもあります。講義と演習を組み合わせたり，お弁当もち込みのランチセミナーとするなど，参加者が気軽に楽しく学べるよう，講師の先生と検討しながら実施しています。

(相樂直子)

人であり，相当な人数に及んでいる。
日本学校保健会 (2008). 保健室利用状況に関する調査報告書 (平成18年度調査結果)

▷5　満留昭久 (2010). 慢性疾患をもつ子どもへの教育的配慮を　教育と医学，**58**(6)，63-69.

▷6　ベネッセ教育研究開発センター (2010). 第2回子ども生活実態基本調査報告書

▷7　薬物乱用防止キャラバンカー
厚生労働省の委託事業として，麻薬・覚せい剤乱用防止センターが，薬物乱用防止に関する正しい知識を啓発するために全国的に実施している。小学校の高学年，中学生，高校生を対象に，専門の指導員による解説を交え，簡単にシンナー・覚せい剤等薬物乱用防止に関する正しい知識の理解ができるよう工夫されている。薬物乱用防止「ダメ。ゼッタイ。」ホームページ (http://www.dapc.or.jp/info/r.htm)

▷8　相樂直子・下山晃司・石隈利紀 (2007). 高校生を対象とした心理学講習会の実践と効果について――1次の援助サービスの充実を図るプログラムの検討　日本学校心理学会第9回大会発表抄録集，26.

参考文献

日本学校保健会 (2007). 子どものメンタルヘルスの理解とその対応

日本学校保健会 (2010). 学校保健の動向 (平成22年度版)

Ⅶ 学校心理学の4つの援助領域

20 健康面での援助② 性・AIDS教育

1 子どもたちの性に関する問題の深刻化

携帯電話やインターネットの普及により，性の有害情報の氾濫，出会い系サイトにおけるトラブルの発生など，子どもたちを取り巻く性環境が悪化し，性に関する問題が深刻化しています。2005年，日本性教育協会が実施した調査において，性行動をはじめて経験した年齢の平均の推移から，性行動が低年齢化・活発化していることが示されています。[1] さらに，性に関する現代的な課題として，性感染症，人工妊娠中絶，援助交際（売買春），出会い系サイトなどでの被害などがあげられ，これらの危険（リスク）を認識し，回避する態度を育成する重要性が指摘されています。

2 性に関する教育について

○現状と今後の動向

子どもの性に関する深刻な現状から，これまでの性教育を見直す転換期に来ていると言えます。戸田（2010）[2] は，今までの性教育を振り返り，「指導が科学的理解を図ることに偏り，児童生徒等の発達段階や受容能力等を考慮せずに，性器の名称や生理的な内容を早期かつ詳細に教え込もうとしたり，問題行動の抑止の側面からのみの指導が行われたりして，児童生徒が身につけるべき資質や能力が育たず，適切な意志決定や行動選択につながらなかった」と指摘しています。これまで，指導内容の中心に扱われてきた第二次性徴の発現や生殖機能の成熟，受精・妊娠など，直接的に性に関連する事柄を狭義の「性教育」と捉え，今後はこれに加えて，生命尊重や人間関係の築き方など，基礎となる教育を含めた広義の概念として捉えることが示されています。さらに，広義の性に関する教育には，多様な内容が含まれ，これを学校独自で行うには限界があり，家庭や地域，専門機関との連携が問われているところです。たとえば，社会分業を基盤としたエイズ予防教育「WYSHプロジェクト」[3] は，今後の性に関する教育の方向性を示す実践であると考えられます。

○実施に関する留意点

性に関する教育を進める際の留意点として，[4] 子どもの発達段階を考慮することが重要です。子どもたちをいたずらに刺激し，情報だけが一人歩きする「寝た子をおこす」性教育で終わることのないよう指導内容，使用する教材・教具

---

[1] 日本性教育協会（編）(2007). 「若者の性」白書──第6回青少年の性行動の全国調査報告

[2] 戸田芳雄 (2010). 性教育・エイズ教育 学校保健の動向（平成22年度版）日本学校保健会 p.150.

[3] WYSHプロジェクト Well-being of Youth in Social Happiness の略。社会疫学の手法を用いて開発された予防教育。中・高校生を対象とした事前の徹底した調査に基づいて編成する教育プログラム。地域と学校，保護者が明確な役割分担により進めていく手法が特徴であり，授業の内容として性感染症や妊娠中絶のリスク，HIVに関することなどが含まれている。木原雅子 (2006). 10代の性行動と日本社会──そしてWYSH教育の視点 ミネルヴァ書房

に関する十分な検討が必要です。さらに，事前の意識調査や実態調査などから，子どもたちの現状を把握し，心身の発達段階に応じた内容であるかのチェックを行います。また，「性」を扱うことは，個々のプライバシーに関わるデリケートな問題を含んでおり，この話題が苦手な子ども，抵抗のある子どもがいる点にも留意しなければなりません。集団で一斉に行う指導（集団指導）と，個々の抱える問題や悩みに応じた個別の指導（個別指導）を組み合わせて進めていくことが重要になります。

3　性に関する教育の実践例（中学校2年・学級活動）

ここでは，保護者参加型の性に関する教育の実践例を紹介します。
【テーマ】豊かな男女の関わり
【ねらい】男女の特性を認めたうえで，信頼と思いやりをもった望ましい男女交際について考える。

○授業の実際

授業参観の日程にあわせ，養護教諭と担任によるティームティーチングで保護者参加型の授業を実施しました。まず，事前に異性への関心についてアンケート調査を行い，その結果を男女別にまとめて報告しました。「異性として素敵に思える性格」では，男子は「思いやり」「あたたかさ」，女子は「ユーモア」「スポーツマン」が上位に入り，「異性に関わる悩み」では，男子は「悩まない」，女子は「嫌われたくない」が最も多いという，男女の意識の違いについて示しました。その後，生徒は男女混合のグループに分かれ「プラスになる交際・マイナスになる交際」について自由に意見を出し合いました。保護者のグループもつくり，同様に意見をまとめてもらいました。話し合った結果についてグループごとに発表し合い，さらに考えを深めていけるようにしました。最後に養護教諭が，思春期は共通した悩みをもっている，1人で抱え込まないこと，異性と交際する場合はお互いを尊重することが大切であることなどを伝えました。

○生徒の様子から

生徒が書いた感想には「男女の考え方が違うことがよくわかった」「人を好きになる気持ちは重大で大切なものだと思った」「みんな同じような悩みをもっていることがわかり安心した」「お互いにやさしさをもって接したい」などがありました。このように，性に関するお互いの考えを知ることや個々の抱える悩みを受け入れることが広義の性教育のポイントになると考えられます。さらにここから，性行動のリスクの認識や回避する態度の育成にもつながっていくものといえるでしょう。

（相樂直子）

▷ 4　性に関する教育について，性行動に関わる危険（リスク）を認識し，回避する態度，望ましい人間関係を築く能力の育成など，広義の概念として捉え，目標の見直しがはかられている。
戸田芳雄（2010）．性教育・エイズ教育　学校保健の動向（平成22年度版）日本学校保健会　pp. 147-154.

▷ 5　子どもたちの意見には，プラスになる交際として「お互いを思いやれる」「悲しみや喜びをわかちあうことができる」「良いところや悪いところを見つめ合い尊重できる」など，マイナスになる交際として「自分勝手で相手を傷付ける」「独占欲が強すぎる」「自分の考えがなく相手に流される」などがあった。

▷ 6　保護者の意見には，プラスになる交際として「お互いを尊重し合える」「お互いを高め合える」など，マイナスになる交際として「周りに迷惑をかける」「他のことに集中できなくなる」などがあった。内容的には子どもたちの意見とほぼ共通していた。

21 健康面での援助③ ストレスを身体症状で出す子どもへの援助

1 心身相関とは

「心と身体はつながっている」。これはよく耳にするフレーズです。ストレスを抱えている時は、眠れない・頭が痛い・胃が痛いなどの身体の反応を多くの人が経験していることでしょう。このように、心と身体が密接に関係していることを「心身相関」と言います。たとえば、新学期がはじまり新しいクラスになじめず登校時刻になるとお腹が痛くなる、体育が苦手で運動会前夜は不安と緊張で眠れないなどはよく見られる事例です。本来は外部からの刺激（ストレス）に対して、生体機能を回復させようとする仕組み（ホメオスタシス：生体恒常性）が働いていますが、ストレスの原因やかかる期間によっては、この機能がうまく働かず健康面に重大な支障がでてきます。特に、子どもはその処理能力が未熟なため、心身の症状（**心身症**◁1）につながりやすい状況にあります。

2 青年期の発達課題とストレスの関係

エリクソン（Erikson, E. H.）は、中学・高校の年代にあたる青年期は、「自我同一性（アイデンティティ）の獲得」が**発達課題**◁2であるとしています。この時期は、第二次性徴に伴うさまざまな変化を受け入れながら、自己への問いを通して自分自身を形成していきます。これは、子どもたちが心理的な葛藤を抱え悩みながら成長する重要なプロセスとも言えます。しかし、未熟なだけに問題や悩みへ適切な対処ができず、深刻な症状（心身症）につながることも少なくありません。この時期の代表的な心身症として、**起立性調節障害**◁3、**過敏性腸症候群**◁4、**過換気症候群**◁5、**摂食障害**◁6などがあります。子どもの心身の状態をトータルに捉え、早期対応につなげることが大切です。

3 事例から見る子どものストレス反応と対応◁7

○事例1：転校後に腹痛を繰り返した小学校5年A子の事例

【問題の概要】 A子は父親の転勤により転校してきました。クラスでは明るく、授業中は手をあげてよく発表するなど、問題なくクラスになじんでいる様子が見られました。しかし、2週間程度経過すると、A子は腹痛による欠席や保健室来室が増えてきました。

【経過と対応】 担任から養護教諭に、A子は登校しぶりがあり、登校後も腹

▷ 1 心身症
心理社会的なストレスによって発症、あるいは憎悪した身体疾患。ストレス対処が不十分である心因反応として現れる自律神経系の症状のことを言う。

▷ 2 発達課題
エリクソンはライフサイクル（生活周期）を8つの段階に分け、階層ごとに中心的な発達課題があり、その時期に応じた発達課題を解決することが豊かな人格の形成に必要であると論じている。

▷ 3 起立性調節障害
自律神経（交感神経・副交感神経）機能の失調状態から、頭痛、腹痛、睡眠障害、倦怠感、食欲不振など多様な症状が出現する。

▷ 4 過敏性腸症候群
器質的な疾患が存在せず、消化管の機能異常により腹痛、腹部膨満感、便秘や下痢などの症状をきたす。下痢型と便秘型、下痢と便秘を繰り返す交替型の3タイプがある。

▷ 5 過換気症候群
緊張や不安などが誘因となって、呼吸中枢が過剰に刺激され、呼吸を多くしすぎるために血中の二酸化炭素が減り、さらに呼吸が乱れ苦しくなる状態である。呼吸困難感、動悸、手足のしびれなどが生じる。

痛を頻繁に訴えてくると話がありました。担任と養護教諭，母親の三者で話し合い，担任からは，A子が何でもできるので周囲から頼りにされてとまどっていたこと，養護教諭からは，保健室にA子が来室した際，A子の話を聞くことで腹痛は落ち着いていたこと，母親からは，A子は早く学校に慣れようと頑張っていたことについて話がありました。また，近医を受診した結果，新しい環境に対する**過剰適応**[8]による腹痛ではないかと診断されたとのことでした。これらの情報から，A子にはねぎらいの言葉をかけながら，無理のないペースで過ごしていくこと，腹痛時は十分な休養を促していくことにしました。その後，A子は欠席や保健室来室も徐々に減っていき，クラスでも頑張りすぎず自分のペースで過ごしている様子が見られました。

【まとめ】 転校後の適応の問題が腹痛として表面化し，担任・養護教諭・母親のチームで早期に対応した事例です。環境の変化に伴うA子の状況について，学校と家庭で情報を共有しながら，同じ方針のもと援助し問題解決につながったと言えるでしょう。

○**事例2：不定愁訴により保健室を頻回来室する中学校2年B子の事例**[9]

【問題の概要】 B子は，クラスでC子とD子と3人の仲良しグループで行動をともにしていました。B子はC子とのトラブルがきっかけで，グループから外れ1人でいることが多く見られました。その頃から，B子は，気分不良や腹痛など多様な訴えで保健室に来室するようになりました。B子は病院を受診したところ，特に異常は見られないとのことでした。

【経過と対応】 保健室では，養護教諭がB子に受容的に接していくと，「C子とD子から仲間はずれにされている」「他に仲の良い友人がいない」と泣きながら訴えました。特に給食の時間は，C子とD子と一緒のグループで食べるので，教室にいるのがつらいということでした。養護教諭が担任と情報を共有し，給食のグループ編成を考慮すること，担任がB子と面談を行うこと，B子の身体症状がある時は，休養を優先させることを確認し合いました。その後，B子は教室と保健室を行き来しながら過ごしていましたが，クラスのE子が心配してB子に声をかけたことがきっかけで，B子はE子と一緒にいるようになりました。その頃から，B子の身体症状の訴えも落ち着いていきました。

【まとめ】 B子が友人関係に関するストレスから不定愁訴を呈し，担任と養護教諭が情報を共有して関わった事例です。不定愁訴の事例では，客観的な所見に乏しい多様な訴えを繰り返すため，本人の「わがまま」「甘え」と思われがちですが，その訴えの背景にあるものを把握し，心身両面からの援助が重要になります。

（相樂直子）

▷ 6 **摂食障害**
神経性食欲不振症（拒食症）と神経性大食症（過食症）がある。特に拒食症は，自分の体重や体型に対する認知の障害，体重増加や太ることへの強い恐怖感があり，治療にも時間がかかることが多い。
⇨ Ⅶ-23 参照。

▷ 7 プライバシーの保護のため，援助の経過を損なわない程度に修正している。

▷ 8 **過剰適応**
周囲の状況に無理に自分を合わせようとするなど，不適切な適応状況。ストレスが蓄積され，胃腸障害をはじめとして，多様な症状をきたす。

▷ 9 **不定愁訴**
頭痛，腹痛，めまいなど身体的な症状があるにもかかわらず，検査をしても異常は見られない状態。心理的ストレスや疲労などが関係した自律神経の機能不全によるものと考えられているが，明らかな原因がないまま体調不良が続く。

参考文献

江花昭一（2007）．心身医学の基礎知識 三木とみ子・德山美智子（編）健康相談活動の理論と実践 ぎょうせい pp. 39-45.

田中英高（2007）．子どもの心身症のなりたち――小児心身症の成因・病理・診断について 教育と医学，**55**(4), 60-72.

Ⅶ 学校心理学の4つの援助領域

22 健康面での援助④ 虐待の発見と援助のつなげ方

① 児童虐待とは

児童虐待とは簡単に言うと、親または親にかわる保護者が、子どもの心身を傷つけ、心身の健全な発育や発達を損なうような行為を指します。2011年、全国の児童相談所で対応した児童虐待相談件数は5万9,919件（前年度5万6,384件）で、年々増加傾向にあることが報告されています[1]。相談種別に見ると「**身体的虐待**[2]：2万1,942件」「**ネグレクト**[3]：1万8,847件」「**心理的虐待**[4]：1万7,670件」「**性的虐待**[5]：1,460件」となっています。虐待を捉える際、虐待行為が長期的に続くことによる子どもの心身へのダメージを最優先に考え、常に子どもの側に立って考えていくことが重要です。

② 虐待のサインと対応の留意点

子どもの虐待に気づくサインとしては、身体的なサイン、ネグレクト・放任状況のサイン、心理的影響や行動特徴のサインの3つがあります[6]。

○身体的なサインと対応

けがに関しては、不自然な傷やあざはないか、古い傷と新しい傷が混在していないか、衣服で隠れた部分の受傷はどうかなどをポイントに観察していきます。さらに、子どもの訴えに応じたケアをしながら、けがの原因やその背景にあるものについて話を聞いていきます。子どもの発達段階の面から、自分の状態や気持ちを十分に言語化できないことに留意し、事実の確認を行うことが必要となります。また、話のなかで子どもの説明があいまいであったり、わざと話をそらしたり、あるいは泣いたまま黙ってしまう時などは、それが「知られたくない」という子どもの防衛反応であることもあります。子どもの気持ちを尊重し、安心して話ができるような環境を整えることが必要になります。

○ネグレクト・放任状況のサインと対応

何日も汚れた衣服を着ている、身体の汚れがひどい・くさいなど、清潔・衛生面から、十分な養育やケアがなされていない状況に気づくことがあります。

また、子どもの体調不良や不定愁訴が続く場合は、受診状況や食事・睡眠などの生活習慣に関して、継続的な観察を行います。さらに、不登校の子どものなかには、「親が学校に行かせない」という**教育ネグレクト**[7]の子どもが含まれていないかという視点をもって観察することも必要です。

▷1 厚生労働省（2012）. 平成23年度福祉行政報告例の概況

▷2 **身体的虐待**
身体面に外傷を与える行為で最も発生しやすい。首を絞める、熱湯をかける、異物を口に入れるなど。火や水、道具を使った暴力行為も含まれる。生命の危険を伴うものが多い。

▷3 **ネグレクト**
衣食住に関する養育の放棄、健康や安全面へのケアがなされていない状態など。食事を与えない、必要な医療を受けさせないなどがある。衣服が汚れていることで発見されるケースも多い。

▷4 **心理的虐待**
著しく心理的に外傷を加える行為。大声での罵声罵倒、自尊心を傷つけるような言動など。拒絶や無視も含む。

▷5 **性的虐待**
子どもへの性行為や性的暴行、性的行為の強要などがある。性的虐待は発見が難しいケースが多い。

▷6 河浦龍生・藤林武史（2009）. 虐待を受けた子どものサイン 教育と医学, **57**(2), 34-41.

▷7 **教育ネグレクト**
「学校に行かせない」という登校禁止だけでなく、「学校に行かせる努力をしない」「学校に行く必要がないと思いこませる」など、多様な内容が含まれる。
河浦・藤林（2009）. 37-38.

○心理的影響や行動特徴のサインと対応

行動面では，多動や不注意，自傷行為やいじめ，暴力などの問題行動を繰り返すケースが見られます。また，対人関係において，相手の様子をじっとうかがう，極端に避ける，特定の相手にだけ異常に甘えるなど，相手との適切な距離を保てないという特徴（愛着障害）も見られます。その背景には，虐待を受けたことによってもたらされる自尊感情の低下が，多くのケースで認められます。学校では，子ども本人への丁寧な関わりとともに，本人を含めた学級や学年単位で，自他を尊重する心や態度を育てる援助を進めることも有効です。

3 虐待（疑いも含める）に関するチームでの対応

虐待を受けている子ども（疑いも含めて）には，チームで援助していくこと，さらに経過に応じてチームを拡大することが必要です。

○気になる情報の共有──チームの形成

子どもの様子がいつもと違う，おかしいという気づきが，虐待の早期発見には重要であり，この気づきを関係者で共有することが，対応の最初のステップになります。例をあげて説明します。担任はA子（小学1年）が汚れた同じ衣服を着ていることが気になり，養護教諭に相談しました。養護教諭の話から，A子は休み時間になると体調不良を訴え，保健室へ頻回来室していたということがわかりました。さらに，学年主任にも話をしたところ，他の保護者からA子の養育状況を心配する声があったということがわかりました。これをきっかけに，担任・養護教諭・学年主任がチームでA子の学校での様子を注意深く観察し，また，担任が母親と面談を実施することになりました。このように，複数の情報を組み合わせることで，その子どもが抱えている問題が浮かび上がり，援助の方向性が見えてきます。

○ネットワークを使ったチーム援助（ネットワーク型援助チーム）

虐待が疑われる場合は，校内さらに校外のネットワークを活用し，チームを拡げていくことが重要になります。上記のA子の例では，教務主任・生徒指導担当・特別支援担当・スクールカウンセラーがチームに加わり，校内で定期的な話し合いをもちます。さらに，児童相談所の児童福祉司，地域の民生委員や児童福祉課職員など，外部機関にも連絡を入れ，全体で子どもを見守り援助する体制をつくっていきます。特に，児童相談所への連絡は，虐待の疑いがあると判断した時点で，速やかに行うことが法的にも義務づけられています。目の前の子どもを最優先に考え，判断に時間を費やすことなく行動することが求められます。また，当然ながら校外の機関に連絡を入れた後も，学校での対応は続きます。学校が果たす役割について検討し，子どもにとって学校が安心できる場として機能するよう，そして子どもの学校生活の質が維持できるよう，全体で取り組むことが重要です。

（相樂直子）

▷ 8 石川瞭子（2007）．自尊感情が傷ついた子への援助──虐待・いじめ（特集 自尊感情を育てる）児童心理, 61 (10), 969-973.

▷ 9 自他を尊重し，認め合う体験学習の1つとして，構成的グループエンカウンターがある。小学校低学年から高校生まで実施できるさまざまなエクササイズ（課題）があり，6つのねらい（自己理解・他者理解・自己受容・信頼体験・感受性の促進・自己主張）を達成することをめざす。

▷ 10 ネットワーク型援助チーム
田村（2004）はメンバーが保有するネットワークを通じて広く援助を要請する形態としている。虐待のように，複数の視点からの観察や援助，危機場面への対応が必要なケースにはネットワークを活用したチーム援助が有効である。
⇨ V-5 参照。

(参考文献)
田村節子（2004）．援助チームの実際 日本学校心理学会（編）学校心理学ハンドブック 教育出版 pp. 126-127.
廣岡逸樹（2009）．虐待 藤森和美（編著）学校安全と子どもの心の危機管理──教師・保護者・スクールカウンセラー・養護教諭・指導主事のために 誠信書房 pp. 58-71.

VII 学校心理学の4つの援助領域

23 健康面での援助⑤ 精神疾患のある子どもへの援助

1 子どもの精神疾患

精神疾患のある子どもへの3次的援助サービスは，子どもが病気の治療を受けながら，適切な学校生活を送っていくことをめざします。ここでは，子どもに見られる代表的な精神疾患の特徴について見ていきます。

○統合失調症

青年期に発症することが多く，症状は陽性症状と陰性症状に分けられます。主な陽性症状には**幻覚**[1]と**妄想**[2]，陰性症状にはひきこもり，意欲の減退，**情動鈍麻**[3]などがあります。治療は，抗精神病薬による症状のコントロールが中心となり，服薬の確認と副作用の観察が重要です。

○気分障害

主にうつ状態が続く「うつ病」と，うつ状態と躁状態が交互に繰り返す「双極性障害」があります。うつ病の症状は，意欲の減退，疲労感，不眠，食欲の低下，気分の落ち込みなどがあり，自傷行為に及ぶこともあります。躁病の症状は，過活動になる，疲れを感じないなどで，周囲とのトラブルを起こしやすくなります。近年は，ストレスを抱えている子どもがうつ状態になることが多く，小・中学生にも気分障害が増えていると言われています。

○摂食障害

拒食症（神経性食欲不振症）と過食症（神経性大食症）があります。拒食症の特徴は，体重減少とボディイメージ（体型認識）の歪み，徐脈，無月経（女子）などであり，過食症の症状は，食べるのが止まらない，体重増加を防ぐための嘔吐や下剤の乱用などが見られます。気軽にダイエットをする子どもが多く，摂食障害「予備軍」が潜在化していることが懸念されます。

2 精神疾患のある子どもへの援助プロセス

精神疾患（疑いも含めて）のある子どもへの援助には，大きく分けると「早期発見」「専門機関の紹介」「学校生活の援助」と3つのステップがあります。

まず早期発見に関して，学校では子どもの様子を丁寧に観察し，子どもの変化に気づくことが必要です。子どもは心身の発達途上にあるため，言語化できないことも多く，多様な方法で心のSOSを発します。SOSの表れ方としては，①心の症状，②行動の異常，③からだの症状があります[4]。幅広く情報を収集し，

▷ 1 幻覚
主に幻聴と体感幻覚がある。幻聴では自分についての悪口や批判，命令などが人の声となって聞こえる。体感幻覚は，幻視・幻臭などのほか，「内臓が溶ける」「脳がはみだしてくる」など奇妙な内容が多い。

▷ 2 妄想
思考内容の障害であり，被害妄想（周囲から嫌がらせをされている）や誇大妄想（自分は神の生まれ変わりである）などがある。

▷ 3 情動鈍麻
表情が乏しくなる，自発性がなくなる，感情の変化が少なくなる，声の抑揚がなくなるなど。

▷ 4 「心の症状」としては，情緒の不安定（不機嫌，いらいらする）や無気力（勉強や遊び），「行動の異常」としては，落ち着きがない，登校・学校生活の乱れ（不登校，遅刻等），学習成績の悪化，習癖（チック，爪かみ），「からだの症状」としては，腹痛，頭痛，微熱，不眠等の不定愁訴，円形脱毛症，じんましんなどがあげられる。
山下文雄（1991）．症状を読む──子どもの心の問題　小児科 mook 60, 75-89．

これまでと違った兆候を見逃さないことが大切です。次に，専門機関の紹介ですが，まず養護教諭・スクールカウンセラー・学校医などを交えてアセスメントを行い，保護者の意向や家庭の事情も踏まえ，どの専門機関につなぐのが適切か検討します。そして，専門機関に対する本人や保護者の抵抗感に配慮しながら，学校医に紹介状を作成してもらう，自宅から通いやすい機関を紹介するなど，丁寧な関わりが必要となります。次に，学校生活の援助では，薬物治療や運動制限に関することなど，必要な情報について主治医の指示を確認し，学校生活で配慮が必要な点について本人や保護者を交え検討します。さらに，子どものプライバシーの保護と情報共有の両面に配慮し，子どもの学校生活の維持と充実に向けて学校全体で対応する態勢を整えることも重要です。

3 精神疾患のある生徒への対応事例──高校1年女子の摂食障害の事例 ▷5

【問題の概要】 体育科の教科担任より，養護教諭に「最近A子がやせてきているようだけど大丈夫だろうか」と相談がありました。担任に聞くと，「もともとやせ気味であり，クラスでは特に変わった様子は見られない」と話がありました。

【経過と対応】 養護教諭がA子を呼んで話を聞きました。A子は「具合の悪いところは全くないし元気です！」と答えました。しかし，顔色が悪く，脈は55〜60回／分（徐脈），半年前からダイエットを続け生理が止まってしまった，太ることがこわくて食べられない，体重は1年前より8kg減っているなど，さまざまな問題点が明らかになりました。養護教諭が学校医に相談したところ，保護者に連絡して早めに専門医を受診させるよう指示がありました。A子・保護者・担任・養護教諭・学校医で面談を行い，A子の発育曲線を示しながら受診の必要性について説明し，専門医を紹介しました。▷6 その後，A子は紹介先の病院に入院となり，食事療法を中心とした治療を継続，1か月程度で退院しました。学校にも間もなく復帰し，体育以外の活動はすべて参加可能となりました。保健室では，養護教諭が月2回程度，A子の受診状況と心身の健康チェックを行うとともに，A子の自助資源（例：学力）のアセスメントを行い，さらにその情報を担任や母親，主治医（保護者の了解を得て）とも共有し，チームでA子の学校生活をサポートをしました。

【まとめ】 学校医の介入や客観的データ（発育曲線）の活用によって，専門医の受診につなぐことができました。退院後も，養護教諭がコーディネーターとなり，主治医の指示を確認しながらチームで学校生活を援助しました。精神疾患のある子どもへの援助では，教育と医療をつなぐコーディネーターが援助の鍵をにぎることが示唆されます。

（相樂直子）

▷5 プライバシー保護のため，援助の経過を損なわない程度に修正している。

▷6 身体の健康状態は，身長・体重などの発育に現れる。身長と体重の計測値を基準の発育曲線上にプロットし，経年的な変化を見て心身の健康管理に活用する。
小林正子（2009）．身体計測の結果を効果的に活用する　健康教室，**60**(4)，14-19．

参考文献

文部科学省（2009）．教職員のための子どもの健康観察の方法と問題への対応
日本学校保健会（2007）．子どものメンタルヘルスの理解とその対応
宮本信也・土橋圭子（2005）．病弱・虚弱児の医療・療育・教育　金芳堂
満留昭久（2011）．子どもの心のSOSと身体症状　教育と医学，**59**(2)，178-183．

Ⅶ 学校心理学の4つの援助領域

24 健康面での援助⑥
保健室をキーステーションとするコーディネーション

① 子どもたちの保健室利用状況から

　2006年度に実施した「保健室利用状況に関する調査」によると，1日平均の保健室来室者数は，2001年に比べ小学校は増加，中学・高校は同傾向にあること，また，保健室に来室する理由について，けがや体調不良以外にも「先生との話」「なんとなく」など，多様化していることが明らかになりました。これらのことから，保健室が子どもたちの多様な訴えを発する場として機能し，養護教諭が子どもたちの心身のSOSをしっかりキャッチし，援助の輪を拡げていく重要性が示唆されます。

② 保健室を起点としたチーム援助

　田村（2004）は，チーム援助の形態について，①コア援助チーム，②拡大援助チーム，③ネットワーク型援助チームの3つのタイプから説明しています。保健室では，子どもの状態に応じて，これら3タイプのチームを活用し，援助の拡充をはかることが求められます。ここでは，保健室が援助の起点となったチーム援助の事例を紹介します。

③ 頭痛を頻繁に訴えるA子の事例——中学校2年女子A子

　【問題の概要】　中学校入学後は，特に問題もなく登校していましたが，中学校2年の10月頃から欠席が増え，担任から「頭痛による欠席が続いている」「精神的にも不安定なようだ」と話がありました。

　【経過と対応】　担任からの情報を受け，養護教諭が保健室にA子を呼んで話を聞きました。A子は「病院では，特に異常はなく頭痛薬を飲んで様子を見るように言われた」と話しました。さらに，学校や家庭での様子について聞いていくと「布団に入ってもなかなか寝つけない」「勉強に集中できない」「気持ちが落ち込み毎日を過ごすことがつらい」と，訴えました。このような状況について，養護教諭が担任に伝え，母親を交えて話し合いをもつことを提案しました。母親が来校し，担任・養護教諭・母親で話し合い，A子の心身の安定をはかることを方針とし，具体策として，①学校医から頭痛の専門医を紹介してもらう，②A子の体調に応じて保健室や自宅での休養を優先させることを検討しました。2年時の12月，A子は専門医を受診し，重度の**自律神経失調症**と診断

▷1　1日平均の保健室来室者数は，小学校40.9人，中学校37.9人，高等学校35.6人である。また保健室の来室理由を見ると，小学校では「けがや鼻血の手当て」，中学・高等学校では「体調が悪い」が最も多く，それ以外にも多様な来室理由があり，子どもたちのニーズに応じて保健室の機能も拡大していることがわかる。
日本学校保健会（2008）．保健室利用状況に関する調査報告書，42-44．

▷2　田村節子（2004）．援助チームの実際　日本学校心理学会（編）学校心理学ハンドブック——「学校の力」の発見　教育出版　pp. 126-127．

▷3　コア援助チーム
教師・コーディネーター・保護者など援助の核となるメンバーからなり，直接的・間接的に子どもの援助を主導する形態。
⇒ Ⅴ-5 参照。

▷4　拡大援助チーム
コア援助チームをベースに子どもにとって必要な学校内外の援助資源に参加を依頼し，話し合いを位置づけて援助していく形態。
⇒ Ⅴ-5 参照。

され，薬を飲みながら，症状が落ち着くまでは自宅で休養することになりました。このような状況を受けて，養護教諭がスクールカウンセラーを交え話し合いをもつことを提案し，担任・養護教諭・母親・スクールカウンセラーで話し合いを行いました。そこでは，A子の欠席中も担任が家庭と連絡を取り合い，学校の様子を伝えていくこと，母親がスクールカウンセラーと定期的に面接を行うこと，さらにA子の体調が良くなったらスムーズに学校生活に移行できるよう，職員全体でA子の状況について共通理解を図ることを検討しました。2年の2月になると，A子の症状も落ち着き，登校できるようになりましたが，A子は，睡眠リズムが十分に整っていないこと，薬の副作用が強く眠気やだるさがあるとのことでした。養護教諭，担任，母親による話し合いでは，A子の体調に応じて保健室を利用しながら授業への参加を促すことにしました。A子は3年進級後，保健室を利用しながらもほぼ毎日登校できるようになりました。学校では，A子の学校生活のリズムを整えることを方針とし，①養護教諭と担任がA子の心身の状態について話を聞く，②養護教諭が主治医や学校医から，学校生活に関する指示を確認することを検討しました。

【まとめ　養護教諭のコーディネーターとしての実践に焦点をあてて】
・援助チーム形成のプロセス

担任からの連絡がきっかけで，養護教諭がA子の話を聞き，A子の問題の状況から母親を交えた援助が必要であることが判断されました。これが，担任・養護教諭・母親からなるコア援助チーム形成につながります。さらに，コア援助チームの話し合いから，スクールカウンセラーも含めた学校全体で共通理解をはかることで拡大援助チームへ，さらに，学校医・主治医と校外の援助者とのネットワークを活用したネットワーク型援助チームへと移行していきます。

・コーディネーターとしての養護教諭

養護教諭が中心となって，A子の心身の状況に関するアセスメントを行い，さらに保健室のネットワークを活かして，A子の再登校及び学校生活のリズムを整える援助を行いました。養護教諭は，保健室を援助のキーステーションとして機能させ，さらにその援助を調整するコーディネーターとなり，子どもの学校生活全体を支えることが重要な役割といえます。

・生徒を援助チームにつなぐ役割

養護教諭が，A子の心身の不安定な状況についてA子から話を聞き，それらを他の援助者に伝えていくことが，援助方針を検討するポイントになりました。コーディネーターは，援助対象となる子どもの様子について，援助チームに伝え，子どものニーズを尊重した援助へつなげることが重要な役割であると示唆されます。今後は，子どもが援助チームにどのように関与するかが課題であり，コーディネーターの専門性が問われる部分であると考えます。

(相樂直子)

▷5　ネットワーク型援助チーム
拡大援助チームがもつネットワークを通じ，広く援助を要請する形態。コーディネーターのもつネットワークを活用して校内外に援助資源を拡げていく。
⇒Ⅴ-5 参照。

▷6　プライバシーの保護のため，援助の経過を損なわない程度に修正している。

▷7　自律神経失調症
ストレスや疲労などの刺激により，自律神経である交感神経と副交感神経のバランスが乱れ多様な症状を呈する。

参考文献
後藤ひとみ (2010). 変革の時代に求められる養護教諭の資質・能力と6年制教育　学校保健研究, **52**(1), 3-6.

石隈利紀・田村節子 (2003). 石隈・田村式援助シートによるチーム援助入門――学校心理学・実践編　図書文化

相樂直子 (2009). 養護教諭が中心となる学校全体の援助　石隈利紀 (監修), 水野治久 (編) 学校での効果的な援助をめざして――学校心理学の最前線　ナカニシヤ出版　pp. 113-124.

VIII 「学校心理学」を活かす

1 学校心理士

▷1 アメリカ・イギリス・日本の学校心理学の専門家
日本には，アメリカのスクールサイコロジスト，イギリスのエデュケーショナルサイコロジストのような，学校心理学の専門的職業の制度はない。しかし，心理教育的援助サービスは，教師，スクールカウンセラーらのチームによって提供されている。したがって，「学校心理士」はチームで行う心理教育的援助サービスにおいて，心理教育的援助サービスのモデルを示したり，リーダーシップをとる職業人が獲得する資格と言える。

▷2 学校心理士スーパーバイザー
学校心理士として10年以上経験した人のうち，学校心理士に助言する資質を有する人。2011年度から，認定が始まった。

▷3 日本学校心理士会
日本における学校心理士の団体。学校心理士の交流，研修，研究促進，および学校心理士の社会的地位向上をめざした広報活動・運動を行う。毎年の年次大会には，300〜500人の会員が参加し，研修や実践発表が行われる。

学校心理学の考え方と知識・技能を活かす資格として「学校心理士」があります。また学校心理学に関連する資格として，特別支援教育士（S. E. N. S），臨床発達心理士，教育カウンセラー，臨床心理士などがあります。これらの資格は，国家資格ではありませんが，社会的に認知が高く，学校や地域で信頼されている資格です。

1 学校心理士とは

○学校心理士という資格
学校心理士は，子どもの「学校生活の質」の向上をめざす，心理教育的援助サービスの専門家に与えられる資格です。学校心理士には，「学校心理士」「学校心理士補」「**学校心理士スーパーバイザー**」があります。2013年1月の時点では，学校心理士は3,668人です。学校心理士は心理教育的援助サービスの「専門的ヘルパー」として，援助サービスのリーダーあるいはコーディネーターとして働いています。具体的には，学校心理士には，生徒指導・教育相談担当，特別支援教育担当，養護教諭など，多くの教師がいます。そしてスクールカウンセラー，スクールソーシャルワーカーなど，学校の専門的スタッフもいます。学校心理士が所属する「**日本学校心理士会**」では，年次大会・各種研修会の開催，そしてニュースレターや『日本学校心理士会年報』の刊行を通して，学校心理士の研鑽をはかっています。

1997年，学校心理士は日本教育心理学会が心理教育的援助サービスの専門家に対して認定をはじめました。2001年度からは，学校心理士の認定は学会連合資格「学校心理士」認定運営機構で行われるようになりました。そして2011年4月学校心理士を認定する機構は，**一般社団法人学校心理士認定運営機構**となりました。機構は，日本教育心理学会，日本LD学会，**日本学校心理学会**など計11の学会が構成員となって，学校心理士の認定や研修にあたっています。

○主な活動
心理教育的援助サービスの専門的ヘルパーである学校心理士の主な活動には，以下のようなものがあります。

①子どもの発達の状態や今苦戦している状況，そして子どもを取り巻く環境（例：学級，学校）に関する専門的なアセスメント（WISC-Ⅳ・KABC-Ⅱなど心理検査の実施，援助チームによるアセスメントの計画や結果のまとめなど）

②子どもへの直接的援助サービス（カウンセリング，学習援助など）
③子どもへの間接的援助サービス（学級担任・保護者へのコンサルテーション，学級組織へのコンサルテーション，援助サービスのコーディネーションなど）

○期待される役割

学校心理士は，学級担任，保護者らと，援助チームを組んで子どもの援助にあたることを重視します。学校心理士資格をもつ教師，スクールカウンセラー，スクールソーシャルワーカーに期待されている役割には，以下のようなものがあります。
①授業や学習活動に関するコンサルタント
②子どもの学校生活における苦戦の援助についての（教師や保護者の）コンサルタント
③生徒指導・教育相談や特別支援教育のコーディネーター（例：特別支援教育コーディネーター，教育相談コーディネーター，生徒指導専任教諭）
④子どもを援助するネットワークのコーディネーター

2 学校心理士の申請基準

学校心理士は，大学院で学校心理学関連の領域で修士課程を修了していることを基準とした資格です。
「学校心理士」の申請条件には，以下の5つの類型と「学校心理士補」があります。

○類型1
大学院で学校心理学に関する「所定の科目領域」の単位を取得し，心理教育的援助サービスの専門的実務経験が1年以上ある人が該当します。特例として，大学院在学中の人で，申請時に所定科目領域に属する科目の内5科目以上を履修しており，修了までに残りの科目領域に属する科目の履修と専門的実務経験を行うことが見込まれる場合は，「見込み」として申請できます。

○類型2
教員（幼・小・中・高校，特別支援学校）または各学校の養護教諭として教育活動に従事するとともに，心理教育的援助サービスの専門的実務経験が5年以上ある人が該当します。

○類型3
学校心理学および学校教育に関して，類型1または2と同等以上の能力と識見を有する人で，教育委員会，教育センター・教育相談所，あるいは児童相談所・児童センターなどの専門機関で教育相談員などの専門職として，その仕事に従事している人が該当します。大学院での学校心理学関連の科目の履修によって，必要な実務経験が「2年以上」または「5年」となります。

▷ 4 一般社団法人学校心理士認定運営機構の11参加団体
日本教育心理学会，日本特殊教育学会，日本発達障害学会，日本発達心理学会，日本LD学会，日本学校心理学会，日本応用教育心理学会，日本生徒指導学会，日本学校カウンセリング学会，日本コミュニケーション障害学会，日本学校メンタルヘルス学会。

▷ 5 日本学校心理学会
心理教育的援助サービスの実践や研究を促進する学会。主な会員は，教師（生徒指導・教育相談担当，特別支援教育担当の教師，養護教諭），スクールカウンセラー，スクールソーシャルワーカーなどの学校スタッフ，教育行政関係者，研究者，地域の子育てリーダーなどである。2013年2月現在，会員数755名。日本学術会議協力学術研究団体に登録している。日本学校心理学会の詳細については，学会ホームページ（http://schoolpsychology.jp）を参照。

○類型4

　学校心理学および学校教育に関して，類型1または2と同等以上の能力と識見を有する人で，大学等で学校心理学関連の授業科目を担当または実習指導をしており（専門的実務経験），かつ学校心理学に関する十分な研究業績がある人が該当します。

○類型5

　外国の大学院などにおいて，学校心理学の専門教育を受け，スクールサイコロジスト，スクールカウンセラーなどの資格を有する人が該当します。

○学校心理士補

　類型1と同様に，大学院修士課程において，学校心理学に関連する所定の科目領域の単位を修得した人で，学校心理士に求められている専門的実務経験がまだ不十分な場合は，「学校心理士補」として申請できます。

③ 申請にかかる所定科目について

　学校心理士としての資質の向上をめざして，大学院における所定科目に関しては，2011年4月の新入生から「新基準」の適用が開始されています[6]。新基準における科目は，学校心理学の3つの柱に対応しており，8科目（領域）と基礎実習2科目となります（図Ⅷ-1）。

○学校心理学とそれを支える心理学的基盤

　「学校心理学」と「教授・学習心理学」「発達心理学」「臨床心理学」です。学校心理士を申請する者は，学校心理学の基本的概念についてきちんと学ぶことが求められます。

○心理教育的援助サービスの方法

　「心理教育的アセスメント」と「学校カウンセリング・コンサルテーション」です。これに加えて「心理教育的アセスメント基礎実習」，「学校カウンセリング・コンサルテーション基礎実習」の2科目を履修する必要があります。心理教育的アセスメント基礎実習は，WISC-Ⅳ，KABC-Ⅱなどの個別心理検査について，検査の実施・結果の解釈・指導案作成までの訓練です。また学校カウンセリング・コンサルテーション基礎実習は，関わりづくりに関するグループ実習，傾聴実習，カウンセリングプロセス・コンサルテーション・コーディネーションを含めた総合実習を含みます。

○学校心理学的援助の実際

　「生徒指導・教育相談，キャリア教育」と「特別支援教育」です。「生徒指導・教育相談，キャリア教育」はすべての子どもへの1次的援助サービスを基本として，苦戦する子どもへの2次的・3次的援助サービスを加えます。一方「特別支援教育」は発達障害のある子どもなど，2次的・3次的援助サービスをきちんと行いながら，その実践の方法を1次的援助サービスに活かしていき

▷6　2012年9月現在，55の大学院が新基準を満たすカリキュラムを認定委員会に提出し，適合とされている。新基準の詳しい学習内容については，『学校心理学ガイドブック』を参照。

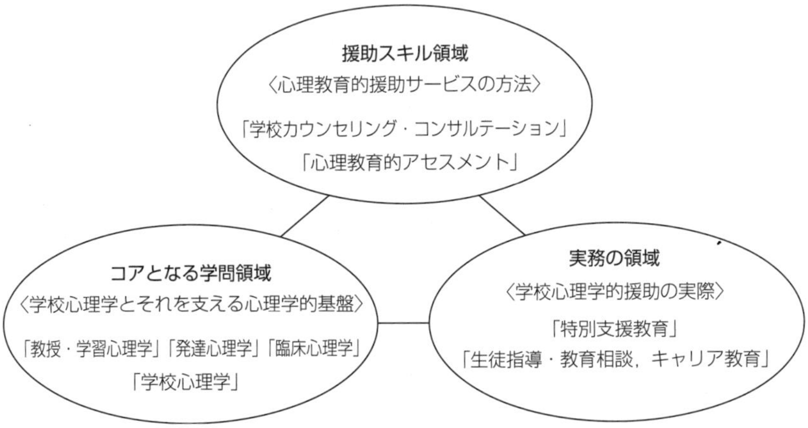

図Ⅷ-1 学校心理学の構成関連領域の概念図

援助スキル領域
〈心理教育的援助サービスの方法〉
「学校カウンセリング・コンサルテーション」
「心理教育的アセスメント」

コアとなる学問領域
〈学校心理学とそれを支える心理学的基盤〉
「教授・学習心理学」「発達心理学」「臨床心理学」
「学校心理学」

実務の領域
〈学校心理学的援助の実際〉
「特別支援教育」
「生徒指導・教育相談, キャリア教育」

（注）援助スキル領域では，「心理教育的アセスメント基礎実習」および「学校カウンセリング・コンサルテーション基礎実習」（計20P）の履修も必要。
出所：筆者作成。

ます。この2つの科目は，学校心理学の2つの側面を相補的に活かし合うものと言えます。

4 学校心理士の審査内容

学校心理士は申請期間が4月から6月であり，審査は，書類審査，試験，ケースレポートによって行われます。書類審査は，各類型で申請条件が満たされているかどうかなどについて審査されます。試験は毎年8月に全国（札幌，東京，名古屋，神戸，福岡など）で行われます。試験は論述式（必須「学校心理学」，選択「特別支援教育」または「学校カウンセリング」）と学校心理学関連領域の客観テストの2種類です。ケースレポートは，申請者がスーパーバイザーのもとに行った心理教育的援助サービスについて，学校心理学の視点から書くものです。

5 学校心理士の展望

学校心理士の主な職業としては，「生徒指導・教育相談」「特別支援教育コーディネーター」を担当する教師，あるいは「スクールカウンセラー」などがあります。生徒指導・教育相談，特別支援教育コーディネーターは，校務分掌ですが，学校心理士，特別支援教育士，臨床発達心理士，教育カウンセラーなどの資格をもつ者をあてるようになってきています。またスクールカウンセラーは，臨床心理士資格をもつ者が多いのですが，近年発達障害への対応，学級集団への対応など，学校のスクールカウンセラーに求める援助サービスが多様になってきており，スクールカウンセラーとして学校心理士を雇用するところがあります。いくつかの資格を，「学校や地域のニーズ」に応じて雇用する方針が，文部科学省にもあります

(石隈利紀)

▷ 7 学校心理士のケースレポートの目次
①テーマ，②表題，③報告者氏名，④報告者の立場，⑤教育援助の対象，⑥教育援助を行った機関，施設，場所，⑦教育援助の期間，⑧教育援助開始時における対象者の問題の概要，⑨援助開始時における対象の児童生徒，学校，学級そして家族の環境などについての心理教育的アセスメントの焦点，方法と結果，⑩心理教育的アセスメントに基づく，教育援助開始時の教育援助の方針と計画，⑪教育援助の経過の概要，⑫教育援助の自己評価（自己点検），⑬本ケースにおける教育援助についての考察。

▷ 8 教育相談等に関する協力者会議のまとめ
文部科学省（2007）．児童生徒の教育相談の充実について——生き生きとした子どもを育てる相談体制づくり（報告）
http://www.mext.go.jp/a_menu/shotou/seitoshidou/kyouiku/houkoku/07082308.htm

参考文献

石隈利紀・小野瀬雅人・大野精一・松村茂治・橋本創一（2010）．学校心理士をどう養成するか——大学院における関連科目新基準「誕生」の過程と意義　日本学校心理士会年報, 2, 5-18.

学校心理士資格認定委員会（編）(2012). 学校心理学ガイドブック（第3版）風間書房

VIII 「学校心理学」を活かす

2 学校心理学に関連する資格

　学校心理学の理論と実践に関連する資格には特別支援教育士（S.E.N.S），教育カウンセラー，臨床発達心理士，臨床心理士などがあります。以下，『学校心理学ガイドブック（第3版）』を基に紹介します。

1 特別支援教育士

　特別支援教育士（S.E.N.S）は，一般財団法人特別支援教育士認定協会が認定する，「LD・ADHD等のアセスメントと指導に関する専門の資格」です。[1] 特別支援教育士になるためには，①連携学会（日本LD学会，日本教育心理学会，日本学校教育相談学会，日本カウンセリング学会，日本学校心理学会，日本発達障害学会）の正会員であり，②LD・ADHD等の関連職種に所定の時間以上従事している者が，特別支援教育士養成セミナーを受講し，所定のポイントを取得することで資格を取得できます。大学院の授業でポイント取得をすることも可能です。さらに特別支援教育士の養成，地域でLD・ADHD等の援助の中心的役割を担う人として，「特別支援教育士スーパーバイザー」が認定されています。2013年1月現在3,668人が資格をもっています。

2 教育カウンセラー

　教育カウンセラーは，子どもの可能性を「育てる」視点に立った援助をめざして，NPO法人日本教育カウンセラー協会が認定する資格です。[2] 教育カウンセラーは，「個人および集団に対して予防・開発的援助を行うことができる専門的教育者」と定義されます。活動として，学級経営，進路指導，対話のある授業，特別活動，サイコエデュケーション，個別面接，ガイダンス，問題予防のカウンセリング，コンサルテーション，コーディネーション，地域や家庭の支援，調査研究，指導の諸領域があります。1999年から資格の認定が開始されています。知識・技能・経験に応じて，初級・中級・上級の3種があり，それぞれの認定条件と試験によって資格が与えられます。生徒指導・教育相談など「育てるカウンセリング」を行っている教師等は，教育カウンセラー協会が主催する研修会を通して研鑽し，認定を受けることができます。2013年1月現在1万4,182人が資格をもっています。

▶ 1　特別支援教育士については，以下のURLを参照。http://www.sens.or.jp

▶ 2　教育カウンセラーについては，以下のURLを参照。http://www.jeca.gr.jp

③ 臨床発達心理士

臨床発達心理士は，一般社団法人臨床発達心理士認定運営機構によって認定される「人の健やかな育ちを支援する」専門家です。発達心理学を基盤として，子どもから大人・高齢者まで，家族・地域・学校で，発達のアセスメントや支援を行います。学校教育においては，発達障害のある子どもの援助など特別支援教育で力を発揮します。発達心理学隣接諸科学に関する大学院修士課程で指定の5科目（臨床発達心理学，認知発達と支援，社会情動の発達と支援，言語発達と支援，育児保育現場での発達と支援）を履修して，200時間以上の臨床実習を行うことが申請条件であり，試験によって認定されます。指定科目は，「指定科目取得講習会」でも履修することができ，現場の実践家の申請も可能です。2013年1月現在3,088人が資格をもっています。

④ 臨床心理士

臨床心理士は，臨床心理学の知識や技術を用いて心理的な問題を扱う「心の専門家」です。臨床心理士の主な仕事は，臨床心理査定と臨床心理面接です。臨床心理士は，1988年設立された「日本臨床心理士資格認定協会」（現在は財団法人）により認定されます。資格の認定は，認定協会が指定した大学院修士課程の修了と試験（一次試験筆記と二次試験面接）によって行われます。臨床心理士は，教育，医療・保健，福祉，労働・産業の各分野の幅広い職域で活動しています。文部科学省の補助事業として学校に派遣されるスクールカウンセラーは「臨床心理士等」として規定されており，多くの臨床心理士がスクールカウンセラーとして働いています。2013年1月現在2万4,666人が資格をもっています。

⑤ 学校心理士と他の資格の関係

学校心理士は心理教育的援助サービスの専門家です。学校心理士は，教育カウンセラーがもつ「育てるカウンセリング」の視点と特別支援教育士と臨床発達心理士がもつ「発達で苦戦している子どもへの援助」の視点の双方をもっていると言えます。前者には1次的援助サービスを基盤として，2次的・3次的援助サービスを加えるという方向性があります。後者は，発達障害等で苦戦している子どもへの2次的・3次的援助サービスを適切に行いながら，広く1次的援助サービスを充実させようという方向性があります。また学校心理士は臨床心理士と比べて，直接的援助（カウンセリング）は共通ですが，学校教育の一環としての心理教育的援助サービスの強調，教師・保護者・スクールカウンセラーによるチーム援助の重視などが，特徴的です。自分の職務やキャリアに照らして，これらの資格をあわせもつことにより，自分の専門性を高めていけると言えます。

（石隈利紀）

▷3 臨床発達心理士については，以下のURLを参照。http://www.jocdp.jp

▷4 臨床心理士については，以下のURLを参照。http://www.fjcbcp.jp

▷5 学校心理士については，Ⅷ-1参照。

参考文献
学校心理士資格認定委員会（編）(2012). 学校心理学ガイドブック（第3版）風間書房

VIII 「学校心理学」を活かす

3 教員として活かす

教師は，学校における複合的ヘルパーであり，児童生徒を援助する意志と自分の立場で使える援助力が必要になります。教師のヘルパーとしての特徴は，子どもの環境のなかで指導サービスを行いながら，援助サービスも行うことです。教師の行う援助サービスは，指導サービスを促進するために行うものであり，決して児童生徒を甘やかすためではありません。

1 学級担任として活かす

○1次的援助サービス

学級担任の最も重要な仕事の1つは学級経営です。児童生徒との信頼関係を基盤として，個と集団への援助を抱き合わせで行うもので学校カウンセリングの機能を含んでいます。学級担任には，学級内のルールとリレーションを確立しながら，学級という環境が一人ひとりの児童生徒の心のよりどころとなり，所属感や満足感がもてるような学級集団に育てていく役割があります。また，教室のなかで行う予防・開発的なカウンセリングとして，「**構成的グループエンカウンター**」「**対人関係ゲーム**」「**ソーシャルスキルトレーニング**」などを実施することは，児童生徒の人間関係を豊かにする学級担任にしかできない働きかけと言えます。

○2次的援助サービス

学級担任のもう1つの重要な仕事は，学校生活を送るうえで何かしらの援助を必要とし，苦戦しはじめている児童生徒を早期に発見し，適切な援助をすることです。学級担任は，日常的に児童生徒と関わりながらアセスメントを行うことができる立場にいます。つまり，学習面，心理・社会面，進路面，健康面における発達上・教育上の課題の取り組みについて，同年齢の児童生徒との比較を通しながら，また個々の児童生徒の過去と現在の状況を比較しながらアセスメントを行うことができます。そのため，児童生徒の苦戦を最も発見しやすい立場の援助者と言えます。学校生活に不適応を起こしはじめている児童生徒に対して，タイムリーに行われる学級担任の適切な援助サービスは，学級集団にも良い影響を与えます。

○3次的援助サービス

学校において児童生徒に対する最も直接的な援助者は学級担任です。しかしながら，もし「友達とのトラブルがきっかけで学校を休みはじめた生徒」や

▷ 1 石隈利紀 (1999). 学校心理学——教師・スクールカウンセラー・保護者のチームによる心理教育的援助サービス 誠信書房

▷ 2 福島脩美（監修），樺澤徹二 (2003). 学校カウンセリングの考え方・進め方 金子書房

▷ 3 國分康孝 (1995). 教師の生き方・考え方 金子書房

▷ 4 構成的グループエンカウンター
⇨ Ⅶ-11 参照。

▷ 5 対人関係ゲーム
田上不二夫により考案された。対人関係や集団に対する不安や緊張の緩和のために，「身体運動反応」と楽しいという「情動反応」（行動療法の逆制止理論）を活用して，人間関係能力を育成しようとするゲーム性の高いトレーニング・プログラムのこと。
田上不二夫 (2003). 対人関係ゲームによる仲間づくり——学級担任にできるカウンセリング 金子書房

「発達障害の影響で授業中にたびたびパニックを起こす児童」など，特別な配慮が必要な児童生徒があらわれた場合には，学級担任がその問題行動の対処を1人で抱え込むことは適切ではありません。学校の組織を活用した「チーム援助」による対応が望ましいでしょう。その際，学級担任は，チーム援助の対象となる児童生徒について，最も詳細なアセスメント情報を有している援助者です。担任教師は，自ら積極的にアセスメントの情報を援助チームの構成メンバーに提供しながら，同僚教師や管理職，スクールカウンセラーなどの援助を活用して，問題を解決していくことが重要です。

○保護者へのコンサルテーション

教師は，児童生徒の問題状況について保護者と話し合う機会がたびたびあります。これも1つのコンサルテーションと言えます。本来，コンサルテーションとは，異なる専門性や役割をもつ者同士の対等な関係で成立する作戦会議のことです。しかし，学校教育の専門家である教師と家庭教育の責任者である保護者とのコンサルテーションは，対等な関係になりにくいため，教師の方が保護者の役割や経験，「親」としての誇りを尊重する配慮が必要です。

❷ 養護教諭や管理職（スクールリーダー）として活かす

学校のなかで養護教諭は，児童生徒に対する健康面の指導・援助サービスの中心者です。また，子どもの本音が最も聴きやすい立場にあり，さまざまな児童生徒からの情報が集まります。このようなインフォーマルな情報は貴重であり，児童生徒の理解や援助サービスに大いに役立ちます。たとえば，保健室の利用状況やそこでの行動観察は，不適応の児童生徒の発見につながります。全教職員にとって養護教諭からの情報は，児童生徒のアセスメントには不可欠なものです。また，「保健室登校」の児童生徒にとっては，養護教諭は最も重要な援助者になります。親子関係が不安定な児童生徒の安全基地の役割を果たしたり，信頼関係を基盤として内省を促し，自己効力感を獲得させることができます。さらに児童虐待の発見にも大きな力を発揮するのが養護教諭です。このように児童生徒の情報を豊富にもつ養護教諭は，チーム援助の要でコーディネーターの役割を期待できます。

一方，管理職（スクールリーダー）の仕事は，効果的な教育を行うことができる学校システムの構築です。管理職の主な援助対象は教師たちであり，教師たちを援助して学校の教育機能を高めることは，間接的に児童生徒を援助することになります。管理職は，全教職員に対して学校の援助サービスのビジョンを示し，適切に人的資源を配置することが重要です。また，児童生徒により良い援助サービスを提供するためには，学校外の関連機関（医療機関・警察・児童相談所・自立支援施設など）との連携も不可欠です。学校とこれらの機関とのネットワークの構築も管理職の重要な役割になります。 　　　　　（田村修一）

▷6 ソーシャルスキルトレーニング（Social Skills Training：SST）
カリフォルニア大学ロサンゼルス校のリバーマン（Liberman, R.）により考案された。人が困難を抱える状況について，コミュニケーション技術の側面から捉え直し，コミュニケーション技術を向上させることによって困難さを解決しようとする技法のこと。統合失調症の治療から学校教育にまで幅広く利用されている。認知行動療法の1つと位置づけられる。

▷7 保健室登校
学校に登校するものの自分の教室には入れない児童生徒が，常時保健室にいるか，もしくは特定の授業には出席できるが学校にいる間は主として保健室にいる状態のこと。

▷8 國分康孝・門田美恵子（1996）．保健室からの登校──不登校児への支援モデル　誠信書房

第2部 実践編：子どもと学校の援助

Ⅷ 「学校心理学」を活かす

4 スクールカウンセラー・スクールソーシャルワーカー・相談員として活かす

▷ 1 スクールカウンセラー（SC）
学校におけるカウンセリング機能の充実を図るための臨床心理に専門的な知識・経験を有する学校外の専門家。文部科学省では、「心の専門家」として臨床心理士、学校心理士などをスクールカウンセラーとして配置。

▷ 2 スクールソーシャルワーカー（SSW）
援助ニーズの高い子どもを福祉の側面から援助する専門家。文部科学省では過去に活動実績のある者をスクールソーシャルワーカーとして配置。

▷ 3 相談員
各自治体が学校の相談活動充実のために「心の教室相談員」「さわやか相談員」などの名称で配置している相談員。「子どもの話し相手として」「教員や保護者の相談相手として」など各自治体により配置目的は異なり資格は不問の場合が多い。

1 学校心理学を活かすとは

スクールカウンセラー（SC）[1]・スクールソーシャルワーカー（SSW）[2]・相談員[3]は、学校教育の心理教育的援助サービスの充実に欠かせない専門的ヘルパーです。その力が発揮できるように学校ではSCらを活かすシステムの充実が求められています。一方、SCらには、活動内容を教職員や保護者にわかってもらうための努力が必要となります。

学校心理学の枠組みを使うと、子どもたちへ行うSCらの援助についてわかりやすく教職員や保護者に伝えることができます。また、多くのSC、SSW、相談員は、援助ニーズが高い子どもや保護者へのコンサルテーションやカウンセリングを得意としています。学校は、すべての子どもたちの成長と発達を支える場です。援助ニーズが高い子どもたちへ、それぞれが専門的ヘルパーとして活動するために学校心理学の下記のような視点が役に立ちます。

2 援助サービスの視点

サービスとは、援助活動においては「心を尽くす」という意味です。心理教育的援助サービスという言葉にも、子どもや保護者、教職員に対して、心を尽くして援助を行うという学校心理学の姿勢が表れています。この姿勢は、SCらを援助の原点に導いてくれます。

3 アセスメントの視点

学校心理学では、多面的なアセスメントを重要視しています。学校心理学に基づくアセスメントは、学習面、心理・社会面、進路面、健康面など4領域にわたって多面的に子どもを捉えます。4領域で子どもを捉える視点をもつことで、SC、SSW、相談員へは集まりにくい情報（学習面など）について学校関係者に協力をあおぐことにより、情報を提供してもらえることになり、アセスメントがより適切に豊かに行われます。たとえば、子どもの成績の特徴や上がり下がり、作文の内容や美術や技術などの課題作品、授業態度などの情報を得ることにより、SC、SSW、相談員らは子どもの発達や心理面の苦戦の状況を推測することができます。また、SC、SSW、相談員らが得ている情報を学校関係者と共有することにより、学校関係者の理解が進み、子どもの状況に合った

援助が展開できます。

4 援助チームの視点

学校心理学では，SCらが援助チームのメンバーとして位置づけられています。SCらは，援助者の一員として，援助チームのメンバーと対等に話し合い援助チームの活動を協働して行うことができます。

○コーディネーションの視点

学校心理学にはコーディネーションを支える理論があります。SCらが最も力を発揮できるのがコーディネーションです。コーディネーションとは，一言で言うと「人」と「人」をつなぐことです。子どもの援助のために援助資源をつないだり，援助チームを立ち上げたり，ネットワークのリードをとったりします。コーディネーションを行う人はコーディネーターと呼ばれます。コーディネーターは学校（教師）や保護者の事情についても理解し，そのうえで学校と保護者とをつなぐ役目を担います。

○コーディネーターに求められる6つの要素

コーディネーターには，下記の6つの要素が求められます。
①信頼関係：保護者と学校の両方に信頼関係がある，ないしは構築できること。
②専門性：子どもを理解したり援助するための専門性があること。
③権限：学校における子どもの環境を整える際に発動できる権限があること。
④継続性：援助を継続し引き継ぐこと，ないしはフォローアップをすること。
⑤情報集約：多面的な情報を集約し共通理解を促進できること。
⑥情：子どもや保護者，先生に対し，人間味のある対応ができること。

5 自分自身のいいところや持ち味を活かす視点

学校心理学では自助資源の活用を重視しています。自分のいいところや持ち味を援助に活かすことで，援助者自身の援助力を最大限に発揮することができます。

6 地域の資源を活かす視点

昨今の児童生徒の問題行動等の背景には，家庭や学校，友人，地域社会など，児童生徒を取り巻く環境の問題が複雑に絡み合っています。そのため，関係機関等との連携も求められています。SSWは関係機関等との連携に特化した活動と言えますし，SCや相談員にも欠かせない視点となっています。学校心理学には，援助資源チェックシートが開発されています。地域版もあり（前掲図Ⅳ-3），空欄に記入することで地域資源を発見し活かすことができます。

（田村節子）

▷4 田村節子（2009）．三つのステップで親を援助チームのパートナーに 月刊学校教育相談, **23**(13), 10-13.

▷5 田村節子（2009）．保護者をパートナーとする援助チームの質的分析 風間書房

▷6 援助資源チェックシート（地域版）
⇨ Ⅳ-6 参照。

VIII 「学校心理学」を活かす

5 研究者として活かす

1 学校心理学を研究する人は誰か

　学校心理学は名前のとおり「学校」におけるさまざまな援助サービスのあり方を研究する学問です。知見はきわめて実践的であるか，実践に応用できる枠組み・理論構築のための資料とされるべきでしょう。よく指摘される不登校やいじめに限らず，発達障害など特別な援助ニーズのある子どもの支援，保護者の支援の課題，チーム援助の導入，教師のメンタルヘルスの維持，危機管理，校長のリーダーシップ，地域との連携などさまざまな課題が学校にはあります。学校心理学を研究する人は大学や研究機関に所属する研究者だけではありません。実際に学校心理学の援助サービスを提供する実践家こそ学校心理学の研究者として位置づけられ，評価されるべきです。それは学校心理学の研究はサービスの提供と授受の場面に深く関わることが必要だと考えているからです。ですから，教師，教育センターなどで教育相談を担当する相談員，スクールカウンセラーなども研究をすることが期待されています。

2 困りごとが解決できない時が研究のチャンス

　研究は労力，コストのかかるものです。また，研究に協力する子どもや保護者，教師の時間もある程度拘束します。しかしそれでも研究は必要です。それは，学校心理学の援助サービスは研究成果を基盤にすべきだと考えるからです。もし，教師やスクールカウンセラーが学校現場での援助に困ったら，どうするでしょうか。まずは，類似の実践，ヒントを文献から探すと思います。そのためには，文献データベースにあたり，類似の先行研究にあたる必要があります。それでも困りごとが解決されない場合はそこに研究のニーズがあります。困っていることを学校心理学の研究法にのっとり，研究することが大切です。調査や実験ができなくても，困りごとを解決するために実践を記述していけば良いのです。大学や研究機関の研究者は，学校現場のコンサルテーションにおいて，解決できない事例に遭遇した時が研究のチャンスです。現場の先生方とともに研究の可能性を探ってみると良いでしょう。

▷1 学校心理学の研究法については，Ⅱ-8，Ⅱ-9参照。

3 学校心理学の研究とはどのような研究か

　さて，実際に学校心理学ではどのような研究が行われているのでしょうか？

表Ⅷ-1 学校心理学の研究領域

項　目	内　容
①教師・学級担任が提供するサービス	児童生徒相互の人間関係づくりや学級経営などの領域，ソーシャルスキルトレーニングの効果に関する研究が集約されている。
②特別支援教育	発達障害を示す子どもの個別の教育支援計画の策定，援助の実践を記述した研究や特別支援教育に関わる相談員やコーディネーターの役割などの研究があげられている。
③援助チーム，コーディネーション	援助チームの類型化や概念化に関する研究，援助チームの現状や課題に関する研究，学校のなかで援助をコーディネートするスキルや委員会などの機能に関する研究が含まれる。
④保護者との関わり	保護者と教師の連携や保護者自身が援助パートナーとなるプロセスの研究が分類されている。
⑤被援助志向性	児童生徒が友人や教師，スクールカウンセラーにどのように援助を求めるのかについての研究の知見が集約されている。

出所：水野・石隈（2009）をもとに作成。

水野・石隈（2009）▶2 は学校心理学の研究を，①教師・学級担任が提供するサービス，②特別支援教育，③援助チーム，コーディネーション，④保護者との関わり，⑤被援助志向性の5つの領域にわたりレビューしています（表Ⅷ-1）。

また日本学校心理学会では『学校心理学研究』という雑誌を発行しています。日本学校心理士会は『日本学校心理士会年報』を発行しています。加えて日本教育心理学会刊行の『教育心理学年報』には「学校心理学部門」の研究レビューがあり，毎年，その年に教育心理学研究や関連学会の学術雑誌に掲載された論文を中心に，レビューされています。

④ 学校心理学を研究するうえでの留意点

学校心理学は学校現場に深く関わる研究ですので，研究することで児童生徒を傷つけないように倫理的な基準を守ることが必要です。さらに，教育現場の事情に合わせて，研究方法を変更せざるを得ないことも起こります。たとえば，**ストレスマネジメント教育**▶3や**ソーシャルスキルトレーニング**▶4の効果測定がしばしば行われますが，効果測定には**実験群と統制群**▶5が必要です。しかし，学級は担任教師との相性や児童生徒同士の関係などが配慮されて編成されます。その意味で，学級がすべて等質とは言い難いのが現状です。したがって，たとえば，学級ごとのストレス反応やソーシャルスキル得点がプログラム介入前にすでに統計的に有意な差が認められているということも起こります。加えて，ある学級には介入し，他の学級には介入しないという研究者の態度が学校現場には理解を得られないこともあります。研究者は学校現場を尊重しながら研究するという倫理を遵守しなければなりません。

（水野治久）

▶2　水野治久・石隈利紀（2009）．学校での援助に関する研究の展望　石隈利紀（監修），水野治久（編）学校での効果的な援助をめざして――学校心理学の最前線　ナカニシヤ出版　pp. 1-11.

▶3　ストレスマネジメント教育
⇒Ⅶ-9 参照。

▶4　ソーシャルスキルトレーニング
子どもが学校や人生を生きていくうえで出会う課題を解決するためのスキル（技術）を高めることを目的とする。具体的には，友達との葛藤解決のスキル（ケンカの仲直りの仕方），自己主張の方法，人に対して援助的に関わる方法（人の話を傾聴する技術）などである。
⇒Ⅷ-3 参照。

▶5　実験群・統制群
⇒Ⅱ-8 参照。

VIII 「学校心理学」を活かす

6 保護者として活かす

保護者は児童福祉法第6条により、親権者として位置づけられており、子どもを監護する義務があります。学校心理学では、学校教育におけるパートナーとして家族・保護者の参加を重要視しています。保護者が保護者としての力を発揮するための方法が学校心理学にはあります。ここでは、保護者として学校心理学の視点を活かす方法について、3段階の援助サービスにそって説明します。

1 成長や発達を促進するために（1次的援助サービス）

学校心理学には子どもの成長や発達を促進するためのスキルがあり、保護者は子育てに活かすことができます。

○ガイダンス・保護者会

入学時や入試等に関する保護者へのガイダンスは、保護者の不安を和らげます。ガイダンスでは、入学前の心構えや具体的な準備、予想される問題などの解決案が提示されます。入試については、将来を見据えた進路選択などについて、子どもの意志を尊重することを踏まえて説明が行われます。保護者がガイダンスや保護者会に参加することで、学校生活をイメージすることができ、子どもへ適切に関わることが期待できます。

○アンケートシート

「石隈・田村式アンケートシート（保護者版）」に記入することで、自分の子どものいいところ（自助資源）や援助資源を再発見し、保護者としての関わりに活かすことができます。子どもの良さや子どもの友達関係など案外知らないことが多いことに気づかされたりします。保護者として子ども理解のために、ツールを活用することは冷静に子どもを見つめる機会を保護者に与えてくれます。

○保護者研修会

保護者対象の研修会では、保護者の求めに応じてさまざまなテーマで研修会が行われます。たとえば、子育ての研修会では、こどもの反抗期などを取り上げ保護者が不安にならずに子どもの成長や発達を促進できるように工夫してあります。

2 子どもが援助ニーズをもちはじめた時に（2次的援助サービス）

子どもが登校を渋りはじめたり、学習能力が低下しはじめた時、保護者は不安になり何をどうしていいのかわからなくなることがしばしばあります。保護

▷ 1 保護者とは、親権を行う者、未成年後見人その他の者で、児童を現に監護する者をいう（児童福祉法第6条）。児童とは、満18歳に満たない者をいう（児童福祉法第4条）。

▷ 2 石隈利紀・田村節子（2003）．石隈・田村式援助シートによるチーム援助入門──学校心理学・実践編 図書文化

▷ 3 子育ての研修会については以下の文献が参考になる。
田村節子・高野優（2011）．思春期の子育て羅針盤──子どもにクソババァと言われたら 教育出版
田村節子（2007）．親と子が幸せになるXとYの法則 ほんの森出版

者自身が行えることとして学校心理学の次の視点が役に立ちます。

○**子どもの「気になるところ」から「いいところ」へ視点を移す**

学校心理学は，子どものいいところを再認識し，子どもへの関わり方を保護者自身が考える一助にできるという方法論をもっています。自助資源すなわち子どもが自分で自分を助ける能力を発揮できるように保護者が手伝うことができます。たとえば，子どもに問題状況が生まれると，子どもの悪いところしか保護者には見えなくなったりします。ほめてもらえない子どもは関心を引くために叱られるような行動をとることがよくあります。保護者がいいところを認めたりほめたりすることが子どもの自尊心を高めることにつながり，子どもは気持ちを落ち着かせることができます。

○**保護者自身のいいところに着目できる**

子育てがうまくいかなくなると「自分の育て方が悪かったからだ」と，保護者の多くは子育てについて自分自身を責めます。保護者に対して発せられた何気ない一言も大きなショックを与えることもあります。保護者が自信を失っている時に学校心理学では，保護者自身を力づけること（エンパワメント）を大切にします。エンパワメントとは，心のケアだけではなく，潜在的な力を最大限に伸ばし発揮できるようにするのが目的です。そのために学校心理学では保護者が自分のいいところを探して記入する「石隈・田村式アンケートシート（保護者振り返り版）」がつくられています。これまで保護者として人生を歩んできた自分を，1人の人として振り返るきっかけとなります。やり残した未完の行為に気づき，保護者の夢を子どもに背負わせていたことに気づくこともあります。保護者がこれからの自分の人生を大切にすることを再認識することが，子離れの準備にもつながっていきます。

▷ 4 山本和郎（1986）．コミュニティ心理学――地域臨床の理論と実践 東京大学出版会

❸ 子どもに大きな援助ニーズがある時に（3次的援助サービス）

発達障害がある子どもたちや不登校，非行など大きな援助ニーズを子どもが抱えた場合に，保護者として活かせる視点が学校心理学にはあります。

学校心理学では，保護者を子どもにとって一番身近で大切な援助資源であると位置づけています。保護者が援助チームのパートナーとして加わるという視点は学校心理学の特色の1つです。援助チームのメンバーとなると，保護者も学校が行う援助について意見を言うことができ，意見を取り入れてもらうこともできます。これまで援助ニーズが高い子どもをもつ保護者として援助を受ける側のみに位置づけられていた保護者に，対等性と発言権が与えられることにより保護者がエンパワーされます。相互コンサルテーションにおいて，保護者は子どもの家庭教育の責任者，いわば「その子どもの専門家」として参加し，保護者のもっている情報，教育力を最大限に活かすことができます。

▷ 5 相互コンサルテーション
⇨ Ⅴ-4 参照。

（田村節子）

VIII 「学校心理学」を活かす

7 ひとりの人間として自分の人生に活かす

▷ 1 石隈利紀 (2010). 子どもが生きることをどう援助できるか──吃音への援助から学ぶ 伊藤伸二・吃音を生きる子どもに同行する教師の会（編著）吃音ワークブック──どもる子どもの生きぬく力が育つ 解放出版社 pp. 129-140.

▷ 2 危機
石隈 (1999) は，子どもの問題状況は「危機」と呼べる場合も多いとしている。子どもの苦戦を援助する際，危機における援助という発想と実践は重要である。
石隈利紀 (1999). 学校心理学──教師・スクールカウンセラー・保護者のチームによる心理教育的援助サービス 誠信書房

▷ 3 無痛文明論
1つ目は，現代を生きる子ども（大人も），苦痛とつきあうのが苦手になったのではないかということである。大阪府立大学教授の森岡正博氏が，『無痛文明論』(2003 年，トランスビュー) いう本を書いている。森岡氏によれば，現代の社会は「苦しみを遠ざける仕組みが張りめぐらされ」ている。「無痛文明」というのは痛いことや汚いことなど私たちが直視したくないことが見えなくなっている社会のことである。

　学校心理学を自分の人生に活かすとは，どういう意味でしょうか。私は学校心理学の研究や心理教育的援助サービスの実践を通して，学校心理学のもつ人間観から大きな影響を受けています。また学校心理学の人間観が，私の人間観と呼応し合っているとも言えます。言い換えれば，私は学校心理学を学び，実践する者として，学校心理学の影響を受けると同時に，私が仲間と共同で提案する学校心理学のモデルに私たちの人間観が影響を与えています。「学校」に関わり，「学習する」「援助する・援助される」ことは，私たちの人生の中核にあり，学校心理学の実践や理論づくりに参加する者は，自分を何かを行う道具として活かすと同時に，自分という人間にまるごと関わるのです。

① 学校心理学の人間観

　学校心理学には，子どもの援助をめぐっていくつかの考え方があります。たとえば以下のような人間観です。
①一人ひとりの人を，弱いところも強いところもある人間として，尊重する。
②人の人生は，無事平穏ではない。人は「問題」への対応を通して成長する。
③教育において子どもにできる援助は，子どもが学びやすい，がんばることのできる環境をつくることである。
④チームは力を発揮し，メンバーを成長させる。
⑤人は変わることができる。人は成長することができる。
⑥すべての子どもには未来がある。すべての大人にも未来がある。

② 子どもの成長の当事者になる

　子どもの発達や成長に関する問題に関して，保護者，教師だけでなく，地域の大人も「当事者」です。そして子どもを援助する者は，子どもの学校生活，学習環境を変える担い手なのです。最後に私が学校心理学を私の人生にどう活かすかについて，共有したいことを3つお話しします。それは「危機の共有」「責任の共有」「希望の共有」です。

○危機の共有

　第1に，子どもや学校に関する「**危機**」の共有です。危機とは，人が通常用いている問題解決の資源では回避も解決もできない重要な問題を生み出している危険な状況にあって，心理的均衡を失い，日常の機能を果たせない状況です。

Ⅷ-7 ひとりの人間として自分の人生に活かす

　今日，子どもはしばしば危機に出会います。私たちの危機の背景には，「苦しみを遠ざける仕組みが張りめぐらされている時代」（無痛文明論）があります。子どもも大人も，自分の痛みや他者の痛みを受け入れて，つきあっていくのが下手になっています。もう1つは，社会の早い変化です。私たちは共同体を大切にする「村社会」から，個人を大切にする「都市社会」に変わる過渡期にいます。大人も，人と人とのつながり方やコミュニティのあり方を模索している時代です。個人を大切にしながら，人とつながり，社会をつくる方法やシステムをつくっているのです。そんな過渡期にいる子どもたちは，集団や社会との関わりで，少し多めの工夫を求められていると思います。

　同時に「危機」は，その文字が示すとおり，子どもにとっても，社会にとっても，変わる機会です。危機を乗り越えた時，子どもや学校や社会はしばしば新しい対処能力を獲得して成長するのです。2011年3月11日東日本大震災が起き，多くの子どもや学校が被災し，危機的状況が続いています。子どもや先生方は，回復力を発揮し高めながら，成長しています。私たち大人が，子どもや学校の危機に共感し，危機を共有することが求められています。

○責任の共有

　第2に，子どもを育てる「責任の共有」です。子どもにとって成長しやすい環境や社会の実現は，私たち大人の責任です。そしてこの責任は，「子どもの問題は他人事ではなく，自分の問題である」という当事者意識を基盤としています。そして教員や相談員にとっては「職業的な責任」でもあり，親にとっては「保護者としての役割」でもあります。

　私はアメリカの大学院で，スクールサイコロジスト（子どもの学習上の問題や適応上の問題に関する援助の専門職）になる訓練を受けました。その時の師匠が，学校心理学の第一人者であるカウフマン（Kaufman, A. S.）先生でした。カウフマン先生がよく使う言葉に，「教師やスクールサイコロジストの仕事は"change agent"（変化の担い手）」という言葉があります。今でも私は，この言葉を胸に刻んでいます。私たち子どもの育ちに関わる者は，学校において，子どもの成長する環境や学校生活を変える担い手として，責任を共有するのだと思います。そして，1人の大人として，学校の子ども，地域の子どもを育てる責任があるのです。

○希望の共有

　第3に，子どもが自分の人生を生きること，そして社会が変わることへの希望の共有です。すべての子どもに未来があります。また，子どもとともに生きる私たちにも明日があるのです。子どもの成長や，教員や保護者の変化を見つけて，言葉にしましょう。子どもの成長は，あまりにも日常的で，「自然な出来事」であり，援助者の変化は「当たり前のできごと」と捉えられがちです。だからこそ，「子どもや私たちが成長している」という希望の兆しを言葉にしながら，希望を共有したいものです。

（石隈利紀）

▷4　コミュニティのあり方
広井良典（2009）．コミュニティを問いなおす——つながり・都市・日本社会の未来　筑摩書房

▷5　アメリカの"shared responsibility"
この概念は，1986年アメリカの教育省（Will, 1986）よって出され，その後のアメリカにおける特別支援教育やチーム援助の基本となっている。子どもが学習し，成長していくことについての責任を，社会は共有する。
　Will, M. C. (1986). Educating children with learning problems: a shared responsibility. *Exceptional Children*, **52** (5), 411-415.

▷6　カウフマン A. S. (1944-)
知能検査の開発と活用の研究において，世界的に影響力をもつ学校心理学者。現在エール大学臨床教授。妻Kaufman, N. S. とともに開発した，K-ABC, KABC-Ⅱは，日本を含め多くの国における心理教育的援助サービスに貢献している。
以下のカウフマンの言葉は，知能検査のあり方や子どもへの援助の考え方について筆者に大きな影響を与えた。
　「知能検査は，子どもの学力を予想し，安楽椅子に座ってその悪い予想（子どもの失敗）が当たるのを待つために実施するのではない。アセスメントで得られた情報（得意な認知スタイルや望ましい学習環境等）を子どもの援助に活かすことで，その予想を覆すためにある。」

資料編

おすすめの30冊
――「学校心理学」に関するブックガイド

○学校心理学を学ぶ

▷ 1　石隈利紀（1999）. 学校心理学――教師・スクールカウンセラー・保護者のチームによる心理教育的援助サービス　誠信書房

『学校心理学』◁1

　日本の学校心理学の礎となる1冊。理論編と実践編からなっています。理論編では，アメリカの学校心理学，日本の学校心理学，心理教育的援助サービスの基礎概念をはじめ，学校心理学の枠組みが解説されています。実践編では，心理教育的アセスメント，カウンセリング，教師・保護者・学校組織へのコンサルテーションという援助の方法論に関する章と学校心理学の固有性と今後の課題という章があります。アメリカの学校心理学を学び日本の学校心理学を日本の学校の先生，スクールカウンセラー，保護者らとつくりあげてきた著者による一冊です。

▷ 2　福沢周亮・石隈利紀・小野瀬雅人（責任編集），日本学校心理学会（編）（2004）. 学校心理学ハンドブック――「学校の力」の発見　教育出版

『学校心理学ハンドブック』◁2

　心理学の基盤，援助サービスの理論と技法，学校教育の理論と方法という学校心理学の3つの基盤に含まれるさまざまなトピックを紹介しています。学校心理学の扱う領域として，不登校やいじめといった子どもをめぐる課題，家庭をめぐる課題，教師をめぐる課題，学級・学校をめぐる課題，教育に関する新しい課題など幅広いテーマが含まれています。

▷ 3　学校心理士資格認定委員会（編）（2012）. 学校心理学ガイドブック（第3版）風間書房

『学校心理学ガイドブック（第3版）』◁3

　この本は，学校心理士申請のために大学院で履修する科目領域について説明しています。具体的には「学校心理学」「教授・学習心理学」「発達心理学」「臨床心理学」「心理教育的アセスメント」「学校カウンセリング・コンサルテーション」「特別支援教育」「生徒指導・教育相談，キャリア教育」の8科目，そして「心理教育的アセスメント基礎実習」「学校カウンセリング・コンサルテーション基礎実習」の2科目です。加えて，学校心理士の資格試験の一部であるケースレポートの書き方についても実例とともに学べます。

▷ 4　石隈利紀（監修），水野治久（編）（2009）. 学校での効果的な援助をめざして――学校心理学の最前線　ナカニシヤ出版

『学校での効果的な援助をめざして』◁4

　この本では，学校心理学の3段階の心理教育的援助サービスの段階ごとに，現在までにどんな研究や実践が行われてきたのか，最新の研究や実践が学べ

ます。サイエンティスト・プラクティショナーとして現場で働きながら研究を行っている執筆者が中心であり，現場の実践に役立つ研究が豊富に含まれています。小中高の先生方や大学院生にぜひ読んでいただきたい1冊です。

『世界の学校心理学事典』◁5

この本には，45の国の学校心理学の現状について，①学校心理学が展開される環境，②学校心理学の起源・歴史・現状，③スクールサイコロジストの組織的基盤，④スクールサイコロジストの養成，⑤スクールサイコロジストの役割・機能・責任，⑥学校心理学に影響を与える今日的課題，⑦参考文献が紹介されています。各国の学校心理学の共通点や違いを知ることにより，日本の学校心理学の強みや今後の課題が見えてきます。

○学校心理学を活かした実践

『学校教育相談——理論化の試み』『学校教育相談——具体化の試み』◁6

学校における教師の援助活動は「学校教育相談」として，教育活動の一環として実践されてきました。しかし，それは1つの学問として，検討・整理される機会が少なく，実践知として教師の間で受け継がれるものでした。そうした現状のなか，高校で長年教師を続けてきた著者が，学校教育相談とは何かということをさまざまな角度から検討し，その実践を誰もが議論できる具体的な内容として整理した2冊です。

『生徒指導提要』◁7

学校教育相談と並んで，すべての教師の役割のなかに「生徒指導」があります。この本は生徒指導とは何かという基本的なことから，生徒指導に関する法律まで，生徒指導について体系的に学ぶことができます。また，少年非行の問題，いじめやインターネットに関する問題，性に関する問題，命の教育と自殺の防止，児童虐待，家出，不登校，中途退学など，生徒指導と関連の深い児童生徒の問題行動についても学ぶことができます。

『「特別支援教育の理論と実践（第2版）」（全3巻）』◁8

特別支援教育士（SENS）の資格のための研修会に用いられている教科書です。第1巻「概論・アセスメント」では，発達障害の理解や特別支援教育のシステム，発達障害と医療，アセスメントについて書かれています。第2巻「指導」では，具体的な指導法について書かれています。第3巻「特別支援教育士の役割・実習」では，通常の学級における支援やコーディネーターの役割，保護者とのかかわりと連携について書かれています。発達障害や特別支援教育について体系的に学ぶことができます。

▷ 5 ジマーソン，S. R.・オークランド，T. D.・ファレル，P. T.（編），石隈利紀・松本真理子・飯田順子（監訳）(2013)．世界の学校心理学事典　明石書店

▷ 6 大野精一（1997）．学校教育相談——理論化の試み　ほんの森出版
大野精一（1997）．学校教育相談——具体化の試み　ほんの森出版

▷ 7 文部科学省（2010）．生徒指導提要　文部科学省

▷ 8 竹田契一・上野一彦・花熊曉（監修），一般財団法人特別支援教育士資格認定協会（編）(2012)．特別支援教育の理論と実践（第2版）（全3巻）金剛出版

▷ 9 渡辺三枝子・E. L. ハー（2001）．キャリアカウンセリング入門——人と仕事の橋渡し　ナカニシヤ出版

『キャリアカウンセリング入門』[9]

　キャリアカウンセリングは，児童生徒を特定の職業に結びつけるのではなく，「将来の生活設計と関連づけながら，現在の職業選択をしたり，生活上で果たしたいと願うさまざまな役割（職業人，親，配偶者など）のバランスを考え，生き方を考える過程としてのカウンセリング」であると言います。複雑化する今日の社会では，児童生徒一人ひとりの自分のキャリアを考える力が今まで以上に求められています。各学校段階において，どのようにキャリア教育を充実させていくか考えるために，基礎となる入門書です。

○学校心理学を支える学問

▷ 10　福沢周亮・小野瀬雅人（2010）．教科心理学ハンドブック——教科教育学と教育心理学によるわかる授業の実証的探究　図書文化

『教科心理学ハンドブック』[10]

　この本は，学校で子どもたちが学ぶすべての教科について，その教育目標や中身，そしてその中身の効果的な教え方や支援方法に関する最新の研究をわかりやすくまとめています。児童生徒への学習支援について包括的に学べる1冊です。また，その単元に興味のある読者のために，単元の最後に引用・参考文献が紹介されていることもありがたいです。

▷ 11　市川伸一（2001）．学ぶ意欲の心理学　PHP研究所

『学ぶ意欲の心理学』[11]

　子どものやる気を高めるにはどうしたらよいのか，授業への興味関心を高めるにはどうしたらよいのかといった疑問は，授業を行う者であれば誰もが感じる疑問の1つだと思います。この本は，教育心理学や認知心理学の第一人者である著者が，心理学の研究をベースに，一般の方々を対象にわかりやすく「学ぶ意欲」を高める工夫についてさまざまなアイディアを紹介しています。学習動機の二次元モデルやRLAといった教育活動は，教育に関わるすべての者が知っておきたい内容です。

▷ 12　國分康孝（監修）（2008）．カウンセリング心理学事典　誠信書房

『カウンセリング心理学事典』[12]

　この本は，長年にわたり日本のカウンセリング心理学を牽引してきた著者が監修をつとめたカウンセリング心理学の決定版とも言える1冊であり，カウンセリング心理学を効果的に学ぶうえでおすすめです。カウンセリングに関する基礎理論を網羅しているとともに，カウンセリングの具体的な技法の紹介や，カウンセリング心理学に貢献した人物の紹介，カウンセリングのリサーチに関するトピックなど充実した内容です。

▷ 13　下山晴彦・丹野義彦（編）（2001）．臨床心理学とは何か（講座臨床心理学1）東京大学出版会

『臨床心理学とは何か（講座臨床心理学1）』[13]

　子どもの理解や援助技法を学ぶ上で，臨床心理学は学校心理学を支える学問の1つといえます。そのなかでも，この6冊からなる「講座臨床心理学」

のシリーズは，臨床心理学を体系的に学ぶのに良書といえます。そのなかでも，この第1巻は臨床心理学の基本的な方法論と専門性，学問としての臨床心理学の全体像，他の専門領域や近接領域との連携の在り方について説明しています。

『原著で学ぶ社会性の発達』[14]

　発達心理学のなかでも特に学校心理学にとって重要なトピックの1つである「社会性の発達」について，どのような研究が実際に行われているのか，そこからどのようなことが読み解けるか，その分野で重要な古典的研究から新しい研究まで紹介しながら解説しています。社会性の発達というテーマのなかに，「道徳性」「向社会的行動」「セルフ・コントロール」「親子関係」「仲間関係」など興味深いテーマがたくさんあります。

▷ 14　渡辺弥生・伊藤順子・杉村伸一郎 (2008). 原著で学ぶ社会性の発達　ナカニシヤ出版

『コミュニティ心理学』[15]

　学校心理士は学校というコミュニティで活動するため，コミュニティでの活動の仕方についてコミュニティ心理学に学ぶところが大きいです。コミュニティ心理学は従来の臨床心理学の発想とは異なるパラダイムをもっています。コミュニティ心理学の発想を学びながら，危機介入やコンサルテーション，地域支援といった具体的援助の方法論を学ぶのに適した入門書です。

▷ 15　山本和郎 (1986). コミュニティ心理学——地域臨床の理論と実践　東京大学出版会

○多様な子どもの理解と援助

『実践スクール・カウンセリング』[16]

　不登校の児童生徒への援助について学べる1冊です。行動療法の視点から書かれており，不登校の問題を子どもの問題とみなすのではなく，子どもと環境の折り合いがうまくいっていない状態と捉える見方は，実践にとても役に立ちます。また，子どもと環境の折り合いがうまくいっていない場合についても，複数のタイプを事例の形で紹介しており，実際の子どもをイメージしながら考えることができる良書です。

▷ 16　田上不二夫 (1999). 実践スクール・カウンセリング——学級担任ができる不登校児童・生徒への援助　金子書房

『教師と子どもの関係づくり』[17]

　教師と子どもの関係についてたくさんの事例やデータが紹介されています。著者は，この本のなかで臨床心理学が学校の内社会体系に入った時，今までとは違うアプローチが必要であると述べています。そして「学校臨床心理学」という新たな学問を提唱しています。この本が紹介する「子どもの行動様式と環境の要請行動のマッチング」という視点は子どもの苦戦を理解するのに役立ちます。

▷ 17　近藤邦夫 (1994). 教師と子どもの関係づくり——学校の臨床心理学　東京大学出版会

▷ 18 大河原美以 (2004). 怒りをコントロールできない子の理解と援助——教師と親のかかわり 金子書房

『怒りをコントロールできない子の理解と援助』[18]

　この本では，怒りをコントロールできない子どもの背景に何があるのか，ネガティブな感情の社会化と子どもの問題のエコシステミックな見方が紹介されています。また，子どもと先生の間で交わされる2つのパターンの対話（怒りが増幅されていく対話と怒りがおさまっていく対話）が紹介され，特定の場面でどのように対応すれば良いのか具体的に考えることができます。

▷ 19 上野一彦 (2003). LDとADHD 講談社

『LDとADHD』[19]

　この本は，LD・ADHDを広く世間に知ってもらうために書かれているため，説明がとてもわかりやすいです。たとえば，映画や小説に出てくるLDやADHDの特徴をもつ登場人物の紹介などがあります。教師が教室のなかの気になる生徒をチェックするための，LD・ADHD，高機能自閉症のチェックリストもついています。LD・ADHDについて学ぶ最初の1冊としておすすめです。

▷ 20 リヒテンバーガー, E. O.・マザー, N.・カウフマン, N. L.・カウフマン, A. S., 上野一彦・染木史緒（監訳）(2008). エッセンシャルズ 心理アセスメントレポートの書き方 日本文化科学社

『エッセンシャルズ　心理アセスメントレポートの書き方』[20]

　この本は，アメリカの学校心理学のリーダーであり知能検査の世界的権威であるカウフマン夫妻が編集主任をつとめた「心理アセスメントのエッセンシャルズシリーズ」の1冊です。この本では，心理アセスメントレポートの目的，書く技術，そこに含める内容，配慮すべき点が具体的に解説されています。また，実際のケースレポートがいくつか紹介されている点も参考になります。アメリカではWISC-IVやKABC-IIのエッセンシャルズも出版されており，日本でも続けて出版される予定です。

▷ 21 河村茂雄 (2006). 学級づくりのためのQ-U入門——「楽しい学校生活を送るためのアンケート」活用ガイド 図書文化

『学級づくりのためのQ-U入門』[21]

　著者が開発した子どもたちの学級生活の満足度を測定するための質問紙Q-Uの入門書。この本では，アンケートの実施の仕方から，結果の利用方法まで，具体的に解説されています。Q-Uの結果のタイプ別に，どのようなことに留意しながら学級経営をすれば良いのか具体的に述べられているので，とても実践的です。小中高の先生方におすすめの1冊です。

○子どもに対する直接的援助とカウンセリング

▷ 22 國分康孝（監修），岡田弘（編）(1996). エンカウンターで学級が変わる 小学校編——グループ体験を生かした楽しい学級づくり 図書文化

『エンカウンターで学級が変わる　小学校編』[22]

　カウンセリングの技術のなかで教育現場に最も浸透したものの1つに構成的グループエンカウンターがあります。人と出会うなかで新しい自分に出会うという2つの出会い（encounter）を生み出す方法として，広く受け入れられています。人とのつながりを深めたり，自己理解を深めることのできるこ

の方法は，教師やスクールカウンセラーが身につけておきたい知識や技術の1つです。この小学校編に加え，中学校編，高校編もあります。

『社会性と情動の学習（SEL-8S）の導入と実践』[23]
　構成的グループエンカウンターやソーシャルスキルトレーニングなど心理学の手法を教育に取り入れる試みは今までいくつかありましたが，それを体系的に学校のカリキュラムに取り入れることはなかなか難しかった現状があります。このSEL-8Sは，小学校低学年から中学校まで，社会性と情動の8つの柱を体系的に学ぶプログラムが組まれています。不登校やいじめ，非行の問題など社会性と情動に関わる問題に苦戦する学校現場で求められる新しい予防教育のプログラムです。

○チーム援助と危機介入

『石隈・田村式援助シートによるチーム援助入門』[24]
　「苦戦している子どもをどう援助するか」という問いに対し，援助チームで子どもを援助していくやり方を具体的に解説しています。援助チーム会議の進め方や会議を開く際の留意点など，援助チームを始めるにあたって必要な知識と技術が具体的に紹介されています。また，付録のCD-ROMにて，援助チームシートや援助資源チェックシートがすぐに使えるようになっていることもとても便利です。

『先生のためのスクールカウンセラー200％活用術』[25]
　この本には，年間を通してどのようにスクールカウンセラーを活用できるかなど，先生がスクールカウンセラーを活用するためのコツがたくさん紹介されています。また，スクールカウンセラー室の様子やカウンセラーのお便りなども紹介されています。「先生のための」とありますが，実はスクールカウンセラーを始める方やスクールカウンセリングに興味のある方にもおすすめの本です。

『学校が変わる心理学』[26]
　学校を構成する教師集団の特徴として，「疎結合システム」という考え方が提唱されています。著者は，教師集団は，教師の専門性と独自性が尊重される反面，共通の場や理解をもつことが難しい集団であると言います。このような教師集団の特徴を知っておくことは，学校心理学を実践する上で大切なことですし，チーム援助を考える上で大切な気づきになります。

▷ 23　小泉令三（2011）．社会性と情動の学習（SEL-8S）の導入と実践　ミネルヴァ書房

▷ 24　石隈利紀・田村節子（2003）．石隈・田村式援助シートによるチーム援助入門――学校心理学・実践編　図書文化
また，特別支援教育版も刊行されている。
田村節子・石隈利紀（2013）．石隈・田村式援助シートによる実践チーム援助――特別支援教育編　図書文化

▷ 25　熊谷恵子（編）（2003）．先生のためのスクールカウンセラー200％活用術　図書文化

▷ 26　淵上克義（1995）．学校が変わる心理学――学校改善のために　ナカニシヤ出版

▷ 27 石隈利紀（2006）.寅さんとハマちゃんに学ぶ助け方・助けられ方の心理学——やわらかく生きるための6つのレッスン　誠信書房

▷ 28 小野田正利（2008）.親はモンスターじゃない！——イチャモンはつながるチャンスだ　学事出版

▷ 29 福岡県臨床心理士会（編），窪田由紀・向笠章子・林　幹男・浦田英範（2005）．学校コミュニティへの緊急支援の手引き　金剛出版

▷ 30 ブロック，S. E.・サンドバル，J.・ルイス，S.，今田里佳（監訳），吉田由夏（訳）（2006）．学校心理学による問題対応マニュアル——学校で起きる事件・事故・災害にチームで備え，対処する　誠信書房

『寅さんとハマちゃんに学ぶ助け方・助けられ方の心理学』[27]

　「百人に対して百の顔をもつ」寅さんと「百人に対して1つの顔で接する」ハマちゃんを通して、子どもをサポートするために援助者自身が助け上手・助けられ上手になるコツを学びます。クラーク・ムスターカス博士が提唱した実存主義のカウンセリングとアルバート・エリス博士が提唱した論理療法が基盤にあり，カウンセリングのノウハウも学べます。

『親はモンスターじゃない！』[28]

　日本全国の学校を訪問し，保護者からのイチャモン（無理難題要求）を研究してきた著者が，教育や社会に対するさまざまな想いを伝えています。著者は，イチャモンに対する研究を行いながら，保護者をモンスターとして批判するのではなく，どうすれば保護者と学校が本来の目的である「子どもの幸せのために」手を携えることができるのかということを説いています。より良い学校づくりを考える視点の1つとして，学校関係者や保護者の方にぜひご一読いただきたい1冊です。

『学校コミュニティへの緊急支援の手引き』[29]

　自然災害や事件・事故など、学校ではさまざまな危機が日々起こっています。そのような事態が発生し、緊急支援に入ることが求められた時、どのように行動したら良いのか，どのように児童生徒，教師，学校を理解し支援していったら良いのか，緊急支援活動を幅広く展開してきた福岡県臨床心理士会が編集する実用的かつ実践的な手引きです。すぐに使える「手引き」や「資料」が掲載されているのも，参考になります。

『学校心理学による問題対応マニュアル』[30]

　学校危機が頻発するアメリカにおいてどのように学校で起きる危機にチームで対応しているのか詳しく解説されています。教職員のための研修の方法，災害時の教師のための心のケアの方法，被災した子どもを支える方法，心理的救急処置の必要性を査定する際に教師の支援を要請する連絡書など，すぐに使えるツールも含まれています。

（飯田順子）

さくいん

あ行

RVPDCA サイクル 142
IEP（個別教育計画） 8
アイデンティティ拡散 124
アカウンタビリティ（説明責任） 32
悪循環 121
アサーション・トレーニング 87, 90
アセスメント 3, 64
荒れ 24
アレルギー疾患 148
安心感 131
石隈・田村式アンケートシート（保護者版） 172
いじめ 102
1次的援助サービス 40, 80
一般社団法人学校心理士認定運営機構 160
居場所 98
異文化間カウンセリング 135
異文化適応モデル 135
インターネット 150
インターンシップ 140
インフォーマルな援助 36
インフォームド・コンセント 58, 83
WISC-IV 21
WYSH プロジェクト 150
うつ病 95, 156
ADHD 106
SOS チェックリスト 94
エデュケーショナルサイコロジスト 10
エリクソンの心理社会的発達理論 20
LD 106, 121
援助サービス 80
援助資源 54, 98
　——の活用 103
援助資源チェックシート地域版 58
援助チーム 15, 72, 169
援助チームレベルのコーディネーション 65
エンパワメント 18
応用行動分析 119
落ち着きのなさ 120
親・援助者間ギャップ 75
折り合い論 69, 127
オリエンテーション 49

か行

外国人児童生徒 134
外国に関係する子ども 134
ガイダンス 172
カウンセラーに求められる態度 16
カウンセリング 3, 64, 70
課外活動 84
過換気症候群 152
学習意欲 114
　——の構造 114
　——の要因 92
学習障害 106
学習心理学 116
学習スキル 116
学習スタイル 112, 113
学習スタイルと教授スタイルのマッチング 112, 113, 126
学習不適応 92
学習への抵抗感 109
学習への劣等感 109
学習方略 116
学習面で苦戦している子ども 125
学習面の援助サービス 82
拡大援助チーム 72, 158
学力 82
学力検査 26
賢いアセスメント 67
過食症 156
学級劇活動 85
学級担任 73
学級風土 51
学級復帰 109
学級崩壊 50
学校改善 91
学校カウンセリング 162
学校行事 84
学校心理学 2

学校心理士 48, 91, 160
学校心理士スーパーバイザー 160
学校心理士補 161
学校生活スキル 86
学校生活の質 64
学校づくり 90
学校評議員制度 18
過敏性腸症候群 152
カリキュラム 139
感覚記憶 26
環境のなかの子ども 126
感情制御 130
管理職 167
危機 2, 62, 174
危機管理 60
希望の共有 175
虐待 120
キャリアカウンセリング 142
キャリア教育 136, 162
キャリア発達 138, 140
QOL 148
Q-U（Questionnaire-Utilities, 楽しい学校生活を送るためのアンケート） 50, 67
急性ストレス障害 61
教育カウンセラー 164
教育支援センター 81, 145
教育心理学 14
教育相談 162, 163
教育ネグレクト 154
強化 86
教科担任 96
共感 42
共行動的サポート 36
教師が習得すべきスキル 55
教師のメンタルヘルス 49
教授・学習心理学 162
教授スタイル 112, 113
協同（協働）学習 27
恐怖と緊張 123
拒食症 156
起立性調節障害 152
緊急支援 60

近所の住人　58
勤勉性　93
苦情　75
グラウンデッド・セオリー・アプローチ（GTA）　31
KABC-Ⅱ　21
経済的な困窮　57
KJ法　30
携帯電話　150
ケースワーカー　105
幻覚　156
健康診断　97
健康相談　97
検査　15
コア援助チーム　72, 158
高1クライシス　140
公助　34
構成主義の学習論　27
構成的グループエンカウンター　36, 80, 90, 115, 125, 132, 166
行動主義　17
行動スタイルのマッチング　127
行動リハーサル　86
校内委員会　101
　——の役割　103
コーディネーション　3, 15, 65, 68, 76, 169
コーディネーション委員会　43, 53, 72, 76, 108
コーディネーター　73, 77, 159, 169
コーピング　129
誤概念　27
互助　34
個人としての子ども　126
子育て不安　56
言葉かけ　113
子どもと環境の折り合い　126
個別式知能検査　8, 118
個別の援助チーム　53, 72
個別の教育支援計画　110, 118
個別の指導・援助　49
個別の指導計画　107, 110
困りごと　170
コミュニティ感覚　18
コミュニティ心理学　18, 80
コラボレーション　18
コンサルテーション　65, 70, 100, 162

さ行

サイエンティスト・プラクティショナー　32
CiNii　33
作業記憶　26
3次的援助サービス　40, 81
3段階の予防的介入　80
3段階の心理教育的援助サービス　80
視覚型　112
自己開示　37
自己決定感　114
自己効力感　143
自己コントロール観　62
自己制御学習　117
自殺　56
自助　34
自傷行為　156
システムレベルのコーディネーション　65
実験群　29, 171
実践研究　33
児童虐待　57, 154
指導サービス　80
児童自立支援施設　104
児童生徒の要因　92
児童福祉施設　104
児童福祉法　104
指導法　54
シミュレーション　61
社会的な役割意識の形成　139
社会変革　18
修正版グラウンデッド・セオリー・アプローチ（M-GTA）　31
従属変数　28
集団づくり　49
習得サイクル　82
自由来室活動　98
授業　82
　——におけるつまずき　27
　——のペースを乱す子ども　120
授業スタイル　54
授業妨害　120
塾の先生　58
巡回パトロール　61
小1プロブレム　88
障害者就業・生活支援センター　147

障害者の雇用の促進等に関する法律　147
「障害の受容」　39
生涯発達　20
状況的学習論　27
小中連携　88
情緒的　117
情緒的サポート　37
商店主　58
情動中心型対処　129
情動鈍麻　156
小児生活習慣病　148
少年法　104
賞罰による学習意欲　114
情報収集　99
情報的サポート　37
初期対応　61
職業興味検査　143
自立活動　111
事例研究法　30
神経性食欲不振症　156
神経性大食症　156
心身症　152
身体的虐待　154
信頼性　29
心理学講習会　149
心理教育　98
心理教育的アセスメント　66, 103, 126, 162
心理教育的援助サービス　2, 14
心理検査　66
心理師　5
心理社会的発達理論　124
心理尺度　29
心理的虐待　154
心理的離乳　132
進路成熟　143
進路選択　143
進路適性検査　143
進路発達　143
進路不決断　143
スーパービジョン　70
スクールカウンセラー　4, 98, 163, 168
スクールサイコロジスト　8
　——の養成プログラム　9
スクールソーシャルワーカー　43, 168
ストレス反応　128

さくいん

ストレスマネジメント 19, 128, 171
ストレスマネジメント教育 45
ストレッサー 128
性教育 150
性行動 150
精神分析理論 17
生態学的発達理論 21
精緻化 117
成長発達システム 22
性的虐待 154
正統的周辺参加 27
生徒指導 162, 163
責任の共有 175
席の配慮 109
積極的対処 129
摂食障害 152
専門的ヘルパー 35, 42
相関係数 45
総合的な学習の時間 83
相互コンサルテーション 71, 74, 77, 173
相談窓口 47
ソーシャルサポート 18
ソーシャルスキル 171
ソーシャルスキル教育 133
ソーシャルスキルトレーニング 133, 144, 166
疎結合システム 52
育て直し 104
育てるカウンセリング 165
素朴理論 27

た行

体験学習 83
対人関係ゲーム 133, 166
耐性 131
体制化 117
第二次性徴 150
対話技法 115
他者受容感 114
助けられ上手 46, 49
妥当性 29
試し行動 104
短期記憶 26
探究サイクル 82
地域の資源 169
地域若者サポートステーション 145
チーム援助 7, 25, 35, 54, 103

チーム援助会議 43
チェックリスト 66
知能検査 26, 42
注意欠陥多動性障害 106
中1ギャップ 140
中長期対応 61
聴覚型 112
長期記憶 26
直接的な援助 68
通級 107
　　──による指導 111
DV 120
データに基づく実践 9
適応指導教室 81, 145
デュアルシステム 140
「手を焼く子ども」 78
同化モデル 135
動機づけ 114
道具的サポート 37
統計的に有意な差 29
統合失調症 156
統合モデル 135
統制群 29, 171
特別支援学級 81, 100, 111
　　──で認められている特例 110
　　──のセンター的機能 101
特別支援教育 100, 106, 162
特別支援教育コーディネーター 101, 110, 163
特別支援教育士 164
特別支援教育士スーパーバイザー 164
独立変数 28
トラウマの治療 23

な行

内発的学習意欲 114
ニーズ（needs） 12
2次的援助サービス 40, 80
日本学校心理学会 160
日本学校心理士会 160
日本語教育 134
人間観 174
人間中心主義 17
認知カウンセリング 15
認知心理学 26, 116
認知スタイル 112
認知的対処 129
認知的方略 116

ネガティヴ感情 130
ネグレクト 154
ネットワーク型援助チーム 59, 73, 155, 158

は行

パートナー 74
　　──としての保護者 57, 74
発達課題 152
発達障害 106, 145
発達障害者支援センター 145
発達障害者支援法 146
発達心理学 162
発達で苦戦している子どもへの援助 165
場独立─場依存型 117
ハローワーク 147
反社会的行動 106
反省的実践家 28
ピア・サポート 37
ピアジェの認知発達理論 20
PDCAサイクル 32
被援助志向性 25, 44, 49, 54
東日本大震災 60
ひきこもり 102
非行少年 104
避難訓練 61
評価 119
評価的サポート 37
ビリーフ 78
フィードバック 83, 86
不快感情制御の問題 122
部活の顧問 96
複合的ヘルパー 35, 40
普通高校 141
不定愁訴 153
不登校 102, 106
不登校状態 22
文化祭 85
別室登校 108
暴言 120
法テラス 57
報道 60
訪問教育 111
保健室登校 108, 167
保健調査 97
保護者 35, 38, 73, 74, 103
　　──からの苦情 38
　　──へのコンサルテーション 167

185

保護者会　172
保護者研修会　172
保護者対象のカウンセリング　43
保護者面談　39
ボランティア　58
ボランティア的ヘルパー　35, 36

ま行

マクロシステムレベル　21
マスコミ　60
マスコミ対応　61
マッチング　13, 67
マネジメント　77
マネジメント委員会　53, 65, 72
無気力　106
無痛文明論　175
メタ認知　82
メタ認知的方略　116
メンタルフレンド活動　91

メンタルヘルス　148
妄想　156
燃え尽き　79
モード論（モードⅠ，モードⅡ）　6
モデリング　86
問題行動・症状　22, 121
問題児　120
問題増幅システム　22

や行

薬物乱用防止教室　149
役割的ヘルパー　35, 38
やさしい教師　123
有能感　114
よい子　131
要求　75
養護教諭　96
欲求（wants）　12
欲求階層説　16

ら・わ行

ライフストーリー　31
リーダーシップのPM理論　24
リーダーシップ力　122
理解監視　117
離婚　56
離職　141
リハーサル　116
領域・教科を合わせた指導　111
リレーション　115
理論や研究の成果に基づく援助　14
臨床心理学　162
臨床心理士　165
臨床発達心理士　165
連絡・調整機能　77
ワークショップ　83

執筆者紹介 （氏名／よみがな／生年／現職／学校心理学を学ぶ読者へのメッセージ）　＊執筆担当は本文末に明記

水野治久（みずの　はるひさ／1965年生まれ）

大阪教育大学大学院連合教職実践研究科教授
『学校での効果的な援助をめざして』（編著・ナカニシヤ出版）『教師のチーム力を高めるカウンセリング』（共編著・ぎょうせい）
教師・保護者が自分の援助者としての役割に気がつく，そしてチームで子どもに関わることが大事だと思います。

飯田順子（いいだ　じゅんこ）

筑波大学准教授
『教師のたまごのための教育相談』（共著・北樹出版）『世界の学校心理学事典』（共訳・明石書店）
担任の先生の役割や学校行事，部活動など日本の学校の強みを研究し，世界に発信していきたいと思っています。ぜひ一緒に研究しましょう。

石隈利紀（いしくま　としのり／1950年生まれ）

東京成徳大学教授
『学校心理学』（単著・誠信書房）『寅さんとハマちゃんに学ぶ助け方・助けられ方の心理学』（単著・誠信書房）
すべての子どもに未来があります。援助者も成長します。互いの「小さな一歩」を祝いながら，子どもと学校を援助しましょう。

家近早苗（いえちか　さなえ）

大阪教育大学大学院連合教職実践研究科教授
『学校での効果的な援助をめざして』（共著・ナカニシヤ出版）『生涯発達の中のカウンセリングⅡ』（共著・サイエンス社）
学校には，子どもの援助資源がたくさんあります。その活用にこの本を活かしていただけるとうれしいです。

田村節子（たむら　せつこ／1955年生まれ）

東京成徳大学教授
『石隈・田村式援助シートによるチーム援助入門』（共著・図書文化）『保護者をパートナーとする援助チームの質的分析』（単著・風間書房）
学校心理学では子どもや保護者，先生方の願いや思いを大切にしたチーム援助をめざしています。みなさんも私たちとつながって一緒に学びませんか。

今西一仁（いまにし　かずひと／1960年生まれ）

高知県立高知北高等学校教頭
『紙上ゼミナールで学ぶやさしい交流分析』（単著・ほんの森出版）『詳解大学生のキャリアガイダンス論』（共著・金子書房）
学校心理学の視点から，児童生徒の効果的な支援の方向性が見えてきます。一緒に学んでいきましょう。

田村修一（たむら　しゅういち／1959年生まれ）

創価大学教授
『教師の被援助志向性に関する心理学的研究』（単著・風間書房）『学校での効果的な援助をめざして』（共著・ナカニシヤ出版）
教師自身のメンタルヘルスの改善と児童生徒への指導援助の充実のために，ぜひ，学校心理学を学んでください。

大河原美以（おおかわら　みい／1958年生まれ）

東京学芸大学教授
『怒りをコントロールできない子の理解と援助』（単著・金子書房）『子どもたちの感情を育てる教師のかかわり』（単著・明治図書出版）
子どもはいつも生きようとしているのです。問題行動は，いつもその結果にすぎないのです。そこから援助の糸口がみえてきます。

執筆者紹介 （氏名／よみがな／生年／現職／学校心理学を学ぶ読者へのメッセージ）　　＊執筆担当は本文末に明記

小野瀬雅人（おのせ　まさと／1957年生まれ）

聖徳大学教授
『教科心理学ハンドブック』（共編著・図書文化）『授業デザインの最前線Ⅱ』（共著・北大路書房）
学校心理学に強くなるには，まず1つ得意分野をつくって，それを核に守備範囲を拡げるのがよいと思います。

相樂直子（さがら　なおこ）

宮城大学准教授
『学校での効果的な援助をめざして』（共著・ナカニシヤ出版）
子どもを尊重した，子ども参加型のチーム援助について，みなさんとともに考えていければと思っています。

上村惠津子（かみむら　えつこ／1962年生まれ）

信州大学教授
『学校での効果的な援助をめざして』（共著・ナカニシヤ出版）『特別支援教育ハンドブック』（共著・第一法規）
「人と関わる仕事は自分と向き合う仕事だ」とつくづく感じます。自分の得意や課題を活かして，子どもへの援助に携わることができればと思っています。

やわらかアカデミズム・〈わかる〉シリーズ
よくわかる学校心理学

| 2013年4月15日　初版第1刷発行 | 〈検印省略〉 |
| 2020年8月10日　初版第4刷発行 | 定価はカバーに表示しています |

編著者	水野　治久
	石隈　利紀
	田村　節子
	田村　修一
	飯田　順子
発行者	杉田　啓三
印刷者	坂本　喜杏

発行所　株式会社　ミネルヴァ書房
607-8494 京都市山科区日ノ岡堤谷町1
電話代表 (075) 581-5191
振替口座 01020-0-8076

© 水野・石隈ほか, 2013　冨山房インターナショナル・新生製本

ISBN 978-4-623-06396-3
Printed in Japan

やわらかアカデミズム・〈わかる〉シリーズ

教育・保育

よくわかる学びの技法
　田中共子編　本体 2200円

よくわかる教育評価
　田中耕治編　本体 2600円

よくわかる授業論
　田中耕治編　本体 2600円

よくわかる教育課程
　田中耕治編　本体 2600円

よくわかる教育原理
　汐見稔幸・伊東　毅・高田文子・東　宏行・増田修治編著　本体 2800円

よくわかる教育学原論
　安彦忠彦・児島邦宏・藤井千春・田中博之編著　本体 2600円

よくわかる生徒指導・キャリア教育
　小泉令三編著　本体 2400円

よくわかる教育相談
　春日井敏之・伊藤美奈子編　本体 2400円

よくわかる障害児教育
　石部元雄・上田征三・高橋　実・柳本雄次編　本体 2400円

よくわかる障害児保育
　尾崎康子・小林　真・水内豊和・阿部美穂子編　本体 2500円

よくわかる保育原理
　子どもと保育総合研究所　森上史朗・大豆生田啓友編　本体 2200円

よくわかる家庭支援論
　橋本真紀・山縣文治編　本体 2400円

よくわかる子育て支援・家庭支援論
　大豆生田啓友・太田光洋・森上史朗編　本体 2400円

よくわかる社会的養護
　山縣文治・林　浩康編　本体 2500円

よくわかる社会的養護内容
　小木曽宏・宮本秀樹・鈴木崇之編　本体 2400円

よくわかる小児栄養
　大谷貴美子編　本体 2400円

よくわかる子どもの保健
　竹内義博・大矢紀昭編　本体 2600円

よくわかる発達障害
　小野次朗・上野一彦・藤田継道編　本体 2200円

よくわかる子どもの精神保健
　本城秀次編　本体 2400円

福祉

よくわかる社会保障
　坂口正之・岡田忠克編　本体 2500円

よくわかる社会福祉
　山縣文治・岡田忠克編　本体 2500円

よくわかる社会福祉運営管理
　小松理佐子編　本体 2500円

よくわかる社会福祉と法
　西村健一郎・品田充儀編著　本体 2600円

よくわかる社会福祉の歴史
　清水教惠・朴　光駿編著　本体 2600円

よくわかる子ども家庭福祉
　山縣文治編　本体 2400円

よくわかる地域福祉
　上野谷加代子・松端克文・山縣文治編　本体 2200円

よくわかる家族福祉
　畠中宗一編　本体 2200円

よくわかるスクールソーシャルワーク
　山野則子・野田正人・半羽利美佳編著　本体 2800円

よくわかる高齢者福祉
　直井道子・中野いく子編　本体 2500円

よくわかる障害者福祉
　小澤　温編　本体 2200円

よくわかる精神保健福祉
　藤本　豊・花澤佳代編　本体 2400円

よくわかる医療福祉
　小西加保留・田中千枝子編　本体 2500円

よくわかる司法福祉
　村尾泰弘・廣井亮一編　本体 2500円

よくわかるリハビリテーション
　江藤文夫編　本体 2500円

よくわかる女性と福祉
　森田明美編著　本体 2600円

心理

よくわかる心理学
　無藤　隆・森　敏昭・池上知子・福丸由佳編　本体 3000円

よくわかる心理統計
　山田剛史・村井潤一郎著　本体 2800円

よくわかる保育心理学
　鯨岡　峻・鯨岡和子著　本体 2400円

よくわかる臨床心理学　改訂新版
　下山晴彦編　本体 3000円

よくわかる心理臨床
　皆藤　章編　本体 2200円

よくわかる臨床発達心理学
　麻生　武・浜田寿美男編　本体 2800円

よくわかるコミュニティ心理学
　植村勝彦・高畠克子・箕口雅博
　原　裕視・久田　満編　本体 2500円

よくわかる発達心理学
　無藤　隆・岡本祐子・大坪治彦編　本体 2500円

よくわかる乳幼児心理学
　内田伸子編　本体 2400円

よくわかる青年心理学
　白井利明編　本体 2500円

よくわかる教育心理学
　中澤　潤編　本体 2500円

よくわかる学校教育心理学
　森　敏昭・青木多寿子・淵上克義編　本体 2600円

よくわかる学校心理学
　水野治久・石隈利紀・田村節子
　田村修一・飯田順子編著　本体 2400円

よくわかる社会心理学
　山田一成・北村英哉・結城雅樹編著　本体 2500円

よくわかる家族心理学
　柏木惠子編著　本体 2600円

よくわかる言語発達
　岩立志津夫・小椋たみ子編　本体 2400円

よくわかる認知発達とその支援
　子安増生編　本体 2400円

よくわかる産業・組織心理学
　山口裕幸・金井篤子編　本体 2600円

よくわかるスポーツ心理学
　中込四郎・伊藤豊彦・山本裕二編著　本体 2400円

よくわかる健康心理学
　森　和代・石川利江・茂木俊彦編　本体 2400円

―― ミネルヴァ書房 ――
http://www.minervashobo.co.jp/